Robert Stolz
Biographie
eines Phänomens

Klaus Eidam

ROBERT STOLZ

Biographie eines Phänomens

LdZ

Lied der Zeit
Musikverlag Berlin
1989

Wenn meine Melodien in den
Herzen der Menschen einen Platz
gefunden haben, dann weiß ich,
daß ich meine Aufgabe erfüllt
und nicht umsonst gelebt habe.

Robert Stolz

Inhalt

Vorwort

Noch weitaus seltener als der Nobel-Preis ist die Ehrenbürgerwürde der Stadt Wien. Seit der Neugründung der Republik Österreich wurde sie in vierzig Jahren gerade elfmal verliehen: an den langjährigen Bundespräsidenten Kirchschläger etwa, an den Alt-Bundeskanzler Kreisky, an den großen Dirigenten von Karajan – aber nur an einen einzigen Komponisten: Robert Stolz. Der österreichische Staat ernannte ihn zum Professor, die Wiener Philharmoniker verliehen ihm ihren Bruckner-Ring, er erhielt für seine Musiken zahllose Auszeichnungen, goldene Medaillen und Schallplatten, er wurde zweimal in Amerika für die beste Filmmusik des Jahres für den begehrten »Oscar« nominiert, und alljährlich gratulierte ihm der Präsident der Vereinigten Staaten – wer immer es war – zu seinem Geburtstag. Denkmäler wurden ihm errichtet, Straßen und Plätze nach ihm benannt – in Wien, Graz, Klagenfurt ebenso wie in Miami in Florida; Österreich hat zwei Robert-Stolz-Museen, zu seinem hundertsten Geburtstag 1980 gab es Sonderbriefmarken und Gedenkmünzen, Robert-Stolz-Ausstellungen in Wien ebenso wie in Moskau, und zwischen seiner Geburtsstadt Graz und der Hauptstadt Wien verkehrt seitdem der »Robert-Stolz-Express«.

Robert Stolz war ein Mann, der schon zu Lebzeiten Legende wurde: Wenn er in den letzten Jahrzehnten seines Lebens in seinem Auto durch Wien fuhr, hielten für ihn die Polizisten den Verkehr an und schalteten die Ampeln auf Grün. Als er starb, wurde er in der Wiener Staatsoper aufgebahrt und von der Stadt Wien auf ihrem Zentralfriedhof in der Rotunde in einem Ehrengrab beigesetzt. Dort ruht er bei Johann Strauß, Brahms und Beethoven.

Aber das Wunderbare und wirklich Erstaunliche an dieser Fülle der Ehrungen ist, daß sie einem Unterhaltungskomponisten zuteil wurde, einem Mann, der in seinem ganzen Leben weder eine abendfüllende Oper noch eine einzige Sinfonie geschrieben hat, wohl aber eine fast kaum zu übersehende Fülle an Operetten- und Filmmusiken und ebenso eine fast nicht abzuschätzende Zahl an Liedern – einem Mann also, der (so könnte man sagen) fast ausschließlich »Gebrauchsmusik« geschrieben hat, Musik der kleinen Form, Musik für alle Tage. Die landläufige Meinung leitet gern daraus ab, »Musik der kleinen Bedeutung«, in der irrigen Annahme, daß die Größe der Kunst allemal von der Größe des Gegenstandes abhängig sei und es edler wäre, die Sterne verfehlt als den Apfel ergriffen zu haben.

Robert Stolz hat mit seiner Musik immer einen untrüglichen Sinn für die Wirklichkeit bewiesen. Er hat keinen neuen musikalischen Stil geschaffen und keine musikalischen Epochen geprägt, es war nie unter seiner Würde, für die Forderung des Tages zu komponieren. Aber er hat eben das, was er für den Tag geschrieben hat, so gut geschrieben, so einfach und treffend – so genial, daß es nicht nur den Tag überlebte, nicht nur das Jahr, sondern viele seiner Lieder haben bereits ganze Jahrzehnte überlebt, nicht wenige von ihnen weit mehr als ein halbes Jahrhundert. Ein Tagesschlager, ein »Hit« hat heutzutage ein langes Leben, wenn er ein halbes Jahr überlebt. Unter den zehn erfolgreichsten Liedern der Hit-Listen von 1955, 1959 und von 1964 war ein Lied, das bis heute noch zu den erfolgreichsten seines Genres gehört und aus dem Jahre 1919 stammt: Die »Salome« alias »Romeo« oder »Step By Step«, und es ist nicht das einzige Robert-Stolz-Lied, das scheinbar mühelos bis heute über alle Moden und Stile triumphiert, auch wenn alljährlich Zehntausende neuer Lieder zur Welt kommen. Opernsänger und Schlagersänger, Chansoniers und Entertainer auf allen möglichen Plätzen der weiten Welt singen Robert-Stolz-Lieder. Bei manchen hat man fast schon vergessen, daß sie von Robert Stolz sind. Der große Dirigent Karl Böhm, der in Wien-Grienzing nur wenige Schritte von ihm entfernt wohnte, soll eines Tages zu ihm gesagt haben: »Ich hab' gar nicht gewußt, daß ›Im Prater blühn wieder die Bäume‹ von dir ist. Ich hab' immer geglaubt, das ist ein Volkslied. Am End' hast auch noch das ›Heidenröslein‹ komponiert.« Und ein alterfahrener Musikverleger sagte zu mir: »Der Stolz, das war nicht einfach ein Musiker. Das war ein Phänomen.«

Lassen Sie uns ein bißchen in der Biographie dieses Phänomens spazierengehen.

I

Kennen Sie Graz?
1880–1899

Biographien fangen gewöhnlich mit einer Geburt an: Robert Stolz also wurde im Jahre 1880 an einem 25. August als Sohn des Dirigenten, Komponisten und Musikschuldirektors Jakob Stolz und der Pianistin Ida Stolz geb. Bondy, geboren, und zwar in Graz. Er war das zwölfte Kind seiner Eltern, sein Erscheinen also in seinem Elternhaus ein gewissermaßen schon gewohnter Vorgang. Der Herr Konservatoriumsdirektor Stolz soll erst auf die Nachricht hin, er habe wieder einmal einen Sohn bekommen, seinen Unterricht unterbrochen haben. Nach des Meisters eigener Mitteilung soll just in dem Augenblick, da er zur Welt kam, eine Militärkapelle an der Schmiedgasse 26 vorübergezogen sein und den Radetzkymarsch angestimmt haben. Auch ohne dies kann man sicher sein, daß das Leben von Robert Stolz bereits von der ersten Minute an von Musik begleitet war – er hat sie sozusagen schon mit dem ersten Atemzug eingesogen, und sie hat ihn auch durch alle Tage seiner Kindheit begleitet: Seinen Eltern gehörte die öffentliche Musiklehranstalt, das konzessionierte Konservatorium von Graz, und das Haus, das ehemalig Wurmbrandtsche Palais, das heute noch so dasteht wie einst, beherbergte außer der Stolzschen Familienwohnung auch vierzig Klaviere, die heftig benutzt wurden. Aber das ist natürlich nur ein amüsanter Schnörkel am Anfang dieser Lebensgeschichte: Allein durch die viele Musik rings um ihn herum wäre Klein-Robert so wenig Musiker geworden wie anderer Leute Kinder vom Straßenlärm Kraftfahrer.

Wesentlicher als das Haus war sicher die Welt, in die der junge Robert Stolz hineinwuchs. Sie war so ganz und gar anders als die unsere von heute. Das Grazer Konservatorium von Jakob Stolz z. B. war keineswegs nur zur Ausbildung künftiger Berufsmusiker da. Hausmusik war noch eine äußerst selbstverständliche Sache – es gab weder Radio noch Grammophon, wer Musik liebte, mußte sie sich selber machen. Natürlich hatte jede Stadt, selbst eine kleine, wenn sie nur etwas auf sich hielt, in der k. u. k. Monarchie ihr Orchester und, wenn sie es sich nur irgend leisten konnte, auch ein Theater. Auch Jakob Stolz war keineswegs nur Konservatoriumsdirektor, er war zuvor auch am Grazer Theater als Dirigent tätig gewesen. Im Ganzen aber war Musik ungleich seltener zu hören als heute, es wurde mehr Musik gemacht als heute, und in der Öffentlichkeit blieb sie immer ein gewisses Ereignis. Dafür war sie daheim eine ernstgenommene Beschäftigung, und die vierzig Klaviere in der Schmiedgasse 26 wurden gebraucht:

Wir befinden uns mitten in den Hochzeiten des Klaviers! In jeder Familie, die etwas auf sich hält, von den bescheidensten kleinbürgerlichen bis in die adeligsten Wohnungen hinauf ist das Pianoforte ein geradezu unentbehrliches Möbel. *Ein* Mitglied der Familie mindestens muß Klavierspielen können, das gehört zur Ausbildung des wohlerzogenen Sohnes ebenso wie zur Ausstattung der höheren Tochter – und ihnen allen ebnete in Graz und Umgebung das Stolzsche Konservatorium diesen Weg. »Meine Mama, diese sensible Pianistin«, erzählte Stolz, »mußte sich Jahr um Jahr und Tag für Tag anhören, wie ihre Schüler das Klavier malträtierten, ohne ihm mehr als zerhackte Melodien entlocken zu können! Ich wundere mich heute noch darüber, daß sie niemals die Geduld verlor.«

Er hat nicht übertrieben, der berühmte Wiener Musikkritiker Eduard Hanslick erboste sich noch wenige Jahre vor seinem Tode über die »Gemeine, schädliche und gemeinschädliche Klavierspielerei« und schrieb: »Nur wenn einflußreiche Stimmen nicht müde werden zu warnen, – wenn unsere Konservatorien der Überproduktion an Pianisten und Pianistinnen entgegenwirken, anstatt sie leichtsinnig noch zu befördern, – wenn endlich jeder von uns im eignen Kreise seine Kraft dagegen einsetzt, dann und nur dann ist es zu hoffen erlaubt, daß die Geißel, die man schauerlich genug ›Klavierseuche‹ nennt, allmählich mildere Formen annehmen und künftighin weniger Opfer auf der spielenden wie auf der hörenden Seite fordern werde.«

Natürlich hoffte er da ganz vergeblich. Das Klavier war nicht nur das ganze 19. Jahrhundert hindurch das triumphal herrschende Hausmusikinstrument, es blieb es auch noch weit in das 20. Jahrhundert hinein, bis schließlich die Möglichkeiten elektrischer Musikwiedergabe der selbstgemachten Hausmusik ein Ende bereiteten. (Robert Stolz, gefragt, was er vom Nachwuchs halte: »Der Nachwuchs hat sehr gute Anlagen – Verstärker-Anlagen!«)

Die Entmachtung des Klaviers hat zwei Seiten: Die Musik, die in die Ohren dringt, ist zweifellos vollkommener geworden, ebenso die Beschäftigung mit der Musik allgemein weitaus unvollkommener. Es hören heute mehr Leute weitaus mehr Musik, aber die meisten beschäftigen sich auch weniger damit. Der Musikliebhaber, der 1880 so herzzerreißend schlecht Klavier spielte, läßt hundert Jahre später sein Kofferradio als Geräuschkulisse neben sich ablaufen.

Wie unsinnig es ist, sich über einen Verfall der Zeiten in der Gegenwart zu beklagen, beweist Hanslicks Kanonade gegen das schlechte Klavierspiel in seiner Zeit. Es erfüllte damals ebenso wie der Kassettenrecorder heute ein Bedürfnis, natürlich anders als in unserer Zeit, aber es war vieles damals anders als heute. Noch war die Welt ohne elektrisches Licht (die Kohlefaden-Glühlampe hatte Edison gerade 1879 erfunden) und noch war die Welt ohne Autos: Erst 1883 ließ sich ein gewisser Herr Daimler einen Automotor patentieren, aber die Welt betrachtete die Erfindung mit größtem Mißtrauen. In London mußte laut Parlamentsbeschluß benzingetriebenen Fuhrwerken ein Mann mit einer Fahne vorausgehen, um die Fußgänger zu warnen. Und noch immer verlief eine Blinddarmentzündung mit großer Wahrscheinlichkeit tödlich: Die lebensrettende Operation, die heute als einfach und fast als harmlos gilt, begann sich erst nach 1887 durchzusetzen. Indessen haben sich alle großen Erfindungen und Entdeckungen immer erst als unentbehrlich erwiesen, nachdem sie zu Selbstverständlichkeiten geworden waren. Natürlich war Gaslicht sehr viel besser als die Petroleumlampe und die Petroleumlampe mit dem Kienspan überhaupt nicht zu vergleichen. Aber es ist nicht anzunehmen, daß Schuberts Lieder bei Gaslicht schöner oder Goethes Gedichte auf der Schreibmaschine besser geraten wären: Von größerer Bedeutung waren da die gesellschaftlichen Zustände, die sie in sich aufnahmen und die sie widerspiegelten.

Aber auch in dieser Hinsicht war das damalige Österreich ebenso wie das damalige Europa von dem heutigen so verschieden, wie man sich nur denken kann. Graz, Herz und Hauptstadt der Steiermark, liegt drei D-Zug-Stunden südwestlich von Wien, da, wo Österreich nach Osten an die VR Ungarn und nach Süden an Jugoslawien grenzt – in weniger als einer Autostunde kann man hier wie dort sein. Österreich ist ein sehr schönes, aber nicht übermäßig großes Land, es hat gerade siebeneinhalb Millionen Einwohner. In Graz wohnen rund 200 000 – als Robert Stolz dort geboren wurde, waren es erst 90 000, aber in wenigen Jahren verdoppelte sich die Einwohnerzahl: Graz, bis heute eine unverändert lebendige Stadt, war damals in großer Expansion und vollem Aufschwung begriffen. Und wer damals behauptet hätte, daß hinter Jennersdorf oder Spielfeld Österreich zu Ende sei, hätte höchstens ein verständnisloses Kopfschütteln geerntet: Die Doppelmonarchie Österreich-Ungarn reichte schließlich von Siebenbürgen bis an den Bodensee und vom Mittelmeer bis zum Erzgebirge. Hinter Graz wurde zwar nicht mehr lange deutsch gesprochen, aber Deutsch war jedenfalls noch die Sprache, in der man sich verständlich machen konnte, die Amtssprache. Aber Przemysl wie Cluj (Klausenburg), Triest oder Dubrovnik waren ebenso selbstverständlich österreichisch wie Usti nad Labem (Außig) oder Bratislava (Preßburg). Graz lag nicht am Rande eines kleinen, sondern mitten im Herzen eines sehr großen, sehr vielfältigen Staates – die Adria gehörte ebenso zu Österreich wie Galizien, und wenngleich Ungarn offiziell selbständig war, verstand sich Budapest doch hinsichtlich seines Kulturlebens weitgehend als eine Dependance von Wien – auf ungarisch natürlich, zwar selbständig, aber in all seiner Unabhängigkeit doch immer den Blick auf Wien gerichtet. Ausland war es nicht. Eher schon das Deutsche Reich, das natürlich Ausland war, politisch seit der Reichsgründung von 1871 noch stärker abgetrennt als der Deutsche Bund – aber auch hier gingen die kulturellen Beziehungen hin und her, der deutsche Kaiser war wichtigster Verbündeter, das deutsche Kapital einflußreich, und Österreichs deutschnationale Kräfte taten das Ihrige. Eigentlich war auch das Deutsche Reich für die damaligen deutschsprechenden Österreicher ein Teil ihres Staatsgefühls. Die Welt war groß, und die Grenzen waren weit, wenn man in Graz wohnte; im alten Österreich wohnten viele Nationen, so gesehen, war es ein internationales Land.

Andere Grenzen waren sehr eng. Längst ist es eine Binsenwahrheit geworden, daß die »guten alten Zeiten« den Leuten nur deshalb als die guten vorkommen, weil der Mensch nun mal so eingerichtet ist, daß er dazu neigt, nur in seiner unmittelbaren Gegenwart die Komplikationen zu sehen und alle hinter ihm liegenden zu vergessen (was Schopenhauer dazu veranlaßte, die Weltgeschichte als eine Fülle von Tatsachen zu bezeichnen, die beweisen, daß der Mensch nichts aus ihnen gelernt habe). Besagte »gute alte Zeit« krankte im Bereich der k.u.k.Monarchie längst an einer geradezu sagenhaften Bürokratie, kannte Standesunterschiede und -grenzen, denen wir heutzutage nur noch mit fassungslosem Kopfschütteln gegenüberstehen können, und natürlich soziale Unterschiede krassester Art. Wenn man aus den Statistiken der damaligen Zeit die Lebensverhältnisse der Industrie- und Landarbeiter studiert, fragt man sich ernstlich, wie sie unter diesen Verhältnissen leben konnten.

Aber auch für die meisten anderen war Geld sehr schwer zu verdienen. Jakob Stolz und sein Konservatorium sind nur eines der Beispiele dafür. Ein derartig großes Haus mit so vielen Unterrichtsräumen hätte, sollte man meinen, bei der damaligen regen Nachfrage nach Klavierstunden eine Familie doch gut ernähren müssen, selbst wenn es eine große Familie war. Es ernährte die Familie aber eben nur gerade so, und manchmal mußte der Herr Konservatoriumsdirektor Stolz allen Stolz zurückstellen und beim Bäcker gegenüber eine kurzfristige Anleihe aufnehmen, um die Ernährung seiner Familie abzusichern. »Mein Vater war wohl ein angesehener, aber alles andere als ein reicher Musiker. In jenen Tagen gab es noch keine reichen Musiker«, bemerkte Stolz später selbst dazu.

Jakob Stolz hatte eine bedeutende Karriere hinter sich, als er seine Musikschule eröffnete. In Wien hatte er an der Staatsoper die Wiener Erstaufführung von Wagners »Tannhäuser« dirigiert, war Musikdirektor des Grazer Stadttheaters gewesen. Eine solche Position sollte einen Mann mit Weib und Kindern nähren können. Sie tat es nicht, das Unternehmen »Öffentliche Musikschule« erschien einträchtiger, überdies konnte da Frau Ida Stolz mitarbeiten. Es war damals noch keineswegs üblich, daß Frauen einen Beruf ausübten, aber Ida war nicht nur eine großartige Ehefrau und Mutter, sie war auch eine ausgezeichnete, hochbegabte Pianistin. Jakob Stolz seinerseits hatte in seinem Bereich ebenfalls sehr gediegene Kenntnisse und Fähigkeiten, er war ein über die Grenzen Österreichs hinaus bekannter Musikhistoriker und Musiktheoretiker, der seine Ausbildung so bedeutenden Musikern wie Anton Bruckners Lehrer, dem berühmten Wiener Domorganisten Simon Sechter, verdankte. Die Stolzsche »Allgemeine Geschichte der Musik« war ein geschätztes und viel verwendetes Lehrbuch der Zeit, daneben war er selbst ein fruchtbarer Komponist vieler Werke, darunter vier Messen und zwei Sinfonien. Als Bürger von Graz ist Jakob Stolz bis heute hoch geehrt: Gedenktafeln zieren seine Arbeitsstätte ebenso wie seine Lieblingsbank an einem sonnigen Hang des Schloßbergs, von dem aus man auf die Stadt herunterblickt, wie sie in ihrem Weichbild noch immer das schöne, gepflegte und lebendige Gesicht vom Graz der Jahrhundertwende zeigt.

Jakob Stolz war mit zwei genialen Musikern seiner Zeit befreundet, die sich beide nicht ausstehen konnten: Anton Bruckner und Johannes Brahms. Daß ihm keiner die Freundschaft mit dem andern übelnahm, daß er mit dem einen wie dem andern aufrecht auf herzlichem Fuß zu stehen wußte, spricht für seine menschlich-diplomatische Begabung, die er ebenso wie sein musikalisches Talent an seinen Sohn weitergegeben hat.

Die frühe Neigung, die Liebe zur Musik und die Entwicklung seiner musikalischen Fantasie lange vor einer systematischen, regulären Ausbildung aber verdankt Robert Stolz nach seinen eigenen, oft wiederholten Worten, seiner Mutter.

Die musikalische Begabung war unter den Stolzschen Kindern keineswegs gleichmäßig verteilt. Bei dem kleinen Robert zeigte sich schon früh, daß er alle Anlagen zum musikalischen Wunderkind hatte. Seine Eltern waren beide erfahrene Musikpädagogen, sie konnten es beurteilen, und für ihren Jüngsten, ihr Nesthäkchen, war Musik sichtbar *das* Lebenselement. Eigentlich hätte somit nichts nähergelegen, als das Kind von klein an einer straffen, geregelten Ausbildung zuzuführen. Das Klavier war das naheliegende, das herumstehende Instrument. Es zu meistern, fordert jahrelange Übung, zähe tägliche Arbeit – man kann mit der Ausbildung der Hände eigentlich nicht zeitig genug anfangen, sobald sich ein gewisses musikalisches Empfinden anzeigt. Wann also fing Ida Stolz mit der pianistischen Ausbildung ihres offensichtlich so begabten kleinen Sohnes an?

Später. Und damit bewies sie, daß sie eine wirklich wundervolle Pädagogin war. Das erste, was sie ihrem Robert beibrachte, waren nicht Noten und Fingerhaltung, sondern Musikempfinden und musikalische Fantasie. Robert Stolz selbst berichtet darüber:

»Wenn Sie mich fragen, welches das markanteste Erlebnis meiner Kindheit war, so muß ich sagen, daß ich selbes meiner überaus geliebten Mutter verdanke. Mein Vater pflegte abends täglich einen Spaziergang auf den Grazer Schloßberg zu machen. In der Dämmerstunde setzte sich meine Mutter, die ebenfalls Konzertpianistin war, mit mir zum Klavier und inspirierte mich schon damals, indem sie mir sagte: ›Robertl, stell dir jetzt vor, es ist Winter, eiskalt, ein kleines Vogerl friert draußen und klopft an unser Fenster. Es möchte herein. Wie würdest du das, Robertl, in der Musik illustrieren?‹ – Ich setzte mich, ich erinnere mich noch ganz genau, ans Klavier ... und so spielte ich schon im zartesten Kindesalter meiner Mutter verschiedenes vor, was ich mir in meiner Fantasie eben so vorstellen konnte. Die Erinnerung an die grenzenlose Liebe und Zärtlichkeit meiner Mutter hat mir oft in den schwersten Stunden meines Lebens Trost und den Mut gegeben, durchzuhalten.«

Dabei wurde über der Ausbildung von Empfindung und Fantasie die Ausbildung der Technik durchaus nicht vernachlässigt, und hier ergänzten sich beide Elternteile sichtlich vorzüglich: Jakob Stolz war ein unnachsichtiger Perfektionist, der seinem Robert nichts durchgehen ließ. Wie der später erzählte: »In meiner Kindheit war mir die Anwesenheit dieses Perfektionisten stets eine Mahnung, mein Bestes zu geben; seine Unnachgiebigkeit, seine Gründlichkeit rieben sich ständig an meiner kindlichen Neigung, schnell das Interesse an den Dingen zu verlieren und mich anderweitig zu zerstreuen. Ich hatte einen Heidenrespekt vor ihm!«

Eben dieser Gegensatz zwischen mütterlicher und väterlicher Erziehung erwies sich als außerordentlich fruchtbarer Boden gesunder musikalischer Entwicklung: Klein-Robert konnte tatsächlich schon als Achtjähriger mit dem Vater in Graz und Umgebung als Pianist auf Tournee gehen, und sein Onkel Victor nahm ihn sogar nach Wien mit, wo die Auftritte des Knaben freilich nicht in Konzertsälen, sondern ... in Gaststätten und Weinlokalen stattfanden, aber jedenfalls reichen Beifall ernteten. Und der junge Mann spielte klassisches Repertoire! (In diesem Alter u. a. Beethovens »Mondscheinsonate« mit ihrem gefürchteten letzten Satz vortragen zu können, ist eine bemerkenswerte Leistung.)

Weniger erfreulich waren die Leistungen des Wunderkindes in der Schule, er mochte sie nicht. Sie interessierte ihn nicht, und so viel er Begabung und Verständnis für alles Musikalische zeigte, so wenig mochte er Verständnis für Algebra aufzubringen, allen Behauptungen zum Trotz, daß Begabung für Tonsatz und mathematisches Kombinationsvermögen miteinander verwandt seien.

Robert entdeckte keinerlei verwandtschaftliche Beziehungen zu den Unterrichtsstoffen, und nachdem ihm der Schulbesuch vom ersten Tag an zuwider war, nahmen seine schlechten Leistungen bedrohlichen Umfang an. Seine älteste Schwester Mizzi stand ihm zwar treulich zur Seite und verbreitete die Aussage »Er wird eh nur Musiker und kein Studierter« – aber ihr Einsatz für den kleinen Bruder bei seinem Klassenlehrer führte schließlich doch nur dazu, daß dieser ihr einen Heiratsantrag machte, der eine sehr glückliche Ehe einleitete. Robert selbst half das nichts. Er verteidigte im Gymnasium seinen Titel »Schlechtester Schüler der Steiermark« erfolgreich und fiel bei der Reifeprüfung hoffnungslos durch – was sich später, als er zum Militärdienst kam, noch als recht nachteilig erweisen sollte: Für Abiturienten gab es nämlich eine verkürzte Dienstzeit, für Robert Stolz nicht, obgleich er längst erfolgreicher Kapellmeister war.

Aber das war später, und wenn bei Robert die schulischen Erfolge auch in beängstigendem Maß ausblieben, so konnte er doch schon in seiner Vaterstadt die ersten musikalischen erzielen. Wenige Tage nach seinem 15. Geburtstag, genau am 12. September 1895, schrieb er sein Opus 1 »Albumblatt« nieder – noch ganz im Sinne klassischer Musik empfunden, denn selbstverständlich fühlte er sich von Kopf bis Fuß als »seriöser« Musiker.

Und er nahm sich auch Zeit für seine Einfälle, ließ sie reifen, schrieb nun nicht einfach drauflos. Bei einem Mann, der später seine Partituren schrieb wie andere Leute Briefe, der komponierte, wo er ging und stand, hätte man das eigentlich gerade in diesem Alter erwarten können. Mit 15 komponiert sich's, sollte man meinen, weitaus unbekümmerter als etwa mit 55, wo einer um die ganzen Schwierigkeiten seines Metiers weiß. Eben das trifft beim jungen Robert Stolz nicht zu, wie man sieht: Unbekümmert steht er seinen Einfällen überhaupt nicht gegenüber, ganz im Gegenteil. In den nächsten drei Jahren komponiert er ganze neun Stücke, davon fünf 1898 und im darauffolgenden Jahr überhaupt nur zwei. Im Druck erschien nur sein »Valse brillante« Op. 4, aber der gleich bei der hochvornehmen Edition Fürstner in Berlin.

Was einmal mehr zeigt, daß schon das damalige Graz alles andere als ein Provinznest war. Man stand mit der Welt in Verbindung, Wien war nicht alles (wie man manchmal aus den Schilderungen der Zeit glauben möchte). Die beiden großen Freunde von Jakob Stolz, Brahms und Bruckner, besuchten ihn von Zeit zu Zeit, um mit ihm zu debattieren, Robert kannte beide aus nächster Nähe und hat bei Johannes Brahms, den er als eine Art »Pflege-Großvater« ansah, auf den Knien gesessen, hat von ihm sein »Wiegenlied« vorgespielt bekommen und hat es ihm als Sechsjähriger auswendig dann selbst wieder vorgespielt.

Brahms hatte freilich noch einen persönlichen Grund, die Stolzens zu besuchen: Er war in Graz in ein Fräulein von Gasteiger verliebt. Aber das war nicht der einzige Grund, gelegentlich nach Graz zu kommen. Das Grazer Musikleben war rege, das gesellschaftliche Leben ganz allgemein. Beim »32. Deutschen Universitätsstudenten-Ball« Ende Januar 1898 erscheint als Programmnummer 7 erstmalig ein »Elite-Tänzchen von Robert Stolz jun.«. Die »Grazer Tagespost« nannte es am folgenden Tag einen »leicht bewegten, klangschönen Walzer«. Und zu seinem »Valse brillante op. 4« schrieb der Kritiker Julius Schuch im »Grazer Tageblatt« im Mai des gleichen Jahres: »Mit einem sehr anmüthigen Werke ist Herr Robert Stolz unter die Tondichter gegangen. Sein jüngst für Klavier erschienener Walzer besitzt eine hübsch erfundene, einschmeichelnde Melodik und eine frische, wirksame Rhythmik.« Und er fährt fort: »Angesichts dieses gelungenen Werkes und mit Rücksicht auf die Jugend des Componisten ist von Herrn Robert Stolz noch manche gute Probe seines künstlerischen Könnens zu erwarten.«

Auch bei dem Frühjahrskonzert des Jahres 1900, in dem Jakob Stolz die Schüler seines Konservatoriums wie in jedem Jahr vorstellte, wurde wieder eine Robert-Stolz-Komposition mit besonderen Lorbeeren bekränzt: »Großes Interesse wie beifällige Anerkennung fand die von Herrn Robert Stolz jun. komponierte Ballade ›Der Fährmann‹, welche auf heftiges Verlangen … wiederholt wurde. Herr Robert Stolz jun. bewies mit dieser Composition entschiedene Anlagen für die Tonsetzkunst und wird seinem leiblichen und geistigen Vater voraussichtlich, besonders bei fortgesetztem ernstem Studium, alle Ehre machen.«

Ernstes Studium hatte Robert Stolz allerdings schon hinter sich: bei seinem Vater, der schließlich selbst ein gediegener Kompositionslehrer war, aber auch bei Robert Fuchs und Engelbert Humperdinck. Bereits mit 16 Jahren, 1896, hatte er am Wiener Konservatorium seine Staatsprüfung abgelegt. Und das Jahr 1898, das so erfolgreich mit der öffentlichen Aufführung des »Elite-Tänzchens« anfing, bescherte ihm noch einen weiteren großen Schritt ins Leben: Er wurde Hilfs-Korrepetitor am Grazer Stadttheater.

Korrepetitor ist nicht gerade die ruhmreichste musikalische Stellung in einem Stadttheater. Seine Aufgabe besteht im wesentlichen darin, den Sängern ihre Partien einzupauken. Sind Zeit und Muße vorhanden, kann freilich zwischen Solist und Korrepetitor ein wunderschönes künstlerisches Verhältnis entstehen, der Korrepetitor wird zum unsichtbaren guten Geist des Solisten. Der damalige erbarmungslose Spielbetrieb mit seinen kurzen Probezeiten bot dazu wenig Chancen, und der Hilfskorrepetitor Stolz erhielt zudem den allerhärtesten Posten, den des Ballettkorrepetitors. Wieder und wieder zur Einstudierung eines Tanzes ein- und dieselbe musikalische Phrase fortissimo herunterzuhämmern, stundenlang, ist Schwerstarbeit für die Arme und Stumpfsinn fürs Hirn.

Aber als Stolz das Engagement erhielt, war er so glücklich, daß er sogar vergaß, nach der Bezahlung zu fragen. Als er sich beim Hinausgehen daran erinnerte und fragte: »Aber Herr Direktor, wie sieht's mit dem Geld aus?« antwortete ihm dieser mit ernstem Gesicht: »Oh, über Geld brauchen Sie sich keine Sorgen zu machen, mein Junge, Sie müssen keinen Kreuzer bezahlen.« Das stimmte, aber er bekam auch nichts. Nach eigener Aussage tröstete er sich mit dem Anblick der hübschen Mädchen vom Ballett, ohne sich immer mit dem bloßen Anblick zu begnügen. Die Liebe beschränkte sich für Robert Stolz nie allein auf die Liebe zur Musik, und in der schönen Stadt Graz sammelte er diesbezüglich die ersten Erfahrungen – zuallererst durch eine französische Gouvernante, und zuguterletzt in einer himmelhochjauchzend – zu Tode betrübten keuschen Liebesgeschichte mit dem Töchterchen einer Fabrikantenwitwe. Er war 18, Ida war 17, ihre Schwester war dagegen und entführte das Iderl nach Budapest. In ihren Augen war ein Musiker für eine Fabrikantentochter keine Partie.

Dabei tat der junge Musiker gerade den ersten Schritt in seine Karriere. Bei der Aufführung einer Komödie im Schauspielhaus durfte er das erste Mal vor den Augen der Grazer dirigieren, wenn auch das Orchester winzig war. Er war wahnsinnig aufgeregt, und hinterher waren er, seine Mutter und auch sein sonst so strenger Vater ungeheuer stolz und glücklich. Und noch am gleichen Abend erfuhr die Familie von einem Freund, daß in Marburg die Stelle eines Kapellmeisters am Theater frei sei. Robert nahm an und wurde somit gleich im Anschluß an sein allererstes Dirigat im Grazer Schauspielhaus Theaterkapellmeister.

Woraus man sieht, daß ein tüchtiger junger Mann im damaligen Graz sehr rasch etwas werden konnte.

II

Mit dem Taktstock durchs Land
1899–1907

Es war aber nicht etwa Marburg an der Lahn, wo Robert Stolz sein erstes Engagement antrat. Es heißt auch heute längst nicht mehr Marburg, sondern Maribor, gehört zu Jugoslawien und liegt süd-südöstlich von Graz nicht weit von der österreichischen Grenze. Damals war dort natürlich noch tiefstes Österreich. Es war eine typische österreichische Garnisonsstadt, ein k. u. k. Infanterieregiment sorgte für das »gesellschaftliche Leben«. Es spielte sich vor allem im Offizierscasino ab, das sich im »Ersten Hotel der Stadt« befand. Und in diesem Casinosaal wurde einige Monate im Jahr auch Theater gespielt. Das war das Stadttheater. Eigentlich war Maribor keine sehr interessante Stadt, aber bis Graz waren es nur siebzig Kilometer: Es war ein Anfang, und dieser Anfang sollte der »Zigeunerbaron« sein. Mit stolzgeschwellter Brust begab sich Kapellmeister Stolz ins Theater, um sich seinem Orchester vorzustellen. Es bestand aus sechs Herren. Die sechs Herren waren alle Zigeuner, und keiner von ihnen konnte Noten lesen. Stolz blieb nichts weiter übrig, als ihnen den »Zigeunerbaron« aus der Partitur vorzuspielen. Und welch Wunder: Noten lesen konnte seine Kapelle nicht, aber es waren hervorragende Musiker – nach dem zweiten Vorspielen konnten sie den »Zigeunerbaron« auswendig. Robert Stolz hatte allen Grund, mit seinen Musikern sehr zufrieden zu sein.

Über den sonstigen dortigen Theaterbetrieb berichtet er nichts. Heutzutage würden ihn die meisten Leute vom Fach wahrscheinlich ziemlich geringschätzig über die Achsel ansehen und als »Provinzschmiere« bezeichnen. Wenn das Orchester zum »Zigeunerbaron« aus nur sechs Mitgliedern bestand, liegt der Verdacht nahe, der Chor auf der Bühne werde auch nicht viel größer gewesen sein. Jene kleineren Theater in der Provinz litten fast durchweg an drei Dauerkrankheiten: an ständigem Geldmangel, an ständigem Personalmangel und an der Notwendigkeit, unter solchen Umständen in kürzester Zeit immer wieder neue Stücke – und möglichst Zugstücke! – herausbringen zu müssen, weil die Einwohnerzahl von Stadt und Umgebung keine großen Aufführrungszahlen gestattete. Jeder mußte beinahe alles machen. Wenn der Chor nicht sang, stand er im Schauspiel als Statisterie auf der Bühne, und der Schauspieler, der gerade in einem Stück nicht beschäftigt war, sang dafür im Chor mit. Auch der Vertrag des Kapellmeisters Stolz schloß Bühnenverpflichtung mit ein.

An sorgfältige Proben- und Einstudierungsarbeit war unter diesen Umständen natürlich ebensowenig zu denken wie an fach- und individualitätsgerechte Besetzungen (wenige Hauptfächer ausgenommen, deren Vertreter im Ensemble einen bescheidenen Star-Status genossen) – aber die Flexibilität, die Selbständigkeit, die jedes einzelne Mitglied sich dabei unausweichlich aneignen mußte, war eine exzellente Basis für den ganzen Theaterberuf. Es ist unnütz, dieser Art des Provinztheaters heute sehnsüchtig hinterherzublicken, zumal sie in den meisten Fällen nur für sieben oder acht Monate des Jahres den Künstlern eine leidlich gesicherte – und meist sehr bescheidene – Existenz bot und Unzulänglichkeit geradezu zwangsläufig einer ihrer Grundpfeiler sein mußte. Aber diese Unzulänglichkeit, der Zwang, sich immer neu den Verhältnissen anpassen zu müssen, der immerwährende Repertoirewechsel stellten auch die Mitglieder vor immer neue Aufgaben und gaben ihnen die Möglichkeit, sich immer neu auszuprobieren.

Kapellmeister Stolz konnte sich so in Maribor erstmals als Operettenkomponist erproben. Als Bühnenkomponist hatte er sich schon in Graz betätigen können. Noch vor seinem Engagement als Kapellmeister hatte er den Auftrag erhalten, die Bühnenmusik zu einem Volksstück zu schreiben, das in Graz freilich erst während seiner Marburger Zeit herauskam, aber kein Erfolg wurde – bis auf die Musik: »Voll kerniger Laune sind die G'stanzln, zu denen Herr Stolz eine anmuthige, volksthümliche Musik schrieb. Diese kleinen, aber für sich wertvollen Reize konnten freilich das Schicksal des Schauspiels nicht retten« schrieb das »Grazer Tagblatt« vom 29. 3. 1901 dazu. Acht Tage vorher war bereits die andere Robert-Stolz-Premiere in Marburg gewesen: »Studentenulke« hieß die Posse mit Musik, die Theodor Haller aus Graz zum Verfasser hatte und zu der Robert Stolz die Musik schrieb. Das »Grazer Volksblatt« berichtete von einem »großen Heiterkeitserfolg«, Robert Stolz selbst war der Ansicht, daß das Werk keiner besonderen Erinnerung wert wäre. (»Wir haben alle das Recht, die eine oder die andere Unklugheit zu begehen.«) Was er da sehr viel später als »Unklugheit« bezeichnete, war in Wirklichkeit aber eine von ihm selbst gesteckte wichtige Wendemarke: Die Uraufführung der »Studentenulke« zeigte an, daß der ernsthafte Musiker, der Schüler von Jakob Stolz, Fuchs und Humperdinck, der »Pflegeenkel von Johannes Brahms« den Schritt in den Bereich der »leichten Muse« getan hatte. »Studentenulke« war keine Gelegenheitskomposition, sondern ein erstes Ausprobieren in einer neuen Richtung, und die Veranlassung dazu war von keinem anderen gekommen als von dem großen Johann Strauß.

Stolz hatte Johann Strauß bei seinem letzten Dirigat erlebt, als am 22. Mai 1899 in der Wiener Hofoper anläßlich des fünfundzwanzigsten Jahrestags der »Fledermaus«-Uraufführung eine Festmatinee veranstaltet wurde, bei der Johann Strauß noch ein letztes Mal selbst die Ouvertüre dirigierte. Jakob Stolz und Johann Strauß waren alte Bekannte, Robert Stolz suchte Strauß tief beeindruckt anschließend in seiner Garderobe auf, und Vater und Sohn wurden im Anschluß an die Vorstellung in das Straußsche Palais in der Igelgasse zum Essen eingeladen. Strauß – der zum Komponieren mit Vorliebe das Harmonium zu Hilfe nahm – setzte sich ans Klavier, und anschließend durfte auch Robert Stolz dem Meister Mozart und eigene Kompositionen vorspielen. Es war dieser Abend, der die künftige Richtung des Schaffens von Robert Stolz bestimmte. Die Worte, die er aus der Begegnung mit dem Meister mit hinausnahm, waren: »Sie sind sehr jung, aber man ist nie so jung, wie man glaubt. Fassen Sie einen Entschluß über ihre Musik. Und wenn Ihnen klar geworden ist, daß Walzer und Operette Ihr Gebiet sind, wovon auch ich überzeugt bin, dann fangen Sie *jetzt* an, nicht nächsten Monat oder nächstes Jahr. Tun Sie etwas, irgend etwas. Aber fangen Sie an! Je früher Sie es tun, desto früher werden Sie fähig sein, Ihre beste Arbeit zu leisten, Ihre vollendete Arbeit.«

Ob es kommagenau die Worte von Johann Strauß waren, wie Stolz sie später wiedergab, ist unwesentlich – wesentlich ist, daß sie tatsächlich zur Richtschnur seiner künftigen Entwicklung wurden, auch wenn er nicht bereits im nächsten Monat die neue Richtung einschlug, sondern ganz offensichtlich Zeit brauchte, das Erlebte zu verarbeiten. Im selben Jahr 1899 vollendete er nach eigenen Angaben nur eine einzige Komposition, sieben Monate nach seiner Begegnung mit Strauß, das Klavierstück »Sternennacht«. Und auch der »Wahlspruch« für den »Grazer Singverein Post« und die Ballade »Der Fährmann« vom März 1900 kündeten nichts vom Verlassen des bisherigen Weges. Erst »Studentenulke«, fast zwei Jahre nach der Begegnung, machte den Anfang, einen »schwachen«, wie Stolz selbst meinte, aber jedenfalls einen sehr entschlossenen Anfang: Von da an bleibt er dem eingeschlagenen Weg fest – und erfolgreich! – verbunden. Und es war der Segen der »Provinz«, daß diese Uraufführung, dieses Ausprobieren so rasch möglich wurde, weil in einem solchen Theater eben der Kapellmeister zum Herrn Direktor sagen konnte: »Herr Direktor, der Haller und ich, wir zwei haben da eine Posse mit Musik geschrieben – möchten Sie die nicht aufführen?« Und dann konnte der Herr Direktor am nächsten oder übernächsten Tag sagen: »Es hat mir beim Lesen gefallen, also in drei Wochen (oder vierzehn Tagen) ist die Premiere!« Das Risiko war mäßig – falls die Novität ein Reinfall war, war irgendein erprobtes Stück immer zur Hand und konnte zwei, drei Tage später oder schon am folgenden Abend eingesetzt werden – und war's ein Erfolg, dann war für das nächste Stück solcher Herren Hausautoren allemal neu wieder Platz.

Stolz blieb trotzdem nur diese eine Spielzeit in Marburg alias Maribor. Im Oktober 1902 finden wir ihn als Zweiten Kapellmeister am Salzburger Theater wieder. Anderthalb Jahre liegen zwischen der Premiere der »Studentenulke« und seinem Debüt in Salzburg, und in der ganzen Zeit gibt es nur eine einzige Komposition von ihm, einen Marsch.

Denn Robert Stolz hatte den Einberufungsbefehl bekommen. Wovor ihn der Vater gewarnt hatte, war ihm prompt passiert: Er kam für drei Jahre zum Militär. Hätte er sein Abitur gehabt, wäre er nur als »Einjährig-Freiwilliger« eingezogen worden. Es war ein ernsthafter Schicksalsschlag für ihn – mit den Anforderungen eines militärisch geregelten Tagesablaufs kam er noch weniger zurecht als mit der Schule. Er hatte zwar insofern Glück, als er zum Sanitätsdienst eingeteilt wurde, trotzdem: Sein Leben war die Musik, ohne sie ging er zugrunde wie ein Fisch ohne Wasser.

Was ihn schließlich vorzeitig erlöste, waren Wanzenbisse und ein verständnisvoller Onkel. Die Wanzenbisse wurden in Verbindung mit einer fiebrigen Erkältung vom Regimentsarzt für Typhus gehalten – eine der fürchterlichsten Krankheiten, die eine Kaserne damals treffen konnten. Infolgedessen hielt er die Inspektion des Kranken durch eine medizinische Kommission für angebracht, und dieser gehörte zufällig ein Onkel Roberts an, der die Gelegenheit nutzte, seinen lieben Neffen dem Heeresdienst zu entreißen. Er erkannte zwar, daß es nur Wanzenbisse waren, sprach aber: »Ich glaube nicht, daß wir es uns leisten können, die Moral und das Wohlbefinden der ganzen Armee durch diesen Fall aufs Spiel zu setzen und empfehle daher, den Rekruten Stolz, sobald er transportfähig ist, aus der Armee zu entlassen.« Das Lazarett war froh, auf diese Weise den gefährlichen Bazillenträger loszuwerden, und Robert Stolz konnte endlich wieder zu seiner geliebten Musik zurückkehren. Vielleicht ist dies der Grund, daß der Marsch, den er im Juli 1902 komponierte, dann den Titel »Siegesträume« bekam – eine Folge seiner militärischen Ausbildung haben wir mit Sicherheit nicht darin zu erblicken.

Die Position des Zweiten Kapellmeisters in Salzburg war frei, und er hatte Glück, er bekam sie. Als erstes dirigierte er die Operette »Don Cesar« von Dellinger, ein musikalisch zauberhaftes, heute zu Unrecht vergessenes Werk, und die Kritik schrieb: »In dieser Operette lernten wir zugleich den Zweiten Kapellmeister, Herrn Robert Stolz kennen, welcher als Dirigent einen sehr vorteilhaften Eindruck machte.« Einen Monat später las man schon anläßlich einer Aufführung der »Fledermaus«, wo er für den Ersten Kapellmeister einspringen mußte: »Herr Kapellmeister Stolz, der bereits nach der flott gespielten Ouverture den ersten Beifall einheimsen konnte, hat an der gestrigen Aufführung den Löwenanteil, und es freut uns für den strebsamen und begabten Dirigenten aufrichtig, dies ganz speziell feststellen zu können.«

Strebsam war er absolut: Er hatte im Monat des Engagementsantritts bereits ein neues Libretto in der Hand und begann mit der Komposition von »Schön Lorchen«, keiner Posse mit Musik, sondern einer richtigen Operette, obgleich ihre Handlung wohl kein Meisterstück an Originalität gewesen sein dürfte. Details wissen wir nicht – das Libretto ist verschollen. Die Aufführung fand im März des nächsten Jahres statt und wurde ein Erfolg, obgleich die Kritiker das Buch verrissen. Um so besser kam die Musik weg. Im »Salzburger Volksblatt« war zu lesen: »Die Musik ist gut, sie schmeichelt sich dem Ohre leicht ein und zeigt eine herzerquikkende Frische. Dazu kommt noch eine farbenprächtige Instrumentierung, so daß man getrost sagen kann, ›Schön Lorchen‹ bietet in musikalischer Beziehung weit Besseres, als alle Operetten, welche in den letzten Jahren das Licht der Welt erblickt haben.«

Und die »Salzburger Zeitung« schrieb: »Man wird gut tun, sich den Namen Robert Stolz, der uns in ›Schön Lorchen‹ sein erstes Bühnenwerk bot, zu merken, denn was wir gestern hörten, war die Probearbeit eines starken Talentes, das ohne Zweifel noch von sich reden machen wird.«

Das sind eine Menge gute Worte für einen jungen Mann von 22 Jahren – »in musikalischer Beziehung weit Besseres, als alle die Operetten, welche in den letzten Jahren das Licht der Welt erblickt haben« ist geradezu ein Superlativ. Der junge Mann ist das zweite Jahr beim Theater und erweist sich bereits als ein Komponist und Dirigent von auffallenden Qualitäten!

Das Salzburg von 1902 war natürlich nicht das Mekka der Kunst von heute, das sich erst seit 1920 durch Max Reinhardts Entwicklung der Festspielidee und allmählich zu den Höhen heutiger Berühmtheit aufschwang. Das Salzburger Stadttheater stand im Rang etwas unter dem von Graz, von Salzburg nach Graz engagiert zu werden, bedeutete einen Aufstieg. Von Marburg nach Salzburg engagiert zu werden, bedeutete ebenfalls einen; es ging steil aufwärts mit dem jungen Robert Stolz, sein Wiener Agent – damals liefen fast alle Engagementsverhandlungen über private Theateragenturen – konnte dem flexiblen, begabten jungen Mann bald ein noch viel vorzüglicheres Angebot machen: die musikalische Leitung einer großen Rußland-Tournee!

Auch dies ist eine Angelegenheit, die für die großen Künstler des 19. Jahrhunderts bis hin zum Ersten Weltkrieg ein geradezu typisches Ereignis war: Adel und wohlhabende Oberschicht ließen sich westeuropäische Kunst und Künstler hereinholen, feierten sie und bezahlten hervorragend. So gastierten neben vielen anderen schon Robert und Clara Schumann im damaligen St. Petersburg und in Moskau vor dem adeligen Publikum, Richard Wagner konnte durch eine solche Rußland-Tournee als Dirigent einen beträchtlichen Teil seiner immensen Schuldenlast tilgen. Eine Rußland-Tournee war eine ausgezeichnete Einnahmequelle, die Vermittlung einer Rußland-Tournee war eine Auszeichnung. Allerdings war eine Rußland-Tournee auch eine recht anstrengende Sache, nicht nur wegen der weiten Reisewege und der vielen Auftritte, noch mehr wegen der unausweichlich damit verbundenen ebenso zahlreichen und ausschweifenden nächtlichen Feiern, die fast jedem Auftritt folgten. Der Unterschied zwischen grenzenlosem, verschwenderischstem Reichtum auf der einen Seite und unsäglicher, grenzenloser Armut auf der anderen im alten Rußland ist nur als himmelschreiend vorstellbar; Fritz Kortner, der kurz vor dem Ausbruch des Ersten Weltkriegs im alten St. Petersburg gastierte, beschreibt in seinen Lebenserinnerungen den damaligen Zustand sehr genau. Auch Robert Stolz selbst kommt in seinen Memoiren darauf zu sprechen. Was er zu leiten hatte, war ein »Großer Abend der Wiener Operette«, was ihm anvertraut war, war auch nach heutigen Begriffen ein großes Ensemble, mit 60 Damen allein im Chor und Ballett, dazu Solisten und ein erstklassiges Orchester – ein gewaltiger Aufstieg, wenn man bedenkt, daß seine Kapelle vor drei Jahren lediglich aus sechs Zigeunern bestanden hatte, ein enormer Vertrauensbeweis für einen musikalischen Leiter, der erst 23 war und erst zwei Spielzeiten Theatererfahrung hatte. (Noch bis in die Mitte der fünfziger Jahre unseres Jahrhunderts war es allgemein üblich, für die ersten zwei Jahre überhaupt nur sogenannte »Anfängerverträge« auszustellen.)

Die Tournee führte nach Moskau, St. Petersburg, Kiew und Odessa. Sie verlief glänzend, mit ebenso glänzenden Festen wie andere Tourneen, die Einladungen waren zahlreich und üppig. Robert Stolz erhielt sogar ein lukratives Heiratsangebot, dem er sich gerade noch mit Anstand entziehen konnte. Er fühlte ganz und gar kein Verlangen, eine reiche Dame mitsamt einem Gestüt zu übernehmen. Dann traf ihn unvermittelt ein schwerer Schicksalsschlag. Seine geliebte Mutter lag im Sterben, er fuhr in einer Dreitage-Nonstop-Reise zu ihr nach Graz. Als er schließlich wieder zu seiner Tournee-Truppe stieß, die inzwischen in St. Petersburg auftrat, hatte der Erfolg des Unternehmens auch bereits seine Katastrophe eingeleitet: Die schönen Damen des Ensembles waren reihenweise zum Vertragsbruch verleitet worden und auf diese oder jene Art in die Hände des russischen Adels übergegangen. Mit Um- und Notbesetzungen verlor das dezimierte Ensemble rasch seine Zugkraft, und die mit so viel Gloria begonnene Tournee endete als Desaster, das ganze Unternehmen ging pleite. Schließlich verfrachteten die russischen Behörden die kümmerlichen Reste des Ensembles (das am Ende fast nur noch aus Männern bestand) in einen plombierten Waggon und schoben sie nach Berlin ab. Was bei anderen Künstlern zur Vermögensbildung gereicht hatte, führte im Falle von Robert Stolz zur völligen Mittellosigkeit. Alles, was ihm als Andenken von der Tournee geblieben war, war eine goldene, brilliantverzierte Zigarrendose.

Zweifellos hätte er unter Preisgabe der Dose immer noch seine Vaterstadt wiedererreichen können – aber er saß nun einmal in Berlin. Er war auch nicht der brave Biedermann, der sich nach einer ziemlich kompletten Niederlage erst einmal in den Schoß der Familie geflüchtet hätte. Für einen zielbewußten, auf seine Karriere bedachten Menschen wäre das alles andere als verkehrt gewesen, und er wäre nicht als der verlorene Sohn zurückgekommen. An dem erlittenen Debakel trug er keine Schuld.

Aber er versetzte weder seine Zigarrendose noch ging er zurück nach Graz. Er hatte keinen Pfennig Geld und sah sich erst einmal Berlin an. Er suchte vorerst auch keinen Theateragenten auf – eine hübsche Dame war es, der er hinterherlief, eine »nichtbürgerliche« dazu – und um es kurz zu machen: die nächsten Wochen verbrachte er als Bar-Pianist in einem Freudenhaus. Immerhin, es war ein Nobel-Bordell mit erlesener Kundschaft. Gelegentlich kam sogar Besuch aus der unmittelbaren Umgebung des deutschen Kaisers. Eines Tages kam ein berühmter Wiener Pianist, Alfred Grünfeld, von dem Johann Strauß einmal gesagt hatte, er spiele seine Walzer besser als er selber. Er erkannte Robert Stolz, drückte ihm ein Bündel Banknoten in die Hand und warf ihn aus dem »Sündenpfuhl« hinaus. Erst als Robert draußen war, stellte er fest, daß Grünfeld selbst drin geblieben war – nicht, um anstelle von Robert dort Klavier zu spielen.

Der Hinausschmiß tat Robert Stolz gut, er kam wieder zu sich, zu seinem Beruf zurück. Aber ein Theaterengagement war mitten in der Saison nicht zu bekommen. Jetzt suchte er endlich die Berliner Agenten auf, aber nun hatten sie nichts mehr für ihn. Im Vorzimmer eines Agenten stieß er auf einen Zirkusdirektor. Der brauchte einen Kapellmeister, weil sich der Seine Arm und Bein gebrochen hatte. So landete Stolz für einige Zeit beim Zirkus, und man darf glauben, daß ihm diese Zeit große Freude bereitet hat. Er hatte ein gutes Orchester von 40 Mann, es war ein guter Zirkus, und die Arbeit bescherte ihm eine Menge neue Erfahrungen. Artisten sind interessante Leute, mit denen meistens gut auszukommen ist: Einmal können sie fast alle ihre Nummern nur durch harte tägliche Arbeit bewahren, Exaktheit ist der wichtigste Teil ihrer Lebensversicherung. Zum anderen kommen sie einander mit ihren Leistungen nicht ins Gehege. Der Rollenneid, der aus der Theaterluft kaum zu verdrängen ist, findet unterm Chapiteau nicht viel Nahrung.

Schon wieder einmal nahte Stolz das Angebot einer vorteilhaften Ehe: Der Direktor wollte ihm Tochter samt Zirkus vermachen, aber Robert fühlte sich noch immer nicht reif zum Heiraten, und außerdem ist das Repertoire der Zirkusmusik auch wirklich etwas zu einseitig und zu zweckgebunden, um einem begabten Musiker alles Glück des Lebens bedeuten zu können. So wandte sich Stolz an einen Theateragenten in Wien, der mit seinem Vater befreundet war, und der hatte ein Angebot für ihn, das nun wirklich absolut erstklassig war: Erster Operettenkapellmeister am Deutschen Theater in Brünn!

Brünn, das heutige Brno, besaß als Theaterstadt auch in Wien einen hervorragenden Ruf. Wer in Brünn im Blickpunkt der Öffentlichkeit stand, konnte der Aufmerksamkeit der Wiener Presse sicher sein. Die Wiener Kritiker nahmen die drei D-Zugstunden in Kauf, um über eine Brünner Aufführung berichten zu können. Brünn war ein hervorragendes Sprungbrett für junge Talente: Leo Slezak, der 1896 dort als Lohengrin debütierte, war zwei Jahre später schon an die Berliner Hofoper verpflichtet worden. Und Stolz machte wiederum gleich von Anfang an als Dirigent von außergewöhnlichen Qualitäten auf sich aufmerksam: »Warmes Temperament auf der Bühne und im Orchesterraum, in aller Stille hat sich da unten ein Thronwechsel vollzogen. Der neue Mann – Herr Kapellmeister Stolz – führt einen sicheren Empfehlungsbrief in seinen Händen, sein von Jugendluft beschwingter Taktstock lockt die Kraft und Beredtheit der Instrumente, er befeuert die leichten Rhythmen und verhütet alles Schleppende«, schrieb der »Brünner Tagesbote«, als Stolz den »Zigeunerbaron« dirigiert hatte.

Nebenbei: Er hatte durch die Rußland-Tournee und die nachfolgenden Zwischenspiele nicht zu viel Zeit verloren. Erst im März hatte die Salzburger Aufführung von »Schön Lorchen« stattgefunden, und sein Brünner »Zigeunerbaron« war Anfang September des gleichen Jahres! Und nach dem so bewegten Sommer von 1903 folgten nun dreieinhalb Jahre Seßhaftigkeit, das »Deutsche Theater« behielt seinen hervorragenden Operettenkapellmeister bis zum Frühjahr 1907. Es war seine längste Zeit an einem Theater überhaupt. Hier holte er sich die profunde Fachkenntnis, die souveräne Routine, auf der die Virtuosität, die Meisterschaft aufbauen können muß, wenn sie sich völlig entfalten will. Und Robert Stolz war ein vollendeter Virtuose in der schwierigen Kunst des Dirigierens. Man kann das nicht nur auf den vielen

Schallplattenaufnahmen hören, die er später dirigiert hat, man kann ihn auch in Filmaufnahmen studieren. Richard Strauss sagte einmal, ein guter Dirigent müsse imstande sein, auch eine schwierige Partitur mit einer Hand zu dirigieren und behielt zum Beweis seiner Behauptung während eines Dirigats seiner »Elektra« an der Staatsoper Dresden von Anfang bis Ende seine linke Hand in der Hosentasche. Es ist anzunehmen, daß Robert Stolz ein solches Kunststück auch fertiggebracht hätte. Seine beiden Arme bewiesen beim Dirigieren eine verblüffende Selbständigkeit! Bei dem Dirigenten Robert Stolz wurde die linke Hand ein beinah selbständiger Kapellmeister, wie die alten Filmaufnahmen zeigen.

Aber seine Virtuosität bestand natürlich nicht allein in der Schlagtechnik, der Dynamik und dem Herausarbeiten der Plastizität der Orchesterstimmen, – wirklich einzigartig und neben seiner Präzision oder besser gesagt in Verbindung mit ihr war das eigentliche Geheimnis seines Erfolgs seine Rubato-Technik.

Rubato – das ist die ganz kleine Tempoverschiebung, mit der ein paar Noten etwas langsamer oder auch etwas schneller gespielt werden, als es der Fall sein müßte, wenn man die Notierung genau nähme, der kleine Halt, bevor die rauschende Walzermelodie losstrudelt, die fast unmeßbare und doch spürbare Beschleunigung, wenn sie zum Ende drängt, jenes Schwingen, durch das eben Musik erst »beschwingt« wird. Und natürlich ist es eine höchst komplizierte Sache, ein Orchester oder gar ein ganzes singendes Theaterensemble, das ja durch den Takt zusammengehalten wird, mit dem Taktstock so zu führen, daß es auch noch möglich wird, den Takt quasi von Takt zu Takt zu modifizieren, gewissermaßen eine Art frei modulierende Präzision zustandezubringen, (um es unmusikalisch zu sagen).

Das Dirigieren ist ohnehin eine höchst geheimnisvolle Tätigkeit. Entweder man kann es oder man lernt es nie, meinte der große amerikanische Dirigent Leopold Stokowski, der von der Orgelbank aus ans Dirigentenpult trat und ein phänomenaler Dirigent war, ohne es je »gelernt« zu haben. Auch Robert Stolz hat nie eine Dirigentenklasse absolviert, aber hier in Brünn wurde er endgültig zum Dirigenten Erster Klasse.

Brünn war ein anspruchsvolles Theater, auch wenn die Gage, die es seinem Ersten Operettenkapellmeister zahlte, nur gering war. Stolz mußte sich eine möglichst billige Wohnung suchen. Und er mußte sich – was einer der Ansprüche der Direktion war

– hier einen Bart wachsen lassen, damit er würdevoller wirkte – schließlich war er, als er sein Engagement antrat, gerade erst 23 geworden. Er ließ sich also einen imponierenden Henri-Quatre-Bart wachsen, der sein Gesicht als eine Art Markenzeichen in den nächsten zwanzig Jahren umrahmte, bis er ihn auf eine etwas plötzliche Art abwerfen mußte. Aber das ist eine andere Geschichte und soll an anderer Stelle erzählt werden.

Ja, Brünn war ein anspruchsvolles Theater, und das wurde nicht nur am Bart des Herrn Kapellmeisters sichtbar, sondern auch an seinen Kompositionen. Zunächst einmal komponierte er nämlich gar nichts, die Erfolgsserie von Graz, Marburg und Salzburg schien völlig abgerissen. Nach »Schön Lorchen« folgte kein einziges neues Opus im Jahre 1903, kein einziges 1904, und keines bis zum November 1905. Brünn ist kein Theater, wo man hausgemachte Sachen spielt; daß der Chef der Operette auch ein glänzender Komponist ist, interessiert hier nicht. Auch der Kompositionsauftrag vom Herbst 1905 ist nicht gerade signifikant, die Musik zum heurigen Weihnachtsmärchen »Das tapfere Schneiderlein«, typisch für jene Angelegenheiten, die man als »zweitrangig« nicht nach außerhalb vergibt – »Kapellmeistermusik«, wie das in Fachkreisen genannt wird. Der Herr Kapellmeister Stolz machte das allerdings nun so gut, daß der Herr Theaterdirektor Lechner, der sein Metier exzellent verstand, auf der Stelle erkannte, daß das, was ihm sein Kapellmeister da geliefert hatte, etwas mehr war als bloße »Kapellmeistermusik«.

Das Weihnachtsmärchen kam Anfang Dezember heraus, und bereits im Januar konnte Robert Stolz mit der Komposition seiner Brünner Operette »Manöverliebe« beginnen, die am 15. April 1905 uraufgeführt wurde.

Wie in Salzburg verriß die Presse das Buch, aber lobte die Musik. So schrieb der Brünner »Tagesbote«: »Wenn auch nicht alles neu unter ihrer Sonne ist, so gibt sich doch alles gefällig und leicht, in so hübscher instrumentaler Gewandung und mit so tanzfreudiger Rhythmik, daß man sich ihren Klängen gerne für ein paar Stunden – und nicht gerade ›schwachen‹ Stunden – gefangen gibt.« Und nicht allein in Brünn erschienen Besprechungen, sondern erstmalig auch in Wien: Die Bedeutung von Brünn als »Sprungbrett« begann sich auch für Stolz zu zeigen, obwohl zunächst alles wie bisher weiterging: »Manöverliebe« war – mindestens hinsichtlich der Musik – keineswegs ein Mißerfolg, aber auch kein Anlaß für weitere Unternehmungen, es blieb in den vier Spielzeiten, die Stolz dort dirigierte, seine einzige Operette.

Mit Beginn des Jahres 1907 begann er sich jedoch ein völlig neues Gebiet zu erobern, in dem er bald seine allergrößten Erfolge erringen und bis an sein Lebensende ein einzigartiger Meister bleiben sollte: die Liedkomposition. Nicht die in Richtung des »Kunstlieds«, sondern jene, die das Chanson, das Couplet, das Tanzlied, das Marschlied, das Stimmungslied umfaßt und aus der im Glücksfalle Schlager und Evergreens hervorgehen.

Angefangen hatte es schon im Dezember 1905 mit dem Couplet »Brünner Sehenswürdigkeiten« – so wie auch der Musik zum »Tapferen Schneiderlein« quasi als Erprobung ein Lied als Einlage in einem Lustspiel vorausgegangen war. Aber ab 1907 werden die Sachen verlagsreif: der Harmonie-Verlag in Berlin, der Lyra-Verlag in Leipzig, Nickau & Welleminski in Wien übernehmen die Lieder und veröffentlichen sie. Robert Stolz bindet sich geschickterweise nicht an einen einzigen Verleger, und er beschränkt sich schon gar nicht auf Österreich, Berlin und Leipzig sind auch äußerst attraktive Verlagsorte.

Das Brünner Theater war ein Theater für Aufsteiger. In den Jahren, in denen Robert Stolz tätig war, gab es dort gleich vier Aufsteiger: Außer Robert Stolz auch noch einen jungen Tenor, der in der »Manöverliebe« einen Offiziersburschen gespielt hatte, einen gewissen Hubert Marischka – den Mann, der später als Inhaber des berühmten »Theaters an der Wien« ein markantes Stück Wiener Theatergeschichte schreiben sollte. Und zwei Damen, nämlich die Operettensängerin Grete Holm und eine Chorsängerin, die mit Robert Stolz in Brünn im gleichen Haus wohnte, eine gewisse Mizzi Jedlicka, die kurz darauf im damaligen Olmütz als Sängerin debütierte und dann von der Wiener Staatsoper aus Weltkarriere machte, dann freilich schon längst unter ihrem Künstlernamen Maria Jeritza. Beide Frauen haben im Leben von Robert Stolz eine gewisse Bedeutung gehabt, Maria Jeritza eine rein kollegiale und freundschaftliche, Grete Holm eine sehr viel engere. Beide lernten sich in Brünn durch das Theater kennen, arbeiteten miteinander, verliebten sich ineinander, und als ihr gemeinsames Brünner Engagement zu Ende ging, heirateten sie.

So hatte Robert Stolz in Brünn nicht nur eine bedeutende künstlerische, sondern auch eine bemerkenswerte menschliche Entwicklung genommen: Vorher hatte er jede ernsthafte Liebesverbindung gescheut und jede Heirat ausgeschlagen. Grete Holm aber hat er einen Heiratsantrag gemacht, und seine Wanderjahre schlossen mit einer Hochzeit und noch mehr: mit einem Doppelengagement!

III

EINZUG IN WIEN
1907–1910

»Künstlerehen« haben seit alten Zeiten den Beigeschmack des Unbürgerlichen, des Riskanten und auch des ein wenig Unsoliden. Das kommt daher, daß es ja früher eine durchaus ungewöhnliche Sache war, daß eine Frau nach ihrer Eheschließung weiter ihrem Beruf nachging. Heute ist die berufstätige Ehefrau die Regel geworden, so daß nur noch wenige Frauen nach ihrer Eheschließung zu Hause bleiben. Aber nicht nur aus diesem Grunde sind heute Theaterehen sehr viel selbstverständlicher als früher, auch das Theaterleben selbst ist inzwischen normaler geworden, sehr viel seßhafter vor allen Dingen. Kündigungsschutz und Ganzjahresverträge sind Selbstverständlichkeiten.

Als Robert Stolz und Grete Holm heirateten, sah die Theaterwelt noch anders aus. Auch größere Häuser hatten nur selten eine durchgehende Spielzeit: An die Winterspielzeit im festen Haus schloß sich gewöhnlich zwischen April und September – hier kürzer, da länger – die Sommerspielzeit an, in der jeder selbst dafür sorgen durfte, wie und wo er unterkam. Die bewußte Rußland-Tournee war ein solches Sommerengagement. Ein anderes Sommerengagement war von Brünn aus eine Italien-Tournee mit Wiener Musik, bei der Stolz in Rom, Mailand, Florenz und Bologna dirigieren durfte. Und diese Tournee blieb nicht sein einziges Gastspielengagement. Sein Name sprach sich von Brünn aus herum, er wurde erfolgreich.

Das machte natürlich nicht die Begabung allein, dahinter steckte ein unermüdlicher Fleiß und harte Arbeit. Beides ist nicht so weit voneinander entfernt, wie die meisten Leute glauben, das Gerede vom »verbummelten Genie« ist fast immer wirklich nur Gerede, weil ein Großteil allen Talentes gerade darin besteht, eine

Sache mit mehr Intensität und mehr Ausdauer betreiben zu können als andere. Das schließt die Unabdingbarkeit der »Einfälle« nicht aus, aber auch die sind von der Intensität abhängig, mit der sich jemand seinem Gegenstand zu widmen vermag. Nur dann kommen sie nämlich zweckmäßig und scheinbar aus heiterem Himmel. Und auch seine Dirigiererfolge sind Stolz nicht einfach zugeflogen: Vielmehr besaß er die Fähigkeit, sich einer Aufgabe mit wesentlich mehr Intensität zu widmen als ein durchschnittliches Talent.

Gleiches galt für Grete Holm auch auf ihrem Gebiet als Sängerin und Darstellerin. Beide verband die Liebe nicht allein, sondern auch der Beruf miteinander. Grete Holm hatte nicht nur als Anfängerin einen wesentlichen Teil ihrer Bühnenausbildung, ihren »letzten Schliff« bei Robert erhalten, sie arbeiteten in Brünn auch prinzipiell zusammen am gleichen Werk, in den gleichen Aufführungen. Beider Entwicklung ging schließlich über Brünn hinaus, hier war nicht ihre Endstation. Robert Stolz erhielt ein attraktives Angebot aus Köln, Grete Holm vom Theater an der Wien – und das war fast normal für eine Theaterehe der damaligen Zeit (und ist auch heute noch nicht absolut selten). Mit dem Engagementswechsel liegen plötzlich Hunderte von Kilometern zwischen den Eheleuten, andere Aufgaben, andere Beschäftigungszeiten und eine andere Umwelt. »Karriere oder Ehe?« – das war auch für Robert Stolz und seine eben angetraute Frau die Lebensfrage. Robert Stolz entschied sich für die Ehe und machte eben dadurch einen entscheidenden Schritt in seiner Karriere: Sein Theateragent, der berühmte Rat Frankfurter, bewies, daß er für einen so begabten jungverheirateten Kapellmeister sogar zaubern konnte, und verschaffte ihm einen Vertrag an das berühmteste Operettentheater Österreichs. Mit Beginn der Spielzeit 1907/08 war Robert Stolz Erster Kapellmeister des Theaters an der Wien. Und Grete Holm war seine Erste Sängerin. Und seine Frau! Man kann mit Recht sagen, daß nur sehr wenige Theaterehen von so viel Theaterglück begleitet worden sind.

Bevor aber Stolz sein Wiener Engagement antrat, treffen wir ihn in Mannheim. Es gibt gleich drei Chansons aus der Mannheimer Zeit, alle drei bei Wiener Verlagen. Und was hatte er in Mannheim zu tun? Es war eine Operette aufzuführen, die sie in Wien nicht haben wollten. Eigentlich war es mehr ein Volksstück, platterdings ohne alles großstädtische Niveau, kein Wiener Theaterdirektor glaubte daran. Mannheim hatte sich offensichtlich eine Eintagsfliege eingehandelt, bloß weil der Librettist und Regisseur Victor Léon ihnen Operettenfestspiele aufgeschwatzt hatte. Das vorhergehende Werk des Komponisten, die Operette »Der Rebell« war jedenfalls ein totaler Reinfall gewesen, das nach fünf Vorstellungen abgesetzt werden mußte. Aber in Mannheim wurde sein nächstes Werk ein phantastischer Erfolg, und alle Theater, die es abgelehnt hatten, konnten nichts als ihren Irrtum bedauern – das Theater an der Wien eingeschlossen. Dirigiert hatte die Novität der künftige Erste Kapellmeister dieses Theaters, Robert Stolz, und es war nur die erste der Erfolgsoperetten, die er damit aus der Taufe hob: »Der fidele Bauer« von Leo Fall. Übrigens fand diese in einer großartigen Besetzung statt: mit Louis Treumann (mit dem er gleich weiterarbeiten sollte), Max Pallenberg und dem Tenor Hubert Marischka aus Brünn!

(Um die Geschichte abzurunden: Im gleichen Jahr gab es von Leo Fall noch eine Premiere, die einen jahrzehntelangen Erfolg nach sich zog: die »Dollarprinzessin«. Und der Mißerfolg des »Rebell« von 1905 wurde nach Überarbeitung ab 1912 zum Volltreffer: Leo Falls »Lieber Augustin«.)

Am Samstag, dem 7. September des Jahres 1907, war der große Tag gekommen, an dem Robert Stolz erstmals im Theater an der Wien dirigierte. Er stieg in eine Repertoireaufführung eines Werkes ein, von dem man ursprünglich auch nicht allzu viel gehalten hatte – Direktor Karczag hatte überdies nach der Niederlage des »Rebell« seinen Regisseur Victor Léon zur Eile antreiben müssen. Für eine besondere Ausstattung war keine Zeit und wohl auch kein Anlaß, der Komponist selbst rechnete mit höchstens fünfzig Aufführungen, aber als Robert Stolz das Werk übernahm, dirigierte er die vierhundertvierundzwanzigste, und ein Ende war noch nicht abzusehen. Diese Operette hieß »Die Lustige Witwe«, sie begeisterte Stolz so sehr, daß er einen Monat später einen Lehár-Marsch komponierte, den er »seinem lieben Freunde Franz Lehár in größter Verehrung« widmete. Später revanchierte sich Franz Lehár, indem er Robert Stolz sein Porträt mit der für den sonst eher zurückhaltenden Lehár bemerkenswerten Widmung schenkte: »Meinem lieben Freund Robert Stolz zur Erinnerung an die 100. Luxemburg-Aufführung 19. 12. 1910 herzinnigst gewidmet.«

Denn Robert Stolz dirigierte nicht nur die ganze Serie der »Lustigen Witwe« zu Ende, er hob auch am 1. November 1909 den

»Grafen von Luxemburg« aus der Taufe. Und als nach dem Mannheimer Erfolg das Theater an der Wien sich die nächste Leo-Fall-Operette natürlich nicht wieder entgehen ließ, dirigierte er ebenso ab November 1907 auch so ziemlich die gesamte Aufführungsserie der »Dollarprinzessin«. Bis 1910 stand er fast täglich am Dirigentenpult, und hier gab es auch keine große Sommerpause. Das Haus war groß, das Haus war teuer, man mußte die Zeit, man mußte die Erfolgsstücke ausnutzen. Dieses Theater zu leiten, erforderte höchstes Geschick. Das Direktorengespann Karczag und Wallner verstand eine Glanzzeit daraus zu machen, die über Karczags Tod hinaus andauerte (wo dann Hubert Marischka das Theater übernahm, der 1921 Karczags Schwiegersohn geworden war). Er hatte das gerade renovierte und umgebaute Haus 1901 übernommen und damit einen ungeheuren Wagemut bewiesen, denn zuvor waren gleich mehrere Direktoren hintereinander daran gescheitert. »Theater ist das riskanteste aller Geschäftsunternehmungen« hatte Karl Carl, der Begründer des Carl-Theaters erklärt und seinen Erben testamentarisch untersagt, jemals ein Theaterunternehmen zu leiten. Einige Leute hatten vor Karczag mit dem Theater an der Wien ihr Vermögen verloren.

Es kam hinzu, daß damals die Wiener Operette sich in einer ernsthaften Krise befand. Die Komponisten des nachmals »Goldenen Zeitalter der Wiener Operette« benannten Abschnitts des 19. Jahrhunderts waren tot: Millöcker, Suppé, Zeller und der allergrößte unter ihnen, Johann Strauß. Vordem hatten die Novitäten das Feld beherrscht, als Karczag anfing, konnte er nur auf die Reprisen setzen. Als er 1907 Stolz engagierte, war alles ganz anders geworden. Das »Silberne Zeitalter der Operette« hatte machtvoll eingesetzt, und heute ist es aus dem Abstand der Jahrzehnte kaum noch verständlich, warum »Leichte Kavallerie« oder »Der Kellermeister« – Werke, von denen man gerade noch die Namen kennt – goldener sein sollen als die »Lustige Witwe«, die »Csárdásfürstin«; »Madame Pompadour« ... oder jene Robert-Stolz-Operetten, auf die wir noch zu sprechen kommen werden und die nach vielen Jahrzehnten oder sogar nach mehr als einem halben Jahrhundert noch immer ihren Zauber und ihre unverminderte Publikumswirksamkeit entfalten.

Jedenfalls war die Quelle der Wiener Operette mit Strauß, Millöcker, Zeller, Suppé keineswegs versiegt, sondern begann kurz nach der Jahrhundertwende mit neuen Komponisten aufs Neue zu fließen – nicht weniger reich, eher vielfältiger als vorher. Robert Stolz hob nicht nur den »Grafen von Luxemburg« aus der Taufe, sondern ebenso Leo Falls »Dollarprinzessin«, den »Tapferen Soldaten« von Oscar Straus und Emmerich Kálmáns »Herbstmanöver«. Aber neben Franz Lehár, Leo Fall, Oscar Straus stand Edmund Eysler mit seinem »Bruder Straubinger« als vierter im Bunde. Die Operette erlebte keine silbernen, sie erlebte in Wahrheit neue goldene Zeiten. Bernard Grun konstatiert in seiner »Kulturgeschichte der Operette«: »Die Operette lebte, sie sprach, zum Publikum ihrer Zeit, und das Publikum schloß sie begeistert in sein Herz. Zeitigte 1874, das ›Fledermaus‹-Jahr, acht Wiener Operetten und 1885, das Jahr des ›Zigeunerbarons‹, gar nur vier, so fanden 1905, zur Zeit der ›Lustigen Witwe‹, in Wien fünfzehn, 1909, zur Zeit des ›Grafen von Luxemburg‹, sechsunddreißig Premieren statt.«

Unter diesen Uraufführungen war auch eine von Robert Stolz: »Die Commandeuse« op. 66, Operette in einem Akt von Egon Dorn, die am 1. September 1909 in dem Wiener Varietétheater »Colosseum« in der Nußdorfer Straße herauskam. Stolz hatte sie während seines Sommeraufenthaltes in Trouville komponiert, und das Colosseum hatte schon im Vorjahr mit einem Robert-Stolz-Einakter Erfolg gehabt: »Die lustigen Weiber von Wien«. Das Libretto stammte von Julius Brammer und Alfred Grünwald, die später für Ascher »Hoheit tanzt Walzer«, für Fall »Die Kaiserin« und für Kálmán die »Gräfin Mariza« verfaßten – neben vielen anderen Büchern, in denen sich beide immer wieder als gründliche Kenner ihres Metiers auswiesen.

»Die lustigen Weiber von Wien« hatte Stolz während seiner Sommerpause 1908 wieder in Berlin komponiert. Der ungewollte Aufenthalt vom Jahre 1903 hatte einen tieferen Eindruck auf ihn gemacht, die Stadt blieb im Bereich seiner Aufmerksamkeit. Und seine »Lustigen Weiber« hatten außer ihrer erfolgreichen Aufführung im Rahmen eines Varietéprogramms zwischen artistischen Nummern (was noch lange Zeit nichts Ungewöhnliches blieb) einen für Stolz höchst angenehmen und erwünschten Nebenerfolg: Acht Stücke daraus erschienen als Notenausgaben!

Noch immer befinden wir uns im Zeitalter des Klaviers, die Schlager des Tages wurden noch nicht durch das Radio oder durch die Schallplatte verbreitet. Wer die Melodien aus der Operettenvorstellung von gestern abend noch einmal hören wollte, der mußte sich ans Klavier setzen, und dazu mußte er sich vorher die Noten kaufen! Das Notengeschäft war nicht nur für Verleger, sondern auch für Komponisten und Autoren eine sehr schöne, erstrebenswerte Einnahmequelle, und gleich acht Nummern aus einem Einakter gedruckt zu bekommen, zeigte, daß die Sache eingeschlagen hatte.

Das Colosseum bestellte also bei Stolz den nächsten Einakter für das Jahr 1909, Robert Stolz aber begann schon auf seiner Reise in die Sommerferien mit der Komposition einer neuen dreiaktigen, abendfüllenden Operette für Wien: »Das Glücksmädel«.

Auch diesmal hatte er keine schlechten Librettisten. Mit Friedrich Thelen arbeitete Robert Bodanzky zusammen, und Bodanzky hatte gerade vorher mit Dr. Willner aus einem Mißerfolgslibretto für Johann Strauß (»Die Göttin der Vernunft«) für Franz Lehár das Welterfolgs-Libretto des »Grafen von Luxemburg« gemacht, dem weitere folgten.

Das Werk war für das Wiener Raimundtheater bestimmt, das seit 1908 von Karczag und Wallner zusätzlich zum Theater an der Wien übernommen wurde. Star der Uraufführung war Alexander Girardi, Direktor Wallner hatte das Werk eigenhändig in Szene gesetzt, und natürlich dirigierte der Komponist selbst – es war die erste große Operetten-Uraufführung von Robert Stolz in der Hauptstadt der Operette und in einem richtigen großen hauptstädtischen Operettentheater. Die »Neue Freie Presse« vermißte zwar, wie anderntags zu lesen stand, »das rechte musikalische Animo« und nannte das Buch eine »längst fällige Grinzinger Heurigenoperette«; das »Fremdenblatt« erklärte, Stolz habe »wienerische Hausmusik geliefert, von jener Selbstverständlichkeit, wie sie jedes Hausmutterl liebt, um danach ihr Köpfchen zu wiegen« – aber beide Zeitungen mußten bescheinigen: »Die Novität fand eine überaus freundliche und animierte Aufnahme« und »Eine neue Operette hat gestern einen vollen, warmen Sieg errungen.« Und wieder erschienen die acht erfolgreichsten Musiknummern aus dem Werk als Einzelausgaben – im Verlag der Herren Karczag und Wallner. Denn beide verstanden wirklich ihr Metier. Sie hatten das Theater an der Wien in wenigen Jahren aus dem totalen Ruin wieder in die Höhe gewirtschaftet, sie hatten für ihr Theater einen Stamm neuer, begabter, erfolgreicher Autoren heranzuziehen verstanden, bewiesen Unternehmungsgeist und Sinn für kalkulierbares Risiko, und so holten sie sich auch das zweite

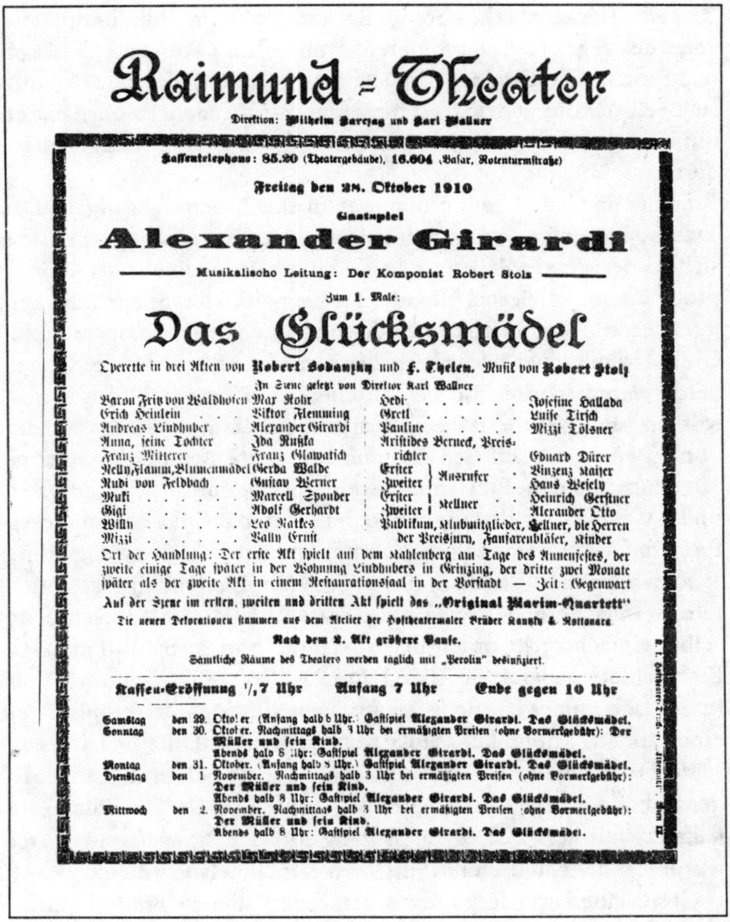

Raimund-Theater

Direktion: Wilhelm Karczag und Karl Wallner

Kassentelephone: 85.20 (Theatergebäude), 16.604 (Basar, Rotenturmstraße)

Freitag den 28. Oktober 1910

Gastspiel

Alexander Girardi

Musikalische Leitung: Der Komponist Robert Stolz

Zum 1. Male:

Das Glücksmädel

Operette in drei Akten von Robert Bodanzky und F. Thelen. Musik von Robert Stolz

In Szene gesetzt von Direktor Karl Wallner

Baron Fritz von Waldhofen	Max Rohr	Hedi	Josefine Hallada
Erich Heinlein	Viktor Flemming	Gretl	Luise Tirsch
Andreas Lindhuber	Alexander Girardi	Pauline	Mizzi Tölsner
Anna, seine Tochter	Ida Rußka	Aristides Berneck, Preisrichter	Eduard Dürer
Franz Mitterer	Franz Glawatsch	Erster Ausrufer	Vinzenz Maiser
Nelly Flamm, Blumenmädel	Gerda Walde	Zweiter Ausrufer	Hans Wesely
Rudi von Feldbach	Gustav Werner	Erster Kellner	Heinrich Gerstner
Muki	Marcell Sponder	Zweiter Kellner	Alexander Otto
Gigi	Adolf Gerhardt	Publikum, Klubmitglieder, Kellner, die Herren der Preisjury, Fanfarenbläser, Kinder	
Willy	Leo Ratkes		
Mizzi	Vally Ernst		

Ort der Handlung: Der erste Akt spielt auf dem Kahlenberg am Tage des Annenfestes, der zweite einige Tage später in der Wohnung Lindhubers in Grinzing, der dritte zwei Monate später als der zweite Akt in einem Restaurationssaal in der Vorstadt — Zeit: Gegenwart

Auf der Szene im ersten, zweiten und dritten Akt spielt das „Original Marim-Quartett"

Die neuen Dekorationen stammen aus dem Atelier der Hoftheatermaler Brüder Kautsky & Rottonara

Nach dem 2. Akt größere Pause.

Sämtliche Räume des Theaters werden täglich mit „Perolin" desinfiziert.

Kassen-Eröffnung ½7 Uhr Anfang 7 Uhr Ende gegen 10 Uhr

Samstag den 29. Oktober (Anfang halb 8 Uhr): Gastspiel Alexander Girardi. Das Glücksmädel.
Sonntag den 30. Oktober. Nachmittags halb 3 Uhr bei ermäßigten Preisen (ohne Vormerkgebühr): Der Müller und sein Kind.
Abends halb 8 Uhr: Gastspiel Alexander Girardi. Das Glücksmädel.
Montag den 31. Oktober. (Anfang halb 8 Uhr.) Gastspiel Alexander Girardi. Das Glücksmädel.
Dienstag den 1. November. Nachmittags halb 3 Uhr bei ermäßigten Preisen (ohne Vormerkgebühr): Der Müller und sein Kind.
Abends halb 8 Uhr: Gastspiel Alexander Girardi. Das Glücksmädel.
Mittwoch den 2. November. Nachmittags halb 3 Uhr bei ermäßigten Preisen (ohne Vormerkgebühr): Der Müller und sein Kind.
Abends halb 8 Uhr: Gastspiel Alexander Girardi. Das Glücksmädel.

große Operettentheater, das Raimundtheater, in ihren Direktionsbereich. Sie überließen möglichst nichts dem Zufall, um eine solche Uraufführung wie das »Glücksmädel« kümmerte sich Herr Direktor Wallner eben ganz persönlich, und er verschenkte danach auch die Auswertung nicht. Der Karczag-Verlag hatte viele gute Sachen in seinem Katalog, unter anderem die Werke von Franz Lehár. Daß trotzdem das Theater »das Riskanteste aller Gewerbeunternehmen« blieb, wie Karl Carl gesagt hatte, sollte sich freilich auch bei Karczags Unternehmung beweisen – aber erst sehr viel später, als Hubert Marischka sein Erbe angetreten hatte. –

»Das Glücksmädel« konnte Robert Stolz im Raimundtheater auch deswegen selbst dirigieren, weil er im Oktober 1910 schon nicht mehr Chefdirigent des Theaters an der Wien war. Er hatte sich selbständig gemacht, seine kompositorischen Erfolge hatten ihn dazu befähigt. In seinem Leben hatte sich eine Menge verändert.

Seine Ehe mit Grete Holm war in die Brüche gegangen. Das Traumengagement von Chefdirigent und Erster Sängerin hatte sich in der Praxis als keineswegs traumhaft, vielmehr als äußerst problemreich erwiesen. Um *eine* Problematik kommt auch die harmonischste Künstlerehe nicht herum, und im Fall Robert Stolz/Grete Holm erwies sie sich als die nicht zu umschiffende Klippe. Beide waren schöpferische Menschen, und beider Ziel war notwendig die künstlerische Selbstverwirklichung. Dies war der Punkt, wo keiner auf den anderen Rücksicht nehmen konnte, es sei denn um den Preis mindestens eines Stücks Selbstaufgabe, und die war für beide ausgeschlossen. Und da man sich um diesen Preis nicht zusammenleben konnte, lebte man sich zwangsläufig auseinander. Das Requisit, das schließlich den letzten Akt einleitete, war lächerlicherweise eine Frackschleife: Stolz brachte sie selbst einfach nicht ordentlich zustande, und so band ihm seine Frackschleife Abend für Abend vorm Auftritt seine Frau. Aber als in der Ehe immer häufiger Spannungen auftraten, unterließ sie es eines abends schließlich. Stolz war auf fremde Hilfe angewiesen, seine Frackschleife geriet so unmöglich, daß sich eine Dame aus dem Chor unaufgefordert, aber liebenswerterweise der Fliege annahm. Natürlich war es im Anfang nur die Fliege, und später wurde es mehr und mehr der ganze Kapellmeister.

Grete Holm wurde zuerst durch einen »lieben Freund« informiert und erwischte anschließend ihren berühmten Ehemann in einem Kino in flagranti. Was heute in einer angekriselten Ehe noch ein Erdbeben verursachen kann, war damals das absolut sichere Ende: Robert Stolz mußte die gemeinsame Wohnung fluchtartig über den Balkon verlassen, von wo er sich an zusammengeknoteten Bettüchern herunterließ. Sein Freund, der Dichter Peter Altenberg, damals der berühmteste Bohémien Wiens, nahm ihn in Empfang und brachte ihn für einige Zeit in einem nicht sehr vornehmen Hotel unter, wo der Herr, der einen so eleganten Frack besaß, eine recht ungewöhnliche Erscheinung war. Die Ehe wurde bald geschieden.

Grete Holm war die einzige Ehefrau von Robert Stolz, die großzügig auf alle Unterhaltsansprüche verzichtete. Für ihn selbst blieb der wichtigste Trost in all den erlittenen Fährnissen jene nette Dame, die sich so liebevoll zuerst seiner Frackschleife und dann seiner übrigen Persönlichkeit angenommen hatte und die überdies ein ganz hervorragendes Talent als Kabarettsängerin bewies. Binnen kurzem gelangte sie auf diesem Gebiet zu Berühmtheit, von Robert Stolz mit einem erstklassigen, erfolgssicheren Repertoire ausgestattet, am Klavier begleitet und schließlich auch in zweiter Ehe geheiratet: Franzi Ressel.

Als Erster Kapellmeister des Theaters an der Wien hatte Robert Stolz knapp drei Jahre gebraucht, um sich Wien als Dirigent zu erobern, sich als Operettenkomponist durchzusetzen, ein erfolgreicher Liederkomponist zu werden, seine Frau zu verlieren und eine neue zu finden. Beim Studium seiner Autobiographie hat man auch den Eindruck, daß er in dieser Zeit eigentlich eine ganze Menge Geld verdient haben müßte, nur war das Geld offensichtlich wie er zu Grete Holm: Es war ihm nicht treu, ganz im Gegensatz zum Erfolg. Der war ihm auch bei seinem Einzug in Wien von Anfang an treu zur Seite geblieben.

IV

Das Herz von Kakania
1910–1918

»Kakania« war das Juxwort für die kaiserlich-königliche Monarchie Österreich, das die Literaten und Kabarettisten dann benutzten, wenn die k. k. Zensur umgangen werden mußte. Das war nicht selten, die österreichische Bürokratie war streng, glücklicherweise aber auch, wie jede Bürokratie, zwangsläufig mehr oder minder beschränkt. Man lebte – wie der österreichische Sozialistenführer Victor Adler immer wieder betonte – »unter einem Despotismus, gemildert durch Schlamperei«. Was exakte Bürokratie zu leisten vermochte, zeigte sich schon beim Unterschied zwischen »k. k.« und »k. u. k.«: Die Österreichisch-Ungarische Monarchie bestand aus zwei Staaten, die im Volksmund »Österreich«

und »Ungarn« hießen, offiziell aber »Die im Reichsrat vertretenen Königreiche und Länder« und »Die Länder der Heiligen Ungarischen Krone«. Nur für die gemeinsamen Behörden der beiden Länder galt die Abkürzung »k. u.k.«, im übrigen aber für die nur österreichischen »k. k.« und die ungarischen »m. k.« (= königlich ungarisch). Dementsprechend bestand das stehende Heer aus »k. u.k.« Regimentern, der österreichische Landsturm aber aus »k. k.« Regimentern, und wer diese komplizierte Namensgebung nicht beherrschte, konnte mit dem Gebrauch einer falschen Betitelung schon enorme innenpolitische Folgen auslösen, ebenso wie die Anrede »Eure Majestät« für Franz Josef fast einer Majestätsbeleidigung gleichkam – er bestand darauf, als »Kaiserliche und königliche Majestät« angesprochen zu werden.

Kaiser Franz Josef war mit seiner bekannt strengen Pflichtauffassung im Volk hochgeachtet und sogar geliebt, er galt als so etwas wie die letzte tragende Säule eines rissigen Gebäudes – aber er war kein konstruktiver Politiker, und bedeutende Risse in seinem Staatsgebäude dürften gerade auf seinen beharrlichen Konservativismus zurückzuführen sein.

Der Feudalstaat befand sich seit langem in zunehmendem Widerspruch zu erwachendem Nationalbewußtsein und industrieller Entwicklung, aber die Antworten auf die neuen Probleme erfolgten auf alte Weise und in möglichst kleinen Schritten. Des Kaisers einstiger Minister Taffe hatte dafür den Ausdruck »fortwursteln« geprägt, und so wurde, was auch immer passierte, in möglichst konservativem Geiste fort- und fortgewurstelt und an sich unhaltbare Zustände immer weiter erhalten, auch wenn das Unhaltbare längst deutlich geworden war.

Das Fabelhafte an der Misere war, daß sich die nachdenkenden Köpfe darüber im klaren waren, daß dies kein Zustand sein konnte, und daß der Zustand dennoch funktionierte, wenn man die Augen ein bißchen zukniff. Natürlich waren die Mißstände bedeutend, aber nur, wenn man hinsah. Natürlich waren die sozialen Unterschiede gravierend, aber nur, wenn man zur falschen Seite gehörte. Natürlich drängten die Tschechen, die Slowaken, Polen, Ruthenen, Slowenen, Serbokroaten auf ihre nationale Selbständigkeit – aber doch vor allem im Parlament und nicht in den deutschsprachigen Gebieten. Natürlich gab es einen lautstarken Antisemitismus und einen ebensolchen militanten deutschen Nationalismus – aber vernünftige Menschen konnten doch wohl so etwas nicht ernst nehmen. Zugegebenermaßen hatte Österreich-Ungarn einen hohen Prozentsatz an Analphabeten, aber Wirtschaft, Wissenschaft und Kunst florierten, ganz Österreich blühte ersichtlich auf: Das sah man an Wien!

Denn Wien war das Herz Österreichs, sogar Österreich-Ungarns, die Ungarn achteten streng auf ihre Selbständigkeit, aber Budapest schielte ständig nach Wien und versuchte, es Wien gleich zu tun. Wien war der Maßstab! Und dieses Wien war der Mittelpunkt eines Reichs von fünfzig Millionen Menschen, und nicht nur Sammelpunkt der Verwaltung, der Regierung, Mittelpunkt von Wirtschaft und Verkehr, auch Brennpunkt aller Aufmerksamkeit und wissenschaftliches wie kulturelles Zentrum.

Und nicht einfach kulturelles Zentrum seit kurzem oder seit ein paar hundert Jahren – die älteste Österreicherin ist 25 000 Jahre alt; nicht allzu weit von Wien, in der Wachau, wurde ihre Statue gefunden: die berühmte »Venus von Willendorf«. Und schon lange vor den alten Römern hatten die Kelten ihren Wohnsitz auf dem Boden von Wien – im heutigen 3. Bezirk. Und schon im 7. Jahrhundert war es Mittelpunkt eines Reiches – des Reiches des Slawenfürsten Samo. Es war immer schon ein ganz besonderer Boden. Walter von der Vogelweide lebte eine Zeitlang da und sagte von sich, er habe in Österreich das Singen gelernt – woraus man erkennt, daß die Gegend nicht erst seit der Zeit von Maria Theresia musikträchtig ist. Es ist auch die einzige Stadt auf der ganzen Welt, die den Namen für eine Musik hergegeben hat: Es gibt keine »Londoner« Musik oder »Leipziger« Musik, keine Pariser, Madrider, Moskauer oder New Yorker – aber natürlich gibt es die Wiener Musik, die Wiener Klassik, den Wiener Walzer – und das Wienerlied, eine Sorte Lied, die sogar in einem Wort geschrieben wird, einfach ein Begriff ist. Die Sache mit der Wiener Musik ist um so verwunderlicher, als die wenigsten Wiener Musiker aus Wien stammen – die Strauße sind geradezu eine Ausnahme, zusammen mit Ziehrer und Millöcker, die andern sind alle zugereist: der Mozart aus Salzburg, der Haydn aus Rohrau, der Beethoven aus Bonn, sogar der Schubert kam nur aus einem Vorort (der heute freilich längst mitten in der Stadt liegt). Aber Brahms kam aus Hamburg, Bruckner aus Oberösterreich, Hugo Wolf aus Windisch-Graetz. Und auch Robert Stolz, dessen Wienerlieder um die ganze Welt gingen, war kein gebürtiger Wiener, sondern aus Graz. Aber er sagte das, was für sie alle gilt: »Ich habe in vielen

Städten gelebt, geliebt und komponiert ... aber mein Lieblingsort, meine musikalische Heimat, wird immer Wien sein.« Und es war jenes Wien gewesen, in das er einzog, welches das große Herz des damals so großen Kakanien war, mit seinem »Despotismus, gemildert durch Schlamperei«.

Und die »Schlamperei« war das Wertvollere, der Boden, auf dem das großartige Wiener Kultur- und Geistesleben gedieh. Auf dem Despotismus wächst nämlich nichts, er weiß nur gewöhnlich, was alles nicht wachsen darf. Auf der Schlamperei gedieh ein so großartiger, scharfsinniger Geist wie der von Karl Kraus, dessen Zeitkritik bei etwas mehr Despotie unmöglich gewesen wäre. Und er war nur einer der vielen großartigen Köpfe, die Wien in jener Zeit beherbergte. Da waren so bedeutende Schriftsteller wie Arthur Schnitzler oder Hugo von Hoffmannsthal, Maler wie Gustav Klimt, Emil Orlik, Oskar Kokoschka, ein Architekt wie Theodor Loos; an der Staatsoper dirigierte Gustav Mahler, Arnold Schönberg erregte mit seiner Zwölftonmusik Aufsehen, Sigmund Freud gewann mit der Psychoanalyse internationale Bedeutung – dies sind nur wenige Namen, geradezu willkürlich herausgegriffen. Eine großartige Theaterkultur trat hinzu, bereichert um Volkstheater und Cabarets und eingebettet in das unvergleichliche Lebensgefühl dieser Stadt, das sich dem Fremden nur scheinbar gleich in den ersten Stunden mitteilt, das in Wahrheit abgründig, hintersinnig, vertrackt ist, keineswegs allein liebenswürdig, aber unwiderstehlich insgesamt und je länger einer dort weilt. »Jedermann«, sagte Robert Stolz einmal, »kann ein Kaffeehaus eröffnen, doch in Wien, im alten Wien ... wußte man aus einem Kaffeehaus eine Weltanschauung zu machen.« Und es ist eine jener typischen hintersinnigen Wiener Untertreibungen, mit der Peter Altenberg, der Dichter und Freund von Robert Stolz, das Wiener Café definierte als einen Ort, wo man »nicht zu Haus ist und doch nicht an der frischen Luft«.

Es war dieses Wien, das Wien eben jener Zeit besonders, das in den folgenden Jahren Robert Stolz einsog. Es war merkwürdig:

Er hätte den Dirigentenstab im Theater an der Wien eigentlich nicht niederlegen brauchen, der Posten des Ersten Kapellmeisters war an diesem Haus keineswegs so aufreibend wie er in Brünn gewesen war. Das Repertoire des Hauses war sehr viel kleiner, die Aufführungszahlen sehr viel höher – die »Lustige Witwe« erreichte über 500 Aufführungen, Kálmáns »Herbstmanöver« mehr als 300. Das bedeutete für Stolz weitaus weniger Probenarbeit als in Brünn und viel mehr Zeit für kompositorische Arbeiten.

Er nutzte sie auch und setzte jene Liedkompositionen, die er gegen Ende seines Brünner Engagements begonnen hatte, eifrig fort. Die Voraussetzung für diese Kompositionen bestand allerdings vor allem darin, die richtigen Abnehmer zu finden. Bloß der eigenen Inspiration vertrauend, dieses oder jenes geeignet erscheinende Gedicht zu vertonen, wäre nicht sehr sinnvoll gewesen.

Gewöhnlich stellen sich die Leute die Sache ja so vor, daß ein Komponist in einem Buch ein Gedicht findet und beim Spazierengehen unversehens von der Muse geküßt wird – beim Anblick eines alten Lindenbaums, eines rauschenden Bächleins oder dem Piepsen der Vögelchen in den Wäldern. Nachts bringt er dann seine Gedanken im Dachkämmerlein zu Papier, trägt sie am anderen Morgen zum Verleger, welcher ergriffen die Hände über dem Kopf zusammenschlägt, ihm sodann viel oder auch viel zu wenig Geld in die Hand drückt und ihn anschließend berühmt macht.

Die Realität ist natürlich weitaus prosaischer und auch komplizierter. Selten ist ein Verleger an einem noch unbekannten Komponisten interessiert und ebenso wenig an Manuskripten, für die er den Markt erst erschließen muß. Immerzu gibt es von dem hier gerade Angebotenen schon reichlich anderes, scheinbar niemand wartet auf ein neues Lied – und übrigens sind die alten Linden und die piepsenden Vögelein keineswegs ergiebige Inspirationsquellen. In der sogenannten »Gebrauchsmusik« läuft es gewöhnlich ganz anders:

Zuerst wäre da mal der Sänger oder die Sängerin, die für ihr Repertoire gerade ein neues Lied brauchen. Vielfach wissen sie schon, für welchen Zweck, und haben bereits den Text zur Verfügung. Oder ein Textdichter hat einen Text und kennt den Sänger, und für den muß das Lied passen – in der Höhe, in den Tiefen und im Ausdruck. Und fürs Publikum! Dies wird dann alles die wahre Grundlage der »Inspiration«, und der Komponist muß es »liefern«. Und man sage nicht, daß diese Bedingungen »unkünstlerisch« seien – sie sind gar nicht so verschieden von denen, unter denen Johann Sebastian Bach in Leipzig seine Kantaten geschrieben und aufgeführt hat – Musik ist nicht herstellbar als bloßer Monolog mit dem Überirdischen, sie ist nun einmal eingebettet in gesellschaftliche Verhältnisse.

Robert Stolz bekam seine Liedtexte von Brammer und Grünwald, die ihm das Libretto zu den »Lustigen Weibern von Wien« geschrieben hatten und nicht nur in der Wiener Operettenszene zu Hause waren. Andere schrieb ihm Gustav Beer, der seinerseits gelegentlich mit Ernst Marischka zusammenarbeitete, und dabei ergab sich auch wieder einmal eine einaktige Operette für das Wiener Apollo-Theater: »Der Minenkönig«, aufgeführt im März 1911. Ein anderer seiner Hausdichter war Bruno Sterk und dann sein Freund Benno Vigny. Bei manchen ist vermerkt »im Repertoire von Hermine Ferry« oder »Repertoire Paula Müller«, ein Couplet ist »meiner lieben verehrten Künstlerin Louiserl Kartousch in Dankbarkeit gewidmet«. Und Louise Kartousch war eine Berühmtheit, ein Star unter den Wiener Volkssängern.

Ein Jahr nach dem »Glücksmädel« gab es auch wieder eine große Robert-Stolz-Operettenpremiere im Raimundtheater: »Die eiserne Jungfrau«. Robert Stolz hatte die Komposition schon kurz nach seinem Ausscheiden aus dem Theater an der Wien im Juli 1910 in Graz begonnen, der Regisseur der »Lustigen Witwe« Victor Hirschfeld alias Victor Léon hatte ihm das Textbuch geschrieben – und das war abermals ein hervorragender Mann, das Libretto von »Wiener Blut«, Heubergers »Opernball« und Lehárs »Rastelbinder« gingen auf seine Rechnung. Dessenungeachtet wurde »Die eiserne Jungfrau« erst vier Jahre später ein richtiger großer Erfolg, als sie nach ihrer Umarbeitung unter dem Titel »Das Lumperl« in Stuttgart- Bad Cannstad herauskam. Die Verlagsrechte hatte sich natürlich auch diesmal wieder der Karczag-Verlag gesichert. Im übrigen war Robert Stolz unverändert darauf bedacht, sich hinsichtlich seiner Verleger nicht festzulegen, denn in einem Punkt können sie zu recht gefährlichen Geschäftspartnern werden: Sie erwerben die Rechte meist pauschal, und behalten sie weit über den Tod des Verfassers hinaus. Wobei ein schlechter Verlag schon weit vorher einen ziemlich sicheren Tod des Werkes bedeutet.

Einer der Verlage, die neu im Robert-Stolz-Werkverzeichnis auftauchen, ist der von Adolf Robitschek in Wien – er besteht noch heute –, und der Name Robitschek sollte bald noch enger mit dem Namen Robert Stolz verbunden sein, allerdings nicht der des Verlegers, sondern seines Namensvetters Kurt Robitschek, einem begabten Wiener Theatermann, Kabarettisten und Textdichter. Er und Stolz wurden bald gute Freunde, und ihm verdankt

Robert Stolz neben vielen anderem den Text zu einem seiner allerberühmtesten Lieder: »Im Prater blühn wieder die Bäume«.

Aber das war erst später und in einer anderen Zeit. Das große, das bleibende Lied aus dem Jahr 1912 war »Servus Du«.

Robert Stolz hat seine Entstehungsgeschichte oft und gern erzählt: wie er mit dem Schriftsteller Benno Vigny, der dem fröhlichen Leben ebenso zugetan war wie er selber, wieder einmal vom Vorschuß lebend und daher abgebrannt, in dem Etablissement von Madame Kathrin in der Bäckerstraße landet, beide mit einem Tütchen gerösteter Kastanien alias »heißer Maroni« in der Hand, und außerstande, sich im Haus der Sünde mehr als ein Bier und einen fröhlichen Plausch mit den Damen des Hauses zu leisten. Daß dann eine der Damen zu Vigny sagte: »Wenn du ein Dichter bist, wie du sagst, dann beweis' es uns und schreib uns, jetzt und hier, ein Gedicht.« Worauf er sich lachend hinter den Ofen zurückzog und kurz darauf wieder erschien mit allen drei Strophen des Chansons »Servus Du«, die er auf seine leere Maronitüte geschrieben hatte. Nun kam natürlich die Aufforderung an Robert Stolz: »Und wenn du ein Komponist sein willst, dann schreib uns jetzt eine Musik zu Bennos Meisterwerk!« Worauf sich Stolz ebenfalls seinerseits hinter den Ofen zurückzog und auf seiner Tüte die Melodie aufschrieb.

Die Premiere des neuen Liedes war noch am gleichen Abend im gleichen Haus, nach kurzer Zeit schon sangen alle Mädchen mit, und schließlich weinten sie ergriffene Tränen der Rührung. Es war auf der Stelle ein großer Erfolg.

Es war nicht nur ein zufälliger, es war ein berechtigter Erfolg, ein ehrlich verdienter. Die Kürze der Produktionszeit spielt dabei keine Rolle. Die Qualität der Kunst ist ebensowenig wie ihre Wirkung von der am Einzelgegenstand investierten Arbeit abhängig. (Wie Robert Stolz sagte: »Manche Leute glauben, um einen Einfall zu haben, müsse man erst ein halbes Jahr auf einem einsamen Berg gebetet haben.«). Zu »Servus Du« bemerkte er: »Ich habe viel länger und viel härter an viel weniger erfolgreichen Werken gearbeitet. Irgendwie war in dieser Nacht bei Madame Kathrin die Atmosphäre genau richtig, und Worte wie Musik flogen uns zu.«

Was beide bis aufs Haar getroffen hatten, war das Zeitgefühl von 1912 – so wunderbar, wie es außer ihnen wohl nur noch der große Wiener Dramatiker Arthur Schnitzler in seinen Wiener Gesellschaftsstücken ausgedrückt hat. In drei kurzen Balladenstrophen entwickelt sich eine Liebesgeschichte der Zeit mit aller Anmut und aller Tragik, und was davon heute als bloße Rührseligkeit erscheinen könnte, entsprach der törichten Moral der Zeit. Franz Ferdinand, der österreichische Thronfolger, hatte sich aus Liebe mit einer Gräfin Chotek aus tschechischem Uradel verheiratet. Das war nach damaligen Begriffen des Hochadels eine Mesalliance, und der Kaiser verzieh sie ihm nie. Als er erfuhr, daß Franz Ferdinand in Sarajewo zusammen mit seiner Frau ermordet worden war, übersah er zunächst die politischen Auswirkungen und erblickte in dem Attentat vor allem eine Sühne der Mesalliance.

Die Eltern:
Jakob Stolz, Kapellmeister, Musikwissenschaftler und Komponist,
und seine Frau Ida Stolz, geb. Bondy, Pianistin

Das achtjährige Wunderkind

Im Grazer Stadttheater
begann Robert Stolz seine Laufbahn
als unbezahlter Ballett-Korrepetitor.

Im Stolz'schen Konservatorium in Graz
standen vierzig Klaviere zum Unterricht bereit.

Das Raimundtheater in Wien –
Uraufführungstheater von »Das Glücksmädel« (1910)
und »Tanz ins Glück« (1920).

Das Theater an der Wien.
Von 1907 bis 1910 dirigierte Robert Stolz hier als erster Kapellmeister.

Mit der Operette »Das Glücksmädel«
im Raimundtheater in Wien
setzte sich Robert Stolz als Bühnenkomponist durch

Franzi Ressel, die zweite Gattin des Komponisten,
sang auch später immer wieder
»Hallo, du süße Klingelfee«

Die Sängerin Grete Holm, die erste Gattin von Robert Stolz, und die Volksschauspielerin Louise Kartousch führten viele der frühen Lieder von Robert Stolz zum Erfolg.

Zwei der großen Direktoren des Theaters an der Wien: Wilhelm Karczag und sein Schwiegersohn Hubert Marischka.

Leo Stein schrieb mit Alfred Grünwald für Robert Stolz »Mädi«.

Robert Bodanzky schrieb für Robert Stolz u. a. »Das Glücksmädel« und »Der Tanz ins Glück«.

Kurt Robitschek schrieb für Robert Stolz u. a. den Liedertext »Im Prater blühn wieder die Bäume«.

Bruno Hardt-Warden schrieb u. a. »Ein Rivieratraum« und »Wenn die kleinen Veilchen blühen«.

Robert Stolz am Anfang der 20er Jahre.

Robert Stolz in seiner Berliner Zeit (um 1929).

»Eine höhere Gewalt hat jene Ordnung wieder hergestellt«, rief er aus, »die ich leider nicht zu erhalten vermochte!«

Die Handlung von »Servus Du« zeigt Parallelen: Ein wohlbehütetes Mädchen verliebt sich auf einem Ball in einen jungen Leutnant, gibt sich ihm hin und erschießt sich vor seinen Augen, als er sie mit einer anderen betrogen hat – das kommt aus dem gleichen Sittenverständnis. Eine besondere Meisterschaft der Komposition liegt darin, daß sie sich auch in der Wiederholung dem Text völlig anschmiegt, ohne ihn eigentlich »durchzukomponieren«, vielmehr ermöglicht sie eben dies dem Vortragenden. Und es zählt zu den Gütemerkmalen eines wirklich gelungenen Chansons, daß es die Qualitäten des Vortragenden herausfordert. Dies und die Tatsache, daß hier ein komplettes Lebensbild der Zeit in nur drei Strophen und einem einzigen großen Melodiebogen gelungen ist, macht dieses Chanson zu einem Meisterwerk und erklärt seine Beständigkeit.

Nebenher: Auch der Zeitpunkt der Entstehung ist im Opus-Buch des Komponisten genau festgehalten. Es war der 29. Dezember 1911. Und das neue Jahr brachte weitere gute Einfälle zu Chansontexten von Benno Vigny, Wilhelm Sterk und seit Januar auch von Kurt Robitschek. Die bevorzugten Wiener Verleger waren die Gebrüder Mändl, aber daneben kam immer häufiger der Drei Masken Verlag in München dazu, aber auch der Lyra-Verlag und Bosworth & Co in Leipzig erwarben einige Titel.

Eigentlich zählte Robert Stolz jetzt zu den erfolgreichsten Kabarett-Komponisten. Das liebevoll-kameradschaftliche Verhältnis zwischen Franzi Ressel und ihm war stabil geworden, er begleitete sie am Klavier bei ihren Auftritten, und schließlich sah er keinen Grund, sie nicht zu heiraten.

Da er allem Neuen stets aufgeschlossen gegenüberstand, hatte er übrigens schon zu einer Zeit, als die »seriösen« Musiker das Medium Schallplatte noch mit größter Zurückhaltung als »unkünstlerisch« betrachteten, als einer der Allerersten Schallplattenaufnahmen gemacht (1904 in Wien mit der hochberühmten Sängerin der Wiener Hofoper Selma Kurz). Inzwischen war die technische Neuerung weiter verbessert worden, Stolz blieb ihr treu, und so gibt es heute noch eine Aufnahme von beachtlicher Tonqualität aus jener Zeit vor dem Ersten Weltkrieg, in der wir Franzi Ressel hören, wie sie ein Chanson von Robert Stolz vorträgt und von ihm am Klavier begleitet wird.

Ein einziges Bühnenwerk gibt es aus dem Jahre 1912: die einaktige Operette »Die Varietédiva«. Sie kam im Januar 1913 im »Intimen Theater« heraus, übrigens mit einem jungen Mann auf der Bühne, der dann zu einem ganz Großen der Wiener Volksschauspieler werden sollte und bis heute unvergessen ist: Hans Moser. Auch bei den Verfassern des Librettos erscheint ein neuer Name: Otto Hein. Das war eine alte Bekanntschaft aus den Brünner Tagen, ein junger Mann, der dort schon in das Theater vernarrt gewesen war und mit Robert Stolz bald beim Billardspiel Freundschaft geschlossen hatte. 1912 trafen beide wieder in Wien zusammen, Hein schrieb nachfolgend auch verschiedene Chansontexte für Stolz, die alte Freundschaft lebte wieder auf. Sie sollte jedoch später noch eine einschneidende Rolle für Robert Stolz spielen. Gegenwärtig – im Jahre 1913 – war die Welt noch in Ordnung. »Es mag unglaublich scheinen«, schrieb Stolz später, »aber in den letzten Jahren vor dem großen Krieg herrschte tatsächlich ein nahezu grenzenloser Optimismus. Zwar gab es immer noch eine Menge armer Leute, aber Geld gab es auch – und zunehmend Gelegenheit, Geld zu verdienen. Der große Gott der Wissenschaften, der uns täglich mit neuen Erfindungen und Entdeckungen überschüttete, schien den Schlüssel zu einer Zukunft in den Händen zu halten, in der alles nur noch besser werden konnte.«

Und in der Tat geschahen weltbedeutende Dinge:

1909 – Marconi erhält den Nobelpreis für die drahtlose Telegraphie. Peary erreicht den Südpol. In Berlin-Johannisthal gibt es die erste Flugwoche – und in London die erste Dauerwelle.

1910 – Man entdeckt das Neon-Glimmlicht und das elektrische Entstaubungsverfahren. Mit »Salvarsan« beginnt die Chemotherapie. Junkers konstruiert ein Nur-Flügel-Flugzeug, und Diesel stellt seinen Schwerölmotor für Kraftwagen vor.

1911 – Amundsen erreicht den Südpol. Schütte-Lanz baut ein erstes stromlinienförmiges Luftschiff. In England laufen die beiden riesigen Turbinen-Ozeandampfer »Olympic« und »Titanic« vom Stapel. Durch die Quanten- und die Relativitätstheorie gerät die gesamte klassische Physik in eine Krise.

1912 – Hoffmann erfindet den synthetischen Kautschuk, Krupp produziert nichtrostenden Stahl. Siemens baut einen Schnelltelegraphen mit 1 000 Zeichen in der Minute.

1913 – Garros fliegt 800 km über dem Mittelmeer, Vedrines und Prevost mit 200 km pro Stunde, Sikorskij baut ein Riesenflugzeug mit 28 m Spannweite. Der Geigerzähler und die gasgefüllte elektrische Glühbirne werden erfunden, in Amsterdam der Internationale Gewerkschaftsbund gegründet, und in den USA gibt es die erste Musikübertragung durch Lautsprecher. –

Wohin würde das alles noch führen?

Für Robert Stolz führte das Jahr 1913 zu seiner ersten Stummfilmmusik. Das Kino war längst eine selbstverständliche Sache geworden. Kinos gab es bereits seit der Jahrhundertwende, Stummfilmkinos natürlich, in denen die Darbietungen auf der Leinwand durch mehr oder minder improvisatorisches Klavierspiel eines Kinopianisten untermalt wurden. Zu dem Stummfilm »Der Millionenonkel« erhielt Robert Stolz jedoch den Auftrag, eine regelrechte Begleitmusik für großes Orchester zu komponieren. Denn dieser Film war als eine besondere Ehrung für Alexander Girardi gedacht (wir erinnern uns: Er war 1910 der Star in der Stolz-Operette »Glücksmädel« gewesen). Der Film zeigte Girardi in dreißig seiner erfolgreichsten Bühnenrollen. Stolz verwendete aus diesem Grund Musiken aus den entsprechenden Werken und verband sie durch seine persönliche Handschrift. Bei der Uraufführung im Wiener Beethovensaal dirigierte er selbst.

Es hätte alles so wunderschön weiterlaufen können – in die Schilderungen aller möglichen Lebensberichte aus jener Zeit platzen die Schüsse von Sarajewo hinein wie eine Bombe aus heiterem Himmel, der Krieg »brach aus«, als wäre er unkontrollierbar wie ein Vulkan gewesen und nicht von Menschen gemacht. Es hatte eine lange, glückliche Friedenszeit in Europa gegeben – für Deutschland seit 1871, für Österreich seit 1866, in der oft genug mit dem Säbel gerasselt und der »Wehrwille« manifestiert wurde. Industrie und Kapital strebten nach Expansion. Daß Österreich und das Deutsche Reich nicht nur militärisch fest miteinander verbündet waren, schloß nicht aus, daß deutsches Expansionsstreben zu einem heftigen Konkurrenten des österreichischen wurde. Daß heftige Spannungen zwischen Österreich und Serbien bestanden, schloß ja auch nicht aus, daß österreichische und deutsche Firmen an Serbien 1914 jene Waffen verkauften, aus denen dann noch im gleichen Jahr auf die Österreicher geschossen wurde.

Wobei der Krieg gegen Serbien durchaus nicht hätte »ausbrechen« müssen: Die serbische Regierung hatte sich von dem Attentat distanziert, ihre Nichtbeteiligung war sogar erwiesen, sie war bereit, fast alle Punkte des österreichischen Ultimatums anzunehmen und über den Rest zu verhandeln. Aber Österreich wollte gar nicht verhandeln, – weder die Berater des Kaisers noch der Kaiser selbst – im Vertrauen auf die eigene Übermacht und den hoch gerüsteten deutschen Bundesgenossen sah eine »kriegerische Lösung« ja so einfach aus. Auch in Berlin sahen Kaiser Wilhelm II. und sein Kanzler Bethmann-Hollweg dem Krieg »mutig« ins Auge, der Krieg »brach nicht aus«, einen ganzen Monat noch liefen die Verhandlungen, aber die österreichische Führung wollte in Serbien »ein Exempel statuieren«, und für die deutsche Kriegserklärung genügte es, daß der Zar die russische Mobilmachung befohlen hatte! Der Rest war eine Kettenreaktion, die sich offensichtlich weder der österreichische noch der deutsche Kaiser samt Beratern und Militärs je hatten vorstellen können. Es war so lange Friedenszeit gewesen, chauvinistische und militaristische Erziehung hatten ein Ihres getan: Die »Kriegsbegeisterung« lag in der Luft (kennzeichnend ist das Versagen der Sozialistischen Internationale zu diesem Zeitpunkt). Aber so wenig wie die zahllosen Freiwilligen, die zu den Fahnen drängten, wußten die Generäle, worauf sie sich da eingelassen hatten. Sie operierten noch immer in den militärischen Denkvorstellungen des vorigen Jahrhunderts, glaubten an die Kavallerieattacke, als es schon längst das Maschinengewehr gab. Das deutsche Reich machte seine Kriegserklärung ohne ausreichende Reserven an kriegswichtigen Metallen und an Brotgetreide, den Krieg zur See hatte es bereits im Herbst 1914 verloren, zur gleichen Zeit rannten sich schon seine Truppen in der Marneschlacht in einem hoffnungslosen Stellungskrieg fest, und die Österreicher verbluteten zu Tausenden am Isonzo.

Karl Kraus bemerkte nach den Schüssen von Sarajewo: »Nur unsere echte alte österreichische Staatskunst konnte uns in eine solche Situation hineinmanövrieren.« Und: »Wenn das zum Krieg führt, so wird das wieder ein typisches Beispiel für die kakanische Schlamperei werden.« Er hatte zweimal Recht – aber der gleiche grausame Wahn befiel ganz Europa, was die Machthaber in Wien und Berlin mit falschem Mannesstolz und bar jeder Weitsicht eingeleitet hatten, entwickelte sich unversehens zu einer Art Naturkatastrophe. Der britische Außenminister Lord Grey prophezeite es: »Die Lichter gehen aus in Europa, und wir werden sie in unseren Tagen nicht wieder brennen sehen.«

Auch Robert Stolz erhielt den Einberufungsbefehl, diesmal aber unter glücklicheren Umständen als vor zwölf Jahren. Inzwischen waren Leute mit einer musikalischen Staatsprüfung den Abiturienten gleichgestellt worden, und damit kam er unter die »Einjährig Freiwilligen«. Wie einst hatte er auch diesmal noch ein zweiten Mal Glück und wurde von der Regimentsführung zum Musikkorps versetzt. Und so avancierte er zum Hilfskapellmeister in einer der feinsten und berühmtesten Militärkapellen aller Zeiten, der Kapelle des traditionsreichen Regiments der k. u. k. »Deutschmeister«. Und sein Chef war der nicht minder berühmte Militärkapellmeister Watzek, neben dem Dirigenten der U. S. Marine Band John Philip Sousa damals einer der berühmtesten Militärkapellmeister der Welt. Das hatte für ihn zweierlei nicht hoch genug zu schätzende Folgen: Zum ersten bekam er auf diese Weise eine geradezu einzigartige Ausbildung auf dem Gebiet der Militärmusik, und zum anderen durfte er in Wien bleiben. Sein Schaffen ging weiter.

Stolz selbst bezeichnete seine Bekanntschaft mit der Militärmusik als »faszinierend«, und wen das bei einem Meister des Stimmungsliedes, der Walzermelodie und des Rubatos verwundert, der mag berücksichtigen, daß jene Wiener Musikalität, die das Wienerlied erschuf, um die Militärmusik nicht einfach einen Bogen machte. Überdies trat die Militärmusik nicht nur bei soldatischen Anlässen in Erscheinung, sie spielte bei friedlichen Gelegenheiten auch zum Tanz auf. Schließlich hatte die österreichische Militärmusik Tradition. Die Deutschmeister-Kapelle war von Maria Theresia ins Leben gerufen worden, andere Kapellen blickten auf ein ähnlich langes Bestehen zurück, zwischen allen bestand Wettbewerb. »Es war typisch für die alte Monarchie«, bemerkte Stolz, »daß sie in den dunklen Tagen ihres Niedergangs mit altmodischen, schlecht ausgerüsteten Armeen an die Front zog, die von den besten Militärkapellen der Welt begleitet wurden...«

Die allgemein verbreitete Auffassung ist, daß während des Krieges die Musen zu schweigen hätten – während des ersten Weltkriegs taten sie das nicht, Kunst und Wissenschaft arbeiteten weiter, der Krieg war noch nicht »total« (obgleich er das Leben aller mehr und mehr und immer unbarmherziger erfaßte). Indessen entstanden gerade auf dem Gebiet der Operette viele Werke, die dann über Jahrzehnte hinweg das Repertoire beherrschten. So erschien Kálmáns unverwüstliche »Csárdásfürstin« im Jahre 1915, mit ihr »Auf Befehl der Kaiserin« von Granichstaedten und von Leo Fall »Die Kaiserin«. 1916 sah erstmals Leo Falls »Rose von Stambul«, Ralph Benatzkys »Liebe im Schnee« und »Das Dreimäderlhaus« von Berthé, 1917 brachte Kálmáns »Faschingsfee«, Leon Jessels »Schwarzwaldmädel« und Kollos »Drei alte Schachteln«, um nur wenige zu nennen, und Lehárs »Wo die Lerche singt« hatte im letzten Kriegsjahr Premiere. Neben diesen Werken gab es natürlich auch andere, die keineswegs bloß der Unterhaltung dienten, sondern sich direkt in die Kriegspropaganda einschalteten, wie Kálmáns »Gold gab ich für Eisen« oder Kollos Revue »Immer feste druff«. Sie waren weder eine deutsche noch eine österreichische Einzigartigkeit – die anderen Nationen besaßen auch ihre diesbezüglichen Talente, der Opportunismus ist Kosmopolit und hat sich seit damals nicht nur mit dem altdeutschen Chauvinismus verschwägert.

Robert Stolz gelangen mitten im Krieg drei seiner schönsten und unvergeßlichen Lieder: »Im Prater blühn wieder die Bäume« – er komponierte das Lied im Mai 1916 auf einen Text von Kurt Robitschek. Im Mai des Vorjahres hatte er eine nicht minder schöne Melodie zu den Worten von Wilhelm Sterk erfunden: »Wien wird bei Nacht erst schön«. Und im traurigen Frühling von 1918 zauberte er allem Trübsinn des längst verlorenen Krieges zum Trotz noch einmal die denkbar wienerischste Stimmung mit einem Gedicht von Arthur Rebner herbei: »Das ist der Frühling in Wien ...«.

Bei näherem Hinsehen führte Robert Stolz in diesen Kriegsjahren eigentlich ein doppeltes Dasein: Tagsüber musizierte er mit den Deutschmeistern Märsche und Tanzmusik, abends begann er sein zweites Leben und komponierte seine aktuellen Lieder, Wienerlieder und Couplets, die dann meistens seine Franzi sang (aber nicht nur sie allein). Von denen werden nicht wenige heute immer noch gesungen, andere könnten heute genauso gut wie ehedem gesungen werden, sobald jemand nur so gescheit wäre, sie wiederzuentdecken.

Und natürlich sagte Robert Stolz in jenen Jahren auch der Operette nicht ade – wo sich eine Chance bot, griff er zu, und Gelegenheiten fanden sich immer wieder. Da waren die kleineren Wiener Cabaret-Theater wie die Femina, das »Budapester Orpheum« oder die »Roland-Bühne«, die in ihrem Programm gern einen Operetten-Einakter hatten. Dafür schrieb dann einer seiner Freunde etwas, der Sterk, der Hein oder der Robitschek, und Stolz machte die Musik dazu. Manchmal war es eine größere Bühne, wie das Lustspielhaus oder das Ronacher-Varieté, gelegentlich boten sich aber auch Uraufführungsmöglichkeiten außerhalb. So kam mit Victor Hirschfeld alias Victor Léon eine Neufassung der »Eisernen Jungfrau« zustande, die in Stuttgart-Bad Cannstadt ein Erfolg wurde, der weiterging. Als Bruno Hardt-Warden mit seinem Ausstattungstück »Prinzessin Revue« nach Budapest ging, brauchte er eine neue Musik, und so kam das Stück mit Musik von Stolz im September 1916 in Budapest heraus. Und im März 1917 erschien der Name »Robert Stolz« als Komponist des Singspiels »Die Bauernprinzessin« im Volkstheater München. Viel früher aber, im April 1916, war Robert Stolz in Berlin erschienen, nicht nur als Name, sondern höchst persönlich, als Dirigent: In der Komischen Oper, (nicht in der heutigen in der Behrenstraße, sondern in der heute längst verschwundenen an der Ecke der Weidendammer Brücke) fand die Uraufführung seiner ersten Berliner Operette »Der Favorit« statt.

Der Favorit

Sein Textdichter Karl Sterk hatte das Buch zusammen mit Fritz Grünbaum geschrieben, der als Conférencier und Kabarettist in Berlin ebenso wie in Wien zu Hause war. In Wien war er Star des »Simplicissimus«, wo er mit Karl Farkas in Doppelconferencen glänzte, in Berlin hatte er schon davor in Rudolf Nelsons »Chat Noir« in der Passage zwischen der Friedrichstraße und Unter den Linden Triumphe gefeiert. Und die Komische Oper war schon seit längerem keine Komische Oper mehr, sondern hatte sich als Operettentheater profiliert.

Grünbaum hatte eine Berliner Operettenhandlung ganz nach der Mode entworfen, von einer adeligen jungen Dame, die schwerreich ist und nach Verbüßung ihrer Jugendjahre auf dem Lande sich in Berlin einen flotten Lebemann angeln möchte, dem sie auch gern alle Schulden zahlt. Weil sie der Mann dann doch mehr interessiert, nähert sie sich ihm als kleines Tippfräulein, mit dem Erfolg, daß er zwar seiner Schulden wegen die reiche Dame heiraten will, sich aber doch in das Tippfräulein verliebt hat. Dieses Mißverständnis ließ sich dann im dritten Akt aufklären.

Der Stoff war gewiß Dutzendware, was so viel heißt wie: Solche Stücke gingen damals zu Dutzenden. Die Geschichte hatte einige schwankhafte Situationen und spielte überdies in Berlin. Eben das aber muß ihr wohl zum Verhängnis geworden sein, denn sie wurde leider gar kein Erfolg. Der Komponist war nun einmal Wiener, es wurde weder sprachlich noch musikalisch berlinert, statt dessen gab es große durchkomponierte Finali, gefühlsselige Walzer und Wiener Märsche – kurz gesagt: eine »Berliner Operette« war das nicht. Dennoch enthielt sie ein Lied, das eines der allerberühmtesten Stolz-Lieder werden sollte, das eines der Bravourlieder des unvergeßlichen Tenors Joseph Schmidt wurde und das bis heute so ziemlich jede Operettensängerin in ihrem Repertoire hat, weil sie seines Erfolges gewiß sein kann: »Du, du, du, sollst der Kaiser meiner Seele sein ...«

Der Urlaub für das Dirigat in Berlin war angenehm, der Berliner Start war dennoch ein Fehlstart gewesen, es sollte noch ein paar Jahre dauern, bis die Berliner ihr Herz für Stolz entdeckten. (Aber dann taten sie es gründlich.)

Das Leben von Robert Stolz wäre weniger reich an Triumphen gewesen, wenn er sich durch Niederlagen je hätte entmutigen lassen. Zunächst einmal kehrte er nach Wien zurück – drei Wochen später hatte er schon seine nächste Premiere im Wiener Lustspieltheater: »Mädel, küsse mich« hieß die Revue-Operette von Bruno Hardt-Warden und Emil Schwarz, und mit dem Wienerlied »Ihr Mädels vom Graben« und dem »Pratermarsch« war Robert Stolz wieder in seinem Element. Die Sache war ein Erfolg: Im nächsten Jahr im März brachte das Lustspieltheater schon die nächste Premiere dieses Autorengespanns (»Lang, lang ist's her«), und für die ungarische Umarbeitung seiner »Prinzessin Revue« gab es für Hardt-Warden eben auch nur einen einzigen Komponisten, der in Frage kam: Robert Stolz.

Und parallel zum Lustspieltheater verlangte ihn das »Budapester Orpheum«. Das war nicht irgendein Tingeltangel, sondern ein handfestes Volkstheater von bestem Niveau. Der bissige, mit Lob ziemlich sparsame Karl Kraus hatte 1912 in seiner berühmten »Fakkel« darüber geschrieben: »Es gibt kein Theater in Wien, dessen Leistung – von Girardis Einzigartigkeit abgesehen – an das wahre Theatervergnügen auch nur heranreicht, das die Herren Eisenbach und Rott gewähren. Von den Chargenkünsten der Unbekannten dieses Ensembles könnte ein Dutzend Reinhardts seinen Regieruhm bestreiten.«

Ab Dezember 1916 hatte Robert Stolz in diesem Theater immer häufiger Premiere, und meist war es sein alter Freund Otto Hein, der zusammen mit Ernst Wengraf diese Einakter schrieb – sieben Stück in zwei Jahren, die letzte Premiere war am 2. September 1918.

Das war schon in den allerletzten Tagen der Österreichischen Monarchie. Am 16. Oktober verkündete der Kaiser, Karl I., die Gründung des österreichischen Bundesstaates, und am 11. November unterzeichnete er seine Abdankungserklärung: Alt-Österreich war gewesen. Aus dem gewaltigen Reich, mit dessen 50 Millionen der Kaiser Franz Josef mit seinem Stabe den 5 Millionen Serben die Schlagkraft Österreichs beweisen wollte, war plötzlich selbst ein Land von 6 Millionen Einwohnern geworden. Kakanien existierte nicht mehr.

V

Die Großen Verwandlungen 1918–1924

Aus war das ganze Theater, aus wars mit dem Theater. Bis zum Kriegsende hatte Robert Stolz neben seinen vielen Cabaret-Liedern nahezu einen Einakter nach dem anderen geschrieben. Dann kam ein Jahr lang nichts mehr an Bühnenmusik – niemand brauchte mehr welche. Der Krieg hatte Österreichs Kräfte bis zum Letzten erschöpft. Aber die allerschlimmste Zeit kam erst hinterher. Der Frieden brach so wenig aus wie der Krieg »ausgebrochen« war. Daß der so mutwillig begonnene Krieg mit militärischen Mitteln nicht zu gewinnen war, war spätestens Ende 1915 zu erkennen. Erzherzog Karl Franz Josef, der Ende 1916 als Karl I. das Erbe Franz Josefs antrat, hatte sich seit seinem Regierungsantritt um Friedensverhandlungen bemüht. Die energischen Herren der Kriegspartei wußten naturgemäß alles besser, von Deutschland aus war jeder Schritt zur Vernunft als Verräterei verunglimpft worden, und die österreichische Kriegspartei befand sich ohnehin im Schlepptau der deutschen Militärs. Karl I. hatte endlich den Völkern seines Staates jene nationale Selbständigkeit angeboten, die ihnen unter Franz Josef so hartnäckig versagt worden war – aber zu allem war es längst zu spät. Die Deutschnationalisten hatten sich endgültig um den Zerfall Österreich-Ungarns verdient gemacht. Die Tschechoslowakei befreite sich als erste aus dem Völkergefängnis und trat an der Seite der Alliierten in den Krieg gegen Österreich ein. Kurz darauf erklärten die serbokroatischen Gebiete sich für selbständig und schlossen sich dem Königreich Serbien an. Nach dem Zusammenbruch der Sommeroffensive von 1918 sah schließlich auch die deutsche Reichsregierung keine andere Möglichkeit mehr als Waffenstillstandsverhandlungen.

Am 16. Oktober hatte Kaiser Karl I. in einem Manifest seinen Willen erklärt, das alte Österreich, oder was davon noch übrig war, in einen Bundesstaat zu verwandeln. Am 3. November kam der Waffenstillstand, am 11. November konnte der Kaiser nur noch abdanken. Der französische Dichter Anatole France hat ihn später einmal als »den einzigen anständigen Menschen des Weltkriegs« bezeichnet. Retten konnte er nichts mehr. Robert Stolz ist ihm mehrfach begegnet, erstmalig als Kapellmeister im Theater an der Wien, als er ihm einmal eine ganze Nacht lang Wiener Musik vorspielen durfte. Die brillantene Krawattennadel, die er damals von ihm erhielt, blieb ihm als kostbare Erinnerung.

Vom alten Österreich-Ungarn blieb schließlich nur das deutschsprachige Österreich als »Republik Österreich« zurück – knapp sechs Millionen Menschen, von denen ein Drittel in Wien wohnte. Aber auch der Bestand der Republik selbst war gefährdet: Voarlberg wollte sich an die Schweiz angliedern, Tirol ein selbständiger Staat werden. Das Fürstentum Liechtenstein, bis dahin mit Österreich durch Zoll- und Wirtschaftsunion verbunden, wurde selbständig, und im Süden versuchte das neue Jugoslawien, größere Gebietsteile Kärntens und der Steiermark an sich zu bringen. Die Deutschnationalisten wollten den Anschluß des Landes ans Deutsche Reich durchsetzen – der neue Nationalrat und die neue Nationalversammlung hatten dies bereits im Winter 1918/19 als Beschluß verkündet. Indessen bestimmten die Alliierten, daß die bestehenden Grenzen zu bleiben hätten – eine Entscheidung, die die Deutschnationalisten in den nächsten zwei Jahrzehnten nicht mundtot machte, aber endgültig über den wirtschaftlichen Zustand Nachkriegs-Österreichs entschied. Und der war entsetzlich.

Genau wie das Deutsche Reich war auch Österreich ohne ausreichende Reserven in den großen Krieg gezogen, aber schon in den ersten beiden Kriegsjahren waren die Ernteerträge um ein Drittel gesunken, seit 1916 hatte es Lebensmittelkarten und Rationierung für Brot, Milch, Kaffee, Zucker, Kartoffeln, Kleider, Schuhe gegeben, und oft reichten die Bestände nicht einmal für die festgesetzten Rationen. Am Ende des Krieges waren die Rationen bereits bis auf 180 g Brot, 700 g Kartoffeln, 5 g Fett pro Tag abgesunken, und es gab keine begrenzte Arbeitszeit, keine Bezahlung von Überstunden, keine festgesetzten Mindestlöhne. Die neue Republik Österreich hatte zwar ein gutes Reservoir an Industriearbeitern, aber keinerlei wirtschaftliches Hinterland mehr. Produktionsstätten mußten wegen Kohlenknappheit stillgelegt werden: von 23 Martinstahlöfen arbeiten nur noch drei. In Wien standen die Straßenbahnen oft stundenlang wegen Strommangel still, Stromsperren gehörten zum Alltag, die zurückkehrenden Soldaten wurden arbeitslos. Die Regierung zahlte ihnen Unterstützung, geriet aber unter den herrschenden Umständen zwangsläufig in rasche Verschuldung:

Die Inflation setzte ein. Innerhalb von drei Jahren stiegen die Lebenshaltungskosten um mehr als das Hundertfache, und es kam hinzu, daß dieses neue Österreich, bis vor kurzem noch Zentrum eines Riesenreichs, ein Kleinstaat geworden war, den keiner seiner Nachbarn liebte oder achtete. Der Deutschnationalismus der ehemaligen Regierung, der sich im Krieg noch gesteigert hatte, trug seine bitteren Früchte. Stolz berichtet: »In einigen dieser Länder weigerten sich die Bauern sogar, an deutschsprechende Kunden zu verkaufen. Und die Bauern innerhalb des österreichischen Reststaates verkauften nur wenig von ihren ohnehin knappen Produkten; sie warteten auf bessere Zeiten.«

Worauf sie noch länger warten konnten: Die österreichische Not war so groß, daß es schließlich in den Niederlanden, Schweden, Norwegen und der Schweiz zu Hilfsaktionen für die hun-

gernde Bevölkerung kam. Die italienischen Arbeiter veranstalteten eine Hilfsaktion, die deutschen Gewerkschaften sammelten Geld, und auch in Frankreich, Großbritannien und Luxemburg wurde für die notleidende österreichische Bevölkerung gesammelt. Aus den Kriegsmutwilligen von 1914 war nach vier Jahren eine Nation von Almosenempfängern geworden. Robert Stolz erzählt:

»Ich entsinne mich, daß ich zu dieser Zeit einmal mit Franzi unweit der Oper über die Ringstraße ging – nach der Demobilisierung wieder als Zivilist – und in meiner tiefen Depression nicht einmal Erleichterung darüber empfinden konnte, daß nun alles vorüber war. Überall begegneten uns Leid und Entbehrung: Männer, verwundet, verkrüppelt, die in Lumpen umherliefen, blasse und schmutzige, ausgemergelte Frauen und Kinder, die ums Essen bettelten. Das also war der Friede, auf den wir so gewartet hatten. Ich spürte Tränen in meinen Augen aufsteigen, und als ich Franzi ansah, bemerkte ich, daß auch sie weinte. Aber als wir an der Kärntnerstraße um die Ecke bogen, hörte ich den schwachen Klang einer schlecht gestimmten Violine, die von einem quietschenden Akkordeon begleitet wurde. Straßenmusikanten spielten ein Lied – ein Lied von mir: ‚Im Prater blühn wieder die Bäume' …«

Zu dem allgemeinen Leid, der Not und den Entbehrungen im Land kam 1919 noch eine große Grippeepidemie, die Tausende von Menschen hinwegraffte und der auch der Vater von Robert Stolz erlag. Das war ein schwerer Schicksalsschlag, und mehr als alles andere bedeutete der Tod des Vaters für ihn das Ende einer ganzen Epoche.

Da anderes nicht zu tun war, widmete er sich ganz seiner Cabaret-Tätigkeit, und seine Kompositionen des Jahres 1919 galten vorwiegend der Bereicherung des Repertoires seiner Frau Franzi Ressel und ihrer Kollegin Mizzi Dressel. Franzis fröhliches Temperament und ihre Fähigkeit, auch unter armseligen Umständen anziehende Häuslichkeit zu zaubern, machte die Härte der Zeit um vieles erträglicher, und wenn diese Ehe ihren Ursprung nicht in gewaltiger Leidenschaft gehabt hatte, so war sie doch zu einem Hort der Geborgenheit geworden.

Die Liedtexte schrieb damals meistens Kurt Robitschek, Otto Hein war gegen Kriegsende im Lazarett gelandet. Dort nahmen Stolz und er erneut Verbindung miteinander auf. Hein wurde schließlich geradezu Hausgast und eröffnete im Herbst 1919 auf Anraten und mit Hilfe von Robert Stolz einen eigenen Musikverlag. Da beide überzeugt waren, zur Wiener Bohéme zu gehören, nannten sie ihn »Bohéme-Verlag«, und Robert Stolz brachte die ersten beiden Verlagstitel in das Unternehmen ein. Das eine war ein Lied aus dem Repertoire von Franzi Ressel (»Einmal sang die Liebe uns ein Lied in tiefer Nacht«), und das andere sang zwar

Franzi Ressel ebenso, aber bald sang es die ganze Welt, es war ein absoluter Volltreffer: »Hallo, du süße Klingelfee«! Man sang es auf russisch und tschechisch, auf englisch, französisch und italienisch, die Ungarn sangen es mit dem Text »Hallo, am Sonntag nachmittag …«, die Italiener auf »Hallo, mein liebes Schicksal du«, die Engländer »Hello, Märchen-Girl«, und in der Großen Revue im Casino de Paris sang es der Star Jean Gabin als den »Weg zum Paradies«.

Mit dem Supertreffer von 1919 hatte Robert Stolz einen Evergreen gelandet, und Otto Hein mit seinem Wiener Bohéme-Verlag war ein gemachter Mann. Kurz darauf ging es aber beiden noch sehr viel besser, denn am ersten Weihnachtsfeiertag des Jahres 1919, den Otto Hein, wie so viele Tage, in Gesellschaft von Franzi Ressel und Robert Stolz verbrachte, gelang Robert Stolz das erfolgreichste Lied seines langen und reichen Komponistenlebens, die unverwüstliche »Salome«.

Robert Stolz hat die Geschichte selbst oft und gern erzählt: wie Otto Hein nach dem Mittagessen plötzlich auf den Einfall kam, er müsse jetzt einen »orientalischen Foxtrott« schreiben – etwas, was es bis dahin nicht gab und eigentlich auch gar nicht geben konnte. Daß er sich dann aber doch eine exotische Schönheit beim Tanz vorstellte und ihm die »Salome« einfiel, die Franzi Ressel sofort ganz unmöglich fand, während Otto Hein auf der Stelle daran glaubte. So wurde das Lied dann von dem Wiener Kabarettisten Ujvari kreiert, der es vortrug, indem er sich als arabischer Wüstenscheich kostümierte und sofort einen Riesenerfolg errang. Der Erfolg breitete sich mit Windeseile aus, er ebbte gar nicht wieder ab – und Franzi Ressel hatte die beste Nummer ihres Lebens verpaßt.

Die Geschichte ist aber nicht vollständig ohne den Textautor. Und der war nicht Otto Hein, so viele Texte der auch schon für Robert Stolz geschrieben hatte, sondern Artur Rebner. Unter den 24 Liedern, die Artur Rebner für Robert Stolz verfaßt hat, befinden sich gleich drei ganz große Erfolge, denn auch die »süße Klingelfee« und »Das ist der Frühling von Wien« sind von ihm. Seine besondere Spezialität waren die aktuellen Chansons, er hatte ein sehr genaues Gefühl für das, was im Augenblick einschlagen konnte. Die »Klingelfee«, das Fräulein vom Amt, das vor der Einführung des Drehwählers die Telefonverbindungen herzustellen hatte, war eben solch eine Aktualität – die dann durch den unwiderstehlichen musikalischen Einfall von Robert Stolz bis heute lebendig blieb. Auch der »Salome« gab der Rebner-Text mit seinen verlockenden komödiantischen Möglichkeiten die wirksame Starthilfe. Aber einmal ins Laufen gekommen, fragte kaum noch jemand nach dem köstlichen Kitsch der Verse:

Still durch den Sand der Sahara dahin
die Karawane sich zieht,
welche der Forscher, der junge, aus Wien,
führt durch ein neues Gebiet.
Plötzlich am Rand der Oase erspäht,
was er geschaut nie zuvor,
er sieht ein Weib, das jauchzend sich dreht
zu der Araber Chor ...

Das ist so klischeehaft wie möglich, darunter kann sich jeder etwas vorstellen, der sich nichts vorstellen kann: Wüstensand, junger Forscher, Oase, und nun die Araber, die im Chor singen, während die junge Dame wollüstig juchzt – Ujvari wußte sofort, daß er das komisch zu nehmen hatte. Als Wüstenscheich verkleidet konnte er sicher sein, daß ihn keiner ernst nahm, ebensowenig wie den Refrain, der noch tiefer in den Farbentopf der falschen Gefühle eintaucht:

»Salome, schönste Blume des Morgenlands,
Salome, wirst zur Göttin der Lust im Tanz!
Salome, reich den Mund mir, wie Blut so rot,
Salome, deine Küsse sind süßer Tod!«

Es ist einfach hinreißend und unausweichlich, daß der junge Forscher in der zweiten Strophe an dieser Salome zugrunde geht. Aber fabelhafterweise will der Text einerseits nicht ernstgenommen werden und trifft doch ein Gefühl von romantischen Vorstellungen. Es ist ein idealer Text in der kommenden Epoche des verrückten Schlagers á la »Mein Papagei frißt keine harten Eier« oder »Ausgerechnet Bananen«, aber er läßt unter dem Vorwand, nicht ernst zu sein, auch der Sentimentalität ihren Raum. Von daher war er im Wandel der Moden so schnell einfach nicht umzubrin-

gen, bis er schließlich zum Markenartikel, zur Qualität an sich und aus sich selbst geworden war. Dann kam es auf den Text längst nicht mehr an, er wurde geradezu überflüssig, lästig – der Text hatte sich überlebt, er war nicht mehr komisch und romantisch, er war einfach trivial geworden, aber die Melodie immer noch nicht. Petula Clark sang sie in den fünfziger Jahren mit dem neuen englischen Text »Romeo«, Vittorio de Sica und sein Komponist Armando Trovaioli zitierten das Lied komplett in dem Film »Gestern, heute, morgen« (mit Sophia Loren), und schließlich wurde es danach noch einmal ein Hit in den USA, als es die Ray Charles Singers mit dem neuen Text »Step By Step« herausbrachten. Dazwischen lag beinahe ein halbes Jahrhundert, in dem die Schlagerstile zeitweise schneller gewechselt hatten als das Aprilwetter.

Otto Heins Wiener Bohéme-Verlag blühte unter solchen Umständen derartig auf, daß er schon im April des nächsten Jahres eine Filiale in Berlin eröffnen konnte. Hein entpuppte sich als verlegerisches Naturtalent, und ein solches fand er auch für Berlin, einen Mann, der wie er selbst aus der Gegend von Brünn stammte, der auch, wie er, in der österreichischen Armee gewesen und für das Geschäft mit der Musik offensichtlich geboren war: den 23jährigen Karl Brüll. Der brauchte allerdings nur ganze sieben Monate, um sich selbständig zu machen, dann kündigte er seinem Brotherrn und eröffnete kurzerhand den »Berliner Bohéme-Verlag« als eigene Firma. Als das Otto Hein denn doch als etwas unstatthafte Konkurrenz empfand, machte er die »Edition Karl Brüll« daraus, die einen ebenso kometenhaften Aufstieg nahm wie die Firma Otto Heins. Robert Stolz, der bisher in Berlin nur bei »Drei Masken« verlegt hatte, war ebenfalls bald Verlagsautor der »Edition Brüll«. Er hatte für ein österreichisch-australisches Tanz-Duo einen Shimmy geschrieben (seinen ersten) und außerdem hatte Brüll die deutschen Rechte an seinem »Frühling in Wien« erworben. Aber das war eine vorübergehende Episode, in der Hauptsache hoffte Stolz in Berlin auf den Drei Masken Verlag.

Er baute jetzt übrigens häufiger auf ihn, er lenkte seine Blicke ziemlich systematisch über Österreich hinaus, sein Name war durch seine jüngsten Erfolge international bekannt geworden, und das war kein bloßer Zufall, nicht einfach ein Lotteriegewinn: Mit Beginn der neuen Friedenszeit hatte sich über alles Elend der Nachkriegsjahre hinweg ein neues Lebensgefühl und mit ihm ein neues Musikempfinden ausgebreitet. Nichts, das vom Himmel gefallen wäre – Tango und Foxtrott gab es vor dem Kriege schon, aber als Randerscheinung; unter »Jazz« konnte man sich kaum etwas vorstellen. Eben das änderte sich nach dem Krieg total, weil sich das Lebensgefühl verändert hatte. Das alte wie das neue Vergnügen hatte das Elend als Basis, aber das Nachkriegselend war ein anderes, es war nichts, was man durchstehen, es war etwas, über das man irgendwie hinwegkommen mußte. Alles war durcheinandergeraten, alles war neu zu ordnen, und diesem neuen Lebensgefühl entsprach der Jazz, in einer europäisierten, kommerzialisierten Form natürlich.

Im Januar 1919 beteiligt sich Stolz erstmalig an dem Versuch, einen neuen Tanz, den Stork-Trot einzuführen. Im April komponiert der Walzerkomponist seinen ersten Valse Boston, gleich darauf noch einen zweiten, und dann einen Onestep, mit dem Text von Artur Rebner »Herrn Kohn sein Sohn kam aus Amerika« (von wo er natürlich einen neuen Tanz mitbrachte). Zwei Monate später schreibt Stolz seinen ersten Shimmy, und dann landet er seinen ersten europäischen Erfolg mit der »Klingelfee« – einem Onestep. Es war der erste Onestep, der alle Ländergrenzen überschritt, und als ein Vierteljahr später die »Salome« – ein Foxtrott – ihren Siegeszug antrat, hatte Stolz tatsächlich mit seiner Musik die Tür zum europäischen Jazz-Zeitalter aufgestoßen. Zum europäischen wohlgemerkt, nicht einfach zum österreichischen oder zum wienerischen: Er hatte binnen eines Vierteljahres die ersten zwei europäischen Erfolge auf diesem Gebiet gestartet. Dazwischen hatte er noch einmal versucht, mit »Wiener Melange« sich an der Einführung eines ortseigenen neuen Modetanzes zu beteiligen, jedoch mit ebensowenig Erfolg wie beim »Stork-Trot«.

Interessant ist, daß er dabei – offensichtlich ganz vorsätzlich – auf ein paar ältere Erfolgsmelodien zurückgriff. Ihm war völlig bewußt, daß »das Alte« und »das Neue« nicht einander einfach ausschließen, sondern miteinander verflochten sind: kein Neues, das nicht auf dem Boden des Alten zu stehen hätte, ergo mit ihm verbunden sein müßte. Tatsächlich ist ein Geheimnis seiner Modernität die Tatsache, daß er nie das nötig gehabt hat, was sich so gern deswegen »avantgardistisch« nennt, weil es sich vom Bisherigen selbst isoliert. Er hatte es nie nötig, sich von seiner eigenen künstlerischen Vergangenheit abzuschnüren, nur um »up to date« zu sein, ebenso wie er es nie nötig hatte, sich an seiner Vergangenheit zu orientieren, um den Weg nach vorn zu finden.

Die Musik von Robert Stolz ebenso wie ihre Breitenwirkung mit der seiner jeweils ebenso erfolgreichen Zeitgenossen zu vergleichen, wäre eine recht lohnende Studie für Soziologie wie für Musikwissenschaft. Es ist schon sehr verblüffend festzustellen, wie sich z. B. bei der »Salome« nicht nur Parodie und Sentiment gegenseitig durchdringen, sondern ebenso Moderne und Tradition. Und man steht schließlich nach der genauen Besichtigung der 58 Takte der »Salome«-Komposition genau so da wie nach der Analyse jedes anderen musikalischen Kunstwerks: Man kann enorm viel davon erklären, aber wieviel man auch immer davon begriffen hat, eine zweite Salome kann man nicht machen.

Für Robert Stolz führten die schlimmen Wiener Nachkriegsjahre zu einer neuen Glanzzeit, seine attraktive Erscheinung, immer noch durch den imposanten Henri-Quartre-Bart geprägt, war stadtbekannt. Und bald hatte ihn auch die Operette wieder: Das »Budapester Orpheum« eröffnete unter der neuen Direktion von Ernst Richter-Roland neu als »Roland-Bühne«, und die einaktigen Stolz-Operetten waren dort bald wieder ein häufig wiederkehrender Bestandteil des Programms, das im übrigen ein beachtliches künstlerisches Niveau hielt, nicht unbedingt immer ein hohes literarisches, aber immer ein komödiantisches.

Im März 1920 teilten sich drei Theatergattungen einträchtig in das Programm – ein Schwank, eine Operette und eine Oper. Die einaktige Operette war diesmal nicht von Robert Stolz, sondern von Ralph Benatzky. Von Stolz stammte die einaktige Oper, die einzige, die er je geschrieben hat: »Die Rosen der Madonna«. Daß es sich um eine äußerst ernstzunehmende Arbeit handelte, zeigte sich unter anderem daran, daß kein geringerer als der damals hochberühmte Tenor Erich Schmedes von der Staatsoper mitwirkte. Das Programm konnte sechsunddreißigmal hintereinander gegeben werden, und der Kritiker der »Neuen Freien Presse« schrieb: »Robert Stolz entwickelt diesmal höheren Ehrgeiz und versucht sich mit Glück in einem Genre, das er bisher nicht gepflegt hat.«

Das Werk, das Robert Stolz selbst immer besonders am Herzen lag, ist eine melodiöse Belcanto-Oper, deren Komposition er bereits 1915 begonnen hatte. Eine besondere Perle darin ist das Duett »Wind, oh trag das Lied der Liebe himmelwärts.« Leider teilt das Werk mit anderen seines Genres das Schicksal, daß Opern-Einakter nur ausnahmsweise in den Spielplänen der Opernhäuser Platz finden. So hatte Robert Stolz weitaus mehr Erfolg mit seinem nächsten Bühnenwerk, der Operetten-Posse »Das Sperrsechserl«, die ihm der Direktor des Wiener Komödienhauses Anfang März 1920 in höchster Notlage ins Haus brachte. Er stand kurz vor dem Bankrott und hatte ein großartiges Operettenbuch in der Hand: »Das Sperrsechserl« von Grünwald und Blum.

Grünwald hatte einen ausgezeichneten Namen und kam im gleichen Jahr noch mit dem »Letzten Walzer« heraus, der für Oscar Straus dann über Jahre zum Dauererfolg werden sollte. Stolz brachte das Kunststück fertig, die ganze Musik zum »Sperrsechserl« binnen vier Wochen niederzuschreiben, und wieder einmal bewies er, daß die Länge der aufgebrachten Zeit und die Qualität des Ergebnisses rein gar nichts miteinander zu tun haben, denn »Das Sperrsechserl« rettete nicht nur das Komödienhaus, sondern war aus den Wiener Spielplänen gar nicht mehr wegzudenken, es wanderte von einem Theater zum andern und brachte es in den nächsten zwei Jahrzehnten auf rund zweitausend Vorstellungen. Drei Lieder daraus wurden überhaupt zu Evergreens: »A klane Drahrerei« ist ebenso eines der typischsten und bekanntesten Wienerlieder geworden wie »Dann geh' ich hinaus in den Wienerwald«. Und das dritte Lied wurde endgültig zum Welterfolg, nachdem es ... noch einmal von jemand anderem komponiert worden war. »Vater Strauß, schau runter« beginnt notengleich wie

die berühmte Schiwago-Melodie, ist aber nachweislich schon sehr viel früher entstanden. Stolz selbst dachte nicht daran, hier von einem »Plagiat« zu reden – mindestens aber darf man es als einen Beweis nehmen für die Zeitlosigkeit Stolzscher Melodiefindung.

Und nun überschlugen sich die Stolz-Operetten geradezu, die Premieren folgten eine hinter der anderen – Robert Stolz wurde der meistaufgeführte, der erfolgreichste Wiener Operettenkomponist jener Jahre. Es hat ohnehin von allen Komponisten der Wiener Operette keiner so viele Uraufführungen aufzuweisen wie er. Und die Fülle der Werke, die er zwischen 1920 und 1924 schuf, kann man nur bestaunen – noch mehr, wenn man sich näher mit seinen damaligen Schöpfungen befaßt, denn da ist alles gescheit angefaßte, sauber gearbeitete Musik mit reichsten melodischen Einfällen, die ihm scheinbar mühelos aus der Feder flossen – denn Robert Stolz komponierte seine Operetten damals so rasch hintereinander, daß man heutzutage in den Dramaturgien nicht einmal mit dem Lesen nachkäme: Am 1. Juni war die Uraufführung des »Sperrsechserls« gewesen, zu Weihnachten brachte das Raimundtheater bereits seine nächste Operette heraus, den »Tanz ins Glück«, und er hatte wieder zwei ausgezeichnete Librettisten in Robert Bodanzky und Bruno Hardt-Warden. Auch dieses Werk machte seinen Weg, nicht nur auf deutsch, sondern ebenso auf englisch, französisch und italienisch. Keine zwei Monate später kam Robert Stolz schon mit einer neuen Operette in Berlin heraus: Am 18. Februar war Premiere seiner »Tanzgräfin« im Wallner-Theater, und Robert Bodanzky als Librettist war wieder mit von der Partie. Schon vier Monate danach gibt das Wiener Johann-Strauß-Theater die »Tanzgräfin« – Robert Stolz hat den nächsten Serienerfolg. Das Johann-Strauß-Theater optiert auch gleich für seine folgende Operette, Bodanzky und Hardt-Warden schreiben für ihn »Eine Sommernacht«, und sie hat auf den Tag genau, ein Jahr nach dem »Tanz ins Glück«, am 23. Dezember 1921 ihre Premiere. Wieder ein halbes Jahr später gibt es mit den gleichen Autoren die nächste Stolz-Premiere im Raimundtheater: die Posse mit Gesang »Die Liebe geht um«. Neun Monate darauf hat Stolz schon die Komposition einer weiteren Operette abgeschlossen, sie wird am 1. April 1923 in Berlin am Berliner Theater aufgeführt, und bereits Anfang Oktober ist sie in Wien im Bürgertheater zu sehen, mit dem Berliner Hauptdarsteller übrigens, der die Wiener Herzen auf Anhieb eroberte. Alfred Polgar feierte ihn geradezu als Sensationserfolg, und das blieb er dann eigentlich auch, solange er lebte: Hans Albers. Seine Karriere begann mit der Robert-Stolz-Operette »Mädi«.

Schon einen Monat später brachte dann das Komödienhaus wieder eine Stolz-Uraufführung, den »Hampelmann«. Ein weiteres Vierteljahr danach sah man im Apollo-Theater bereits seine allerneueste Produktion: »Ein Kavalier von zehn bis vier oder ein Ballroman«. Dabei hatte er sich keineswegs auf die Komposition von Operetten spezialisiert – gleichzeitig schrieb er auch noch viele erfolgreiche Lieder, und dies alles, obwohl sich in seinem persönlichen Leben eine schmerzliche Verwandlung vollzogen hatte. Der ruhende Pol seines bewegten Lebens, seine Ehefrau Franzi war ihm quasi über Nacht, während er in Berlin die »Tanzgräfin« herausbrachte, davongelaufen, und zwar mit keinem anderen als dem, den er jahrelang für seinen besten Freund gehalten hatte: Otto Hein. Es war ein Schlag, der sein seelisches Gleichgewicht zutiefst erschütterte.

Das Bemerkenswerte aber war, daß seine Produktivkraft davon unbeeinflußt blieb. In seinem Schaffen zeigen sich keine Spuren davon; die Beschwingtheit, die Eleganz, die Eingängigkeit seiner Einfälle und ihrer Ausarbeitung bleiben unverändert, Aufgabe und Leben sind zweierlei. Das ist übrigens nicht nur bei ihm so, – das Leben vieler großer Künstler bietet dafür Beispiele – aber eben auch bei ihm, allen schönen Künstlergeschichten zum Trotz, die die Musik aus dem Privatleben ableiten möchten. Nach dem Verlust und der unausweichlichen Scheidung von Franzi Ressel wurde Stolz von tiefsten Depressionen gepackt, aber sie sind nicht in seine Noten eingegangen. Dort hätten sie auch nichts zu suchen gehabt. Das Debakel war für ihn um so größer, als damit seine zweite Ehe in die Brüche gegangen war, und zwar ohne daß er vorher gemerkt hatte, daß ihr schon lange Gefahr drohte. Frau und Freund hatten ihn gleichzeitig und gemeinsam im Stich gelassen. Er war zutiefst verletzt und war entschlossen, es Franzi »heimzuzahlen« und das nächste hübsche Mädchen zu heiraten, das ihm über den Weg lief. Das geschah dann anläßlich der Uraufführung von »Die Liebe geht um« im Raimundtheater. Es spielte darin die Rolle des Amor und hieß Josephine Zernitz, kurz genannt »Fini«. Sie ließ sich von Robert Stolz heiraten – er war einsam und eine sehr gute Partie, auch für ihre künstlerische Laufbahn, als erfolgreicher Komponist von Einfluß bei den Theatern und zweifellos der Berühmteste, der augenblicklich zu haben war. Robert Stolz seinerseits war froh, nicht länger allein zu sein. Beruflich war er »oben« – so oben, daß er es nur als vernünftig ansehen konnte, das beträchtliche Vermögen, das er in den letzten Jahren erworben hatte, in einem eigenen Theater anzulegen. Was ein Theater mit seinen Stücken verdienen konnte, hatte er ja gerade an seinen letzten Stücken zur Genüge gesehen.

Es ist also nur zu begreiflich, daß er gern zugriff, als in der Annagasse das Varieté »Max und Moritz« seinen Betrieb einstellte. Es hatte eine »Singspielhallenkonzession mit Restaurationsbetrieb und Raucherlaubnis« besessen. Stolz wollte natürlich abendfüllende Stücke spielen und aus dem Haus ein richtiges Theater machen. Dazu brauchte er eine vollgültige Theaterkonzession. Es war für ihn keine besondere Schwierigkeit, sie zu erhalten, aber mit ihr begannen die Schwierigkeiten. Denn damit fiel die Raucherlaubnis fort, aber etwas ganz Neues war erforderlich: der Einbau eines eisernen Vorhangs. Denn die feuerpolizeilichen Vorschriften waren gerade in Wien, wo es 1881 den furchtbaren Ringtheater-Brand gegeben hatte, äußerst streng. Aus demselben Grunde war auch ein ganz neuer Ausgang für die Musiker einzubauen. Ohne den Restaurationsbetrieb brauchte das Haus eine ordnungsgemäße Bestuhlung. Für abendfüllende Operetten brauchte es eine neue Lichtanlage. Und so ging es weiter.

Als Karczag und Wallner das Theater an der Wien übernommen hatten, war das Haus renoviert und umgebaut. Für seine »Robert-Stolz-Bühne« mußte Robert Stolz den Umbau aus eigener Tasche finanzieren. Die Unkosten wuchsen aber weiter. Da das Haus mehr als 500 Plätze hatte, meldete sich die Gewerkschaft, die »Union der Bühnenarbeiter«, und bestand auf der Einstellung von zwölf Bühnentechnikern. Ihr folgte der »Verband der Theatermusiker« und verlangte ebenso kategorisch das Engagement von weitaus mehr Orchestermusikern als Stolz beabsichtigt hatte. Die Kosten wuchsen und wuchsen, und nicht nur die Bau-, sondern vor allem die laufenden, insbesondere die Personalkosten.

Zur Eröffnung gab es selbstverständlich eine Robert-Stolz-Operette: »Ein Rivieratraum (Das Fräulein aus 1001 Nacht)« von Bruno

Hardt-Warden und Karl Farkas. Hardt-Warden war ein ebenso erfahrener wie erfolgreicher Librettist, der schon bei den Robert-Stolz-Erfolgen »Tanz ins Glück«, »Eine Sommernacht« und »Die Liebe geht um« Wesentliches zum Erfolg beigetragen hatte, und Karl Farkas war der erfolgreichste Kabarettist von Wien. Außerdem hatte Fritz Rotter die Lieder geschrieben, gleichfalls ein erstklassiger Mann. Eigentlich konnte somit nichts schiefgehen. Daß Frau Stolz alias Fini Zernitz eine Hauptrolle spielte, verstand sich von selbst. Auch Grete Holm, auch Franzi Ressel hatten immer neben Robert Stolz im Mittelpunkt gestanden. Später erinnerte sich Robert Stolz an den »Rivieratraum« nur noch mit Entsetzen: »Es gab das größte Fiasko meiner gesamten Laufbahn – und immerhin habe ich einige davon erlebt.« Und »Nein, er wurde kein Publikumserfolg, mein ‚Rivieratraum'«.

Aber in dieser Hinsicht irrte er nachträglich. Die Wiener Zeitschrift »Die Stunde« berichtete: »Das Publikum der Premiere war festlich gestimmt und bereitete dem neuen Haus, dem Werk, seinem Schöpfer und den Darstellern einen außerordentlich freundlichen Empfang, es gab Applaus, Wiederholungen, Hervorrufe, Blumen ...« Und zur Musik: »Robert Stolz hat ... eine vorwiegend heitere, unpathetische Musik geschrieben mit mehr als einem halben Dutzend markanter Schlager – man wird die Melodien bald überall hören.« Auch das Buch wurde gelobt, und das Stück ging mehr als hundertmal über die Robert-Stolz-Bühne, der großartige Bühnenerfolg stellte sich also durchaus ein.

Aber: »Theater ist die riskanteste aller Geschäftsunternehmungen«, hatte der Begründer des Carl-Theaters gesagt. Robert Stolz mußte es am eigenen Leibe erfahren. Es war buchstäblich sein Erfolg, der ihn schließlich so vollkommen ruinierte. Sein Theater trug sich nicht. Sein Vermögen war längst aufgebraucht, und seine Schulden wuchsen, je länger er spielte. Schließlich brannte ihm auch noch seine Frau mit dem Tenor durch. Er sagte später von ihr, sie sei eine miserable Schauspielerin gewesen. Das mag auf der Bühne gestimmt haben, der Name Fini Zernitz ist in die Theatergeschichte nicht eingegangen. Aber in der Rolle, die sie im Leben von Robert Stolz gespielt hat, bewies sie jedenfalls stärkste Überzeugungskraft und erntete einen außerordentlichen Erfolg. Denn selbst nach der Scheidung verstand sie es noch, ihn unter Einsatz all ihrer Möglichkeiten derart einzuwickeln, daß er ihr einen Revers unterschrieb, vor dem er zuvor ausdrücklich gewarnt worden war. Er gab ihr die zeitlich unbegrenzte Möglichkeit, an allen seinen künftigen Einnahmen reichlichst teilzuhaben. Mit diesem einen nachträglichen Gastspiel hat sie sich bis an ihr Lebensende versorgt.

Robert Stolz selbst war weniger glücklich. Vor dem »Rivieratraum« war er ein wohlhabender und angesehener Mann gewesen, dem Wien zu Füßen lag. Jetzt grüßten ihn kaum seine Freunde mehr, er war sein gesamtes Vermögen ebenso losgeworden wie seine dritte Frau. Die Schulden waren ihm hoffnungslos über den Kopf gestiegen, und die Gläubiger saßen ihm derart im Nacken, daß er schließlich nur noch einen Weg sah, den zum Franz-Josefs-Bahnhof im 3. Bezirk. Um nicht mehr erkannt zu werden, hatte er sich sogar von seinem berühmten Bart getrennt. Und um keinen Verdacht zu erregen, nahm er keinerlei Gepäck mit, nicht einmal eine Aktentasche, nur Bleistifte und etwas Notenpapier. Sein Vermögen zu komponieren, war das einzige Vermögen, das ihm geblieben war. Im Franz-Josefs-Bahnhof kaufte er sich für sein letztes Geld eine Fahrkarte nach Berlin und paßte genau auf, daß ihm niemand nachsah, als er in den Zug stieg, denn in Wien konnte er sich nicht mehr sehen lassen.

So schied der Mann, der in den letzten Jahren einen Riesenerfolg nach dem anderen errungen hatte. Die fünf Jahre von 1919 bis 1924 waren für ihn der Wandlungen übervoll gewesen.

VI

Die Robert-Stolz-Operette
1913–1924

Aber dieser Robert Stolz blieb auch unter den schlimmsten Umständen noch immer ein Glückskind: Am gleichen Tag, an dem er in Berlin ankam, hatte er den Auftrag für seine nächste Operette in der Tasche: »Märchen im Schnee« kam einen knappen Monat später am 1. Dezember 1925 im Berliner »Kabarett der Komiker« heraus. Nach der Übersiedlung nach Berlin wurden die Premieren von Stolz-Operetten ein wenig seltener, und bald darauf wandte sich Stolz überhaupt einer neuen Kunstgattung zu, die ihn dann fast mit Haut und Haaren schluckte. Aber auch da blieb er immer weiter der Operette treu, und Grun hat in seiner »Kulturgeschichte der Operette« festgestellt, daß Stolz während der langen großen Periode der Operette – zwischen 1858 und 1938 – derjenige Komponist war, der mit 35 Werken vor allen anderen Komponisten die meisten Uraufführungen in Wien hatte, ein Meister der Wiener Operette also. Und seine Erfolge blieben keineswegs auf Wien allein beschränkt, im Berlin seiner Zeit vermochte sich der Operettenkomponist Stolz ebenso erfolgreich durchzusetzen, wie er für die Londoner Theaterszene schrieb, und nicht wenige seiner Operetten kamen nicht minder erfolgreich in englischer, französischer, holländischer, italienischer Sprache heraus: »Der Tanz ins Glück« beispielsweise in England als »Whirled into Happiness«, in den USA als »Sky High«, in Frankreich als »La dans vers le bonheur« und in Italien als »La danza verso la fortuna«, ebenso »Die Tanzgräfin« als »La contessa delle danze«, »Mädi« englisch als »The Blue Train«, italienisch als »Medi« und dänisch als »Maidy«, »Der Hampelmann« als »The Jumping Jack«. Und auch bei den späteren Werken wiederholten sich diese Ländergrenzen überschreitenden Erfolge, die alles andere als Selbstverständlichkeiten sind, weil nicht nur die Sprache, die unterschiedliche Mentalität und die unterschiedliche Organisationsform der Theater Barrieren bilden.

Am besten wird das deutlich, wenn man den Strom in der umgekehrten Richtung betrachtet. Von der italienischen oder französischen Operette des 20. Jahrhunderts hat sich überhaupt keine im deutschen Repertoire festsetzen können, von den damaligen amerikanischen bestenfalls »No, No, Nanette« mit »Tea for Two«. Die großen englischen Zeit- und Streitgenossen von Jacques Offenbach, Gilbert und Sullivan sind auf dem Kontinent nie recht heimisch geworden, trotz ihrer enormen Bedeutung für das englischsingende und -sprechende heitere Musiktheater, das Musical eingeschlossen. Und auch aus dem Heer der erfolgreichen Musicals schafften nur wenige den erfolgreichen Sprung über den großen Teich und den englischen Kanal auf die deutschen Bühnen – nein, selbst im Zeitalter internationalen Austauschs ist es außerordentlich schwierig, ein international erfolgreicher Bühnenkomponist zu werden. Daß es Robert Stolz so oft und immer wieder schaffte, sollte eigentlich allen jenen zu denken geben, die ihn so gern »bloß als Liederkomponist« einstufen möchten.

Es ist nicht wegzudiskutieren: Der Operettenkomponist Robert Stolz errang insgesamt außergewöhnliche Erfolge. Andernfalls hätte er auch so viele Werke gar nicht aufführen können, denn die Theaterdirektoren reißen sich im allgemeinen nicht um Komponisten, die keine Kasse machen. Mit Übersetzungen können überhaupt nur die Allererfolgreichsten rechnen. In den ersten fünf Nachkriegsjahren hatte Robert Stolz gleich fünf solcher Erfolge, denn außer den vieren, die ins Ausland gelangten, wurde »Das Sperrsechserl« für die nächsten Jahrzehnte zu einer Art Wiener Institution.

Es gehört zum guten Ton der Biographen, der musikwissenschaftlichen im besonderen, im Zusammenhang mit Komponisten, die für Theater geschrieben haben, ständig darauf hinzuweisen, daß die Ärmsten allesamt noch viel, viel erfolgreicher gewesen wären, wenn sie nur ordentliche Textbücher gehabt hätten. Das beginnt nicht erst bei Mozart, der angeblich sowohl mit Gottfried Stephanie (»Die Entführung aus dem Serail«) wie mit Emanuel Schikaneder (»Die Zauberflöte«) das Opfer unkünstlerischer Dilettanten wurde, schon Johann Sebastian Bach hätte ja ein viel besseres Weihnachtsoratorium verfaßt, wenn er einen besseren Textdichter als Henrici-Picander gehabt hätte. Der einzige Komponist, dem etwas mehr Glück zugebilligt wird, ist Richard Strauss, weil Hugo von Hoffmannsthal sogar literaturwissenschaftlich als Dichter anerkannt ist. Robert Stolz dagegen teilt mit anderen Großen das Schicksal, immer wieder von gehässigen Leuten mit schwachen Textbüchern hereingelegt worden zu sein, wie schon weiland der arme Mozart. Um es kurz zu machen: Hier handelt es sich um das Geschwätz von Unsachverständigen. Picanders Textdichtungen für Bach sind zweckentsprechend und hatten sich dem lutherisch-orthodoxen Sprachgebrauch der Zeit zu fügen. Das Libretto der »Entführung« hat einen hervorragenden Aufbau und erweist den Verfasser als einen kundigen und gescheiten Mann, und mit dem Buch der »Zauberflöte« bewies sich Schikaneder als genialer Theaterpraktiker, Mozart konnte keinen Besseren finden. Johann Strauß hatte mit seinen Libretti sehr wechselndes Glück, stand ihnen wohl auch manchmal etwas arg- und sorglos gegenüber, aber die Bücher von »Fledermaus«, »Zigeunerbaron« und »Wiener Blut« sind ausgezeichnet und mindestens die von »Nacht in Venedig« und »Jabuka« sehr viel besser als ihr Ruf.

Robert Stolz kann man Leichtfertigkeit bei der Wahl seiner Librettisten kaum vorwerfen. Die Einakter, die er für das »Budapester Orpheum« , das »Ronacher« oder die »Roland-Bühne« schrieb, waren natürlich Gelegenheitsarbeiten. Aber unter den Leuten, die die Bücher für seine abendfüllenden Werke schrieben, befinden sich die besten Librettisten der Wiener Operette jenes »Silbernen Zeitalters«, Leo Stein beispielsweise, der bei »Wiener Blut«, der »Lustigen Witwe«, »1001 Nacht«, der »Geschiedenen Frau« und der »Csárdásfürstin« dabei war und für Robert Stolz dann zusammen mit Alfred Grünwald den internationalen Erfolg »Mädi« schrieb. Oder Robert Bodanzky, der an rund dreißig Operetten mitarbeitete, darunter am »Grafen von Luxemburg« – mit seinen Libretti machten »Die Tanzgräfin« und »Tanz ins Glück« ihren Weg. Victor Léon, Grünwald, Grünbaum, Hardt-Warden waren gleichfalls äußerst erfolgreiche Leute. Und die Besichtigung der Bücher ergibt: zu Recht, es waren verdiente Erfolge. Denn auch die Musik beweist Bühnenwirksamkeit, sie »bedient die Szene«, und daß sie Einfälle hat, Melodien, die haften bleiben, ist bei Robert Stolz selbstverständlich. Bleibt die Frage, warum sie fast alle aus dem Repertoire verschwunden sind und erst heute hier und da wiederentdeckt werden.

Nun ist Langlebigkeit nicht nur von Qualität und Genialität, sondern auch schlicht von weitaus weniger erhabenen Faktoren wie Mode und Zufälligkeiten abhängig. Johann Christian Bach beispielsweise, hochberühmt in London und bahnbrechend für die klassische Sinfonie, wurde von der deutschen Musikpflege regelrecht vergessen, weil das englische Musikleben außerhalb ihres Horizonts lag. Webers »Euryanthe« beispielsweise war noch lange nach seinem Tode erfolgreich und kam dann vollkommen aus der Mode. Mozarts »Titus« mußte ebenso wiederentdeckt werden wie einige Jahrzehnte vorher Monteverdis »Krönung der Poppäa«. Theater allgemein ist eine Kunst, die für heute abend gemacht wird, es ist rund zweieinhalb Jahrtausende alt und lebt, wie viele alte Leute, mit Gedächtnisschwund. Und es kommt hinzu, daß die großen Robert-Stolz-Bühnenerfolge der frühen zwanziger Jahre einem Genre angehörten, das bald darauf von zwei anderen abgelöst werden sollte: der großen Ausstattungsoperette und dem Musikalischen Lustspiel. Das Genre aber, das Robert Stolz souverän bedient hatte, war die Kammeroperette, die auf die großen Chorfinali und Balletteinlagen verzichtete und ihre Bühnenwirksamkeit aus Komödiensituationen, spritzigen Dialogen und musikalisch aus Liedern, Duetten, Musikszenen gewann – das Ensemble war fast schon Ausnahme, der Chor weitgehend Randerscheinung.

Der Tanz ins Glück

Die Geschichten von »Tanz ins Glück«, der »Tanzgräfin«, von »Mädi« oder »Hampelmann« legen sich darum auch überhaupt nicht auf jene Klischeepersonage fest, die dann besonders die Kálmán-Operette (aber auch die Lehársche) geradezu unumstößlich machte: Immer sind da das Sängerpaar, das Buffopaar, der Komiker, die Komische Alte und der Père noble vorhanden, und nachfolgend teilten diese sieben Personen immer und überall die Rollen unter sich aus. Im »Tanz ins Glück« beispielsweise gibt es aber jenen Operettenbuffo nicht, der den »Boni« aus der »Csárdásfürstin« ebenso wie den Gustl im »Land des Lächelns« oder wie später den Poldi in der »Maske in Blau« spielen konnte, ohne mehr als seinen Anzug zu wechseln: Der Friseurgehilfe Fritz Wendelin, der für einen Grafen gehalten wird, ist weder ein Buffo noch ein Operettentenor, sondern ein jugendlicher singender Liebhaber, und ebensowenig ist seine Partnerin Lizzi eine große Operettensängerin oder eine neckische Soubrette. Analog ist auch der Logenschließer Platzer kein Pointenkomiker, sondern eine Charakterrolle, deren Heiterkeit aus der Philosophie kommt, und so wenig wie die Besetzung bedient die Geschichte ein Klischee, war bei der Uraufführung alles andere als eine »Traumfabrik«, vielmehr amüsanter Griff in die Realität. Der Hutfabrikant Mutzenbecher, der seine Tochter unbedingt an einen Grafen verheiraten will, um in die bessere Gesellschaft aufzusteigen, ist akkurat jener Nachkriegs-Neureiche, wie er in Berlin als »Raffke« bekannt ist. Die Traumheirat endet nicht in Adelskreisen, sondern führt zur Eröffnung eines Friseurgeschäfts, und der echte Graf muß geohrfeigt abziehen, die kleinen Leute triumphieren.

All das verläuft natürlich nicht so hausbacken steif wie unsere Offenbach-Ausgrabungen in den 50er und 60er Jahren, das Libretto hat seinen Spaß am Vergnügen, auch am derberen, es ist eine Volksstück-Operette, und ihr Schauplatz ist Wien – jenes Wien, das dann durch immer neue Lustspielchen und Filme zu einer Art Bonbon-Klischee plattgewalzt wurde. Aber das ist eben eine Frage der Machart, genau wie die Musik. Robert Stolz sah

Raimund-Theater

Direktion: Wilhelm Karczag

Telephon der Tageskasse I., Rotenturmstraße 16 (Basar) 16604
Telephon der Tageskasse im Theatergebäude 3520

Donnerstag den 23. Dezember 1920

Anfang sechs Uhr

Auftreten Franz Glawatsch

Unter persönlicher Leitung des Komponisten Robert Stolz

Zum 1. Male

Der Tanz ins Glück

Operette in drei Akten von **Robert Bodanzky** und **Bruno Hardt-Warden**

Musik von **Robert Stolz**

In Szene gesetzt von Oberregisseur Emil Gutmann — Tänze einstudiert von Robert Nästlberger

Graf Ludo von Bibersbach	Otto Langer	Désirée Viverande, Varieté-Diva	Klara Karry
Elfriede, seine Gemahlin	H. Zimmermann	Frou-Frou, Chanteuse	Trude Simon
Hans Joachim, beider Sohn	Eduard Fritsch	Fritz Wendelin, Friseurgehilfe	Robert Nästlberger
Lutz von Burgen	Hans Steiner	Sebastian Platzer, Logenschließer	Franz Glawatsch
Adam Mutzenbecher, Hutfabrikant	Josef Egger	Tobias Falkmeier, Friseur	Louis Groß
Eva, seine Frau	Paula Seitz-Fiedler	Toni, Leyringer	Rudi Merstallinger
Lizzi, seine Tochter	Christl Marody	Lilly, Manikure	Vally Ernst
Helli (ihre Freundinnen)	Klara Bauer	von Schmerttwitz	Franz Hoffmann
Trudi (ihre Freundinnen)	Paula Amann	von Genesina	Justin Winternitz
Marianne (ihre Freundinnen)	Gusti Krippner	von Stierling	Kurt Dechauer
Susi (ihre Freundinnen)	Anny Lantarsch		

Varietébesucher, Gäste bei Mutzenbecher

1. Akt: Logen-Büfettraum im Varieté „Alhambra" — 2. Akt: Im Villenpark bei Mutzenbecher. — 3. Akt: Im Friseursalon Falkmeier

Die neuen Kostüme stammen aus dem Theaterkostüm Atelier Maria Skrejischowsky. Die neuen Dekorationen sind vom Theatermaler Ferdinand Moser

Nach dem zweiten Akt eine größere Pause

Sämtliche Räume des Theaters werden täglich mit „Aeroform" desinfiziert.

Theatergläser bei den Sitzanweisern und Garderobieren. Leihgebühr 2 Kronen

Kassen-Eröffnung ½6 Uhr — Anfang 6 Uhr — Ende ½10 Uhr

Freitag	den 24. Dezember.	**Geschlossen**
Samstag	den 25. Dezember.	Nachmittags 3 Uhr. **Das Dreimäderlhaus** Abends 7 Uhr: **Der Tanz ins Glück**
Sonntag	den 26. Dezember.	Nachmittags 3 Uhr. **Hannerl** Abends 7 Uhr: **Der Tanz ins Glück**
Montag	den 27. Dezember.	Anfang 7 Uhr. **Der Tanz ins Glück**
Dienstag	den 28. Dezember.	Anfang 7 Uhr. **Der Tanz ins Glück**
Mittwoch	den 29. Dezember.	Nachmittags 3 Uhr: **Wie Klein-Else das Christkind suchen ging** Abends 7 Uhr: **Der Tanz ins Glück**
Freitag	den 31. Dezember.	Nachmittags 3 Uhr: **Rotkäppchen**

keinen Anlaß für ein Wienerlied, um aus der Sache einen Erfolg zu machen. Was auf der Stelle einschlug, waren seine beiden Marschlieder »Heut geht's los« und »Wenn es zehn wird, geht man nicht zu Bett«, der Walzer »Einmal im Mai«, der Foxtrott »Guter Mond, schau uns nicht zu« und – wir sind im Jahre 1920 – der Onestep »Kakadu«. Und die Musik bewies ihre Wirkung nicht nur mit Einzeltiteln – dreißig Jahre später wurde der »Tanz ins Glück« erfolgreich verfilmt, und mehr als sechzig Jahre später bewies er am Raimundtheater in Wien in monatelanger Serie seine ungebrochene Anziehungskraft und stand bald darauf für meh-

rere Jahre im Repertoire der Musikalischen Komödie in Leipzig – nach fast einem Menschenalter noch immer unverändert erfolgreich.

Der Hampelmann

Wahrscheinlich könnte man mit den anderen Stolz-Erfolgsoperetten aus jener Zeit ähnliche Erfahrungen machen, mindestens mit »Mädi« und der »Tanzgräfin«, die Handlung vom »Hampelmann« kommt uns heute wohl doch ein wenig zu naiv vor, obwohl die Titelfigur für den Hauptdarsteller seinerzeit eine Bombenrolle gewesen sein muß. Es ist die uralte Geschichte vom reichen alten Mann, der ein junges Mädchen geheiratet hat – Thema zahlloser Buffo-Opern, Standard-Thema der Commedia dell'arte und schon von den Mimen im alten Rom behandelt. Vergeblich wartet die junge Frau auf den Liebesbeweis, der sie zur Frau macht, und sammelt inzwischen Puppen. Ein lebensgroßer mechanischer Hampelmann im Kaufhaus hat es ihr angetan, und ein junger Mann, der sie im Kaufhaus erblickt, ist von ihr begeistert. Also läßt er sich als Hampelmann ins Schlafzimmer der Angebeteten befördern, der Ehemann ist glücklich, daß seiner Frau das neue Spielzeug so gefällt. Aber die hat ihren Boccaccio nicht gelesen und läßt den Liebhaber als Hampelmann hinausbringen, als er ihr gefährlich zu werden droht, und so kommt die ersehnte Lösung erst im dritten Akt in einem Kurort in Spanien. Das ist natürlich schönstes Operettenklima, die Geschichte ist als Farce, als Posse aufgezogen, Kammeroperette bleibt es trotzdem, der Chor im ersten Akt erscheint nur als Staffage. Aus dem Possenspiel wird kein Hehl gemacht, die Autoren (Gustav Beer und Fritz Lunzer) beherrschen ihr Handwerk, sie haben einen blendenden (derbkomischen) dritten Akt und obendrein ein halbes Dutzend erstklassige Rollen geliefert, die Musik von Robert Stolz hat die Posse possierlich bedient und mehrfach mit schönsten Kantilenen gekontert. »Der Hampelmann« war 1930 sogar eine der ersten deutschen Tonfilmoperetten, aber das Originalwerk blieb naives Amüsiertheater. Keine Stolz-Musik und keine Situationskomik konnte die überspannte Unglaubwürdigkeit des zweiten Aktes kompensieren; daß der Liebhaber der Moral wegen auch im Schlafzimmer nichts anderes als ein Hampelmann sein durfte, beendete schließlich sein Leben. Schade: Da traute sich Feydeau schon um die Jahrhundertwende in Paris ganz anderes!

Mädi

»Mädi« mit dem Buch von Alfred Grünwald und Leo Stein hatte da mehr Glück – und übrigens auch mehr Pfiff. Schon der Grundeinfall sitzt: Eine junge Dame hat sich in den Kopf gesetzt, einen Herrn zu heiraten, der ausgerechnet der Vorstand einer Herrenvereinigung gegen die Ehe ist. Diese Ausgangssituation ist so extrem wie möglich.

Fast dreißig Jahre später wird Frank Loesser mit Jo Swerling und Abe Burrows aus einer ähnlichen Extremsituation einen großen Broadway-Erfolg machen: In dem Musical »Guys And Dolls« wird ein Ganove vor die Aufgabe gestellt, ein frommes Mädchen aus der Heilsarmee zu seiner Geliebten zu machen. Es gelingt ihm, aber er verliebt sich derart in sie, daß er sie heiratet und seinerseits in die Heilsarmee eintritt. In »Mädi« liegt die zusätzliche Raffinesse der Story darin, daß die junge Dame bei ihrem Erkorenen zusammen mit ihrem Bräutigam erscheint und dessen Liebe mit Hilfe der Eifersucht aufweckt.

Auch hier ist der dritte Akt gelungener Schwank – Abteilverwechslungen in einem Schlafwagen, die ganze Geschichte vom alten Pathos ebenso weit entfernt wie von Sentimentalitäten. Während andere Operettenhandlungen sich noch immer auf Rittergütern in der High Society herumtrieben, bewegte sich »Mädi« im Sportmilieu der besseren Gesellschaft: Ein Tennisclub, ein Wintersporthotel sind die Schauplätze, der Bräutigam, den Mädi mitbringt, ist Crawl-Schwimmer, Mädi rodelt und erscheint auch im Eislauf-Kostüm – die Geschichte läuft nicht (wie beispielsweise die »Zirkusprinzessin«) einer Vergangenheit hinterher, sondern weist eher in eine heile künftige Zeit. (Nachkriegselend und Inflation spart sie natürlich aus: Es ist eine *Lust*spieloperette.)

BERLINER THEATER

Direktion: Carl Meinhard — Rudolf Bernauer

Uraufführung 1. April 1923

Unter persönlicher Leitung des Komponisten

Mädi

Operette in drei Akten von **Alfred Grünwald** und **Leo Stein**

Musik von **Robert Stolz**
In Szene gesetzt von **Julius Brandt**
Tänze: **Heinz Lingen**
Bühnenbilder: **Hermann Krehan**

Personen:

Graf Anatol Welsberg	**Fritz Werner a. G.**
Baron Peter von Ternitz	Hanns Waschatko
Fedor von Bernstorf	Hans Tillo
Mädi	**Hilde Wörner**
Baron Aristid Stelzer	**Hans Albers**
Clo Bernas	**Claire Waldoff**
Eine indiskrete Dame	Liesel Claassen
Ein neugieriger Backfisch	Anna Elen
Perlsee, Portier des Hotels	Curt Erfurt
Pompinier, Schlafwagenschaffner des Riviera-Expreß	Ernst Behmer
Archibald, Klubdiener	Conrad Callehn
Liftboy	Richard Voß
Zeitungsverkäufer	Ortrud Callehn

Herren des Klubs, Herren und Damen der Gesellschaft, Träger usw.

Der erste Akt spielt in einem eleganten Klub, der zweite Akt in der Halle eines Wintersporthotels, der dritte Akt im Schlafwagen des Riviera-Expreß.
Eingerichtet nach der Inszenierung von Oberregisseur Julius Brandt.

Und wieder sind die Klischees der alten Rollenfächer glücklich vermieden: Der erfolgreiche Scheidungsanwalt, der sich in Mädi verliebt, ist kein Fracktenor, sondern ein singender Naturbursche – Paraderolle für den jungen Hans Albers –, und neben der ebenso süßen wie durchtriebenen Mädi ist da noch eine komisch exaltierte Salondame namens Lo Bernas, die sämtliche Qualitäten der Dodo aus Schröders »Hochzeitsnacht im Paradies« entfaltet, ihrem Operettenleben also um ein Vierteljahrhundert voraus ist.

Es ist kein Wunder, daß »Mädi« in Wien ebenso wie in Berlin sogleich zum Dauerbrenner wurde und anschließend auch auf englisch, dänisch und italienisch zu sehen war, denn Stolz hatte dazu eine Musik geschrieben, die anstelle von Sentimentalität und Liebesschmerz Walzerschwung und Amüsement setzte. Dreißig Jahre später hat er mit Robert Gilbert zusammen die Geschichte noch einmal überarbeitet und zu dem unverwüstlichen Titelschlager »Mädi« zwei weitere Evergreens in dem Werk plaziert – nicht als Einlagen, sondern als musikdramatisch begründete Höhepunkte: »Ich möcht' einmal wieder verliebt sein« als Soloszene des Helden und »Du bis mein schönstes Rendezvous« (nach »Komm in den Park von Sanssouci«) als Duett des Liebespaares. Wenn man diese Operette heute mit dem nochmaligen Abstand von dreißig Jahren studiert, kann man immer noch an diesem rundum gelungenen Spaß seine Freude haben und hoffen, daß »Mädi« von ein paar gescheiten Theaterleuten endlich wiederentdeckt werden möge – als herzerfrischende Lustspieloperette mit dem nostalgischen, aber quicklebendigen Verve der zwanziger Jahre.

Die Tanzgräfin

Die Handlung der »Tanzgräfin« erweist sich aus dem Abstand von mehr als sechzig Jahren heute als weitaus klischeehafter, Leopold Jacobsen und Robert Bodanzky sind da offensichtlich vom »Das kommt an«-Rezept ausgegangen, das erzählen schon die Schauplätze: Fasching in einem Lokal auf dem Montmartre, Verlobungsfeier in einem Adelshaus, Luxusdampfer im Mittelmeer – das waren für das Publikum im verarmten Berlin und Wien ferne Träume. Und eine Gräfin, die sich in einen kleinen Marineleutnant verliebt, ein Zigeunerprimas, eine Varietétänzerin kommen als Träger der Handlung aus der Palette der Operettenfiguren. All diese Zutaten wären nachfolgend nicht zum Rezept geworden, wenn es sich nicht um ein wirksames Rezept gehandelt hätte: »Die Tanzgräfin« wurde sowohl in Berlin wie in Wien zu einem Serienerfolg, konnte sich auch auf italienisch behaupten, und so trivial wie die Zutaten war die Geschichte gar nicht geraten – die Wiener »Neue Freie Presse« sprach sogar von einer »geistreich erfundenen Fabel, dramatisch bewegter Szenenführung, von einem im Lyrischen zart empfindsamen und im übrigen spannenden und witzigen Buch«. Aber sie überschlug sich geradezu bei der Besprechung der Musik: »Das Wiener Publikum hat ... jede Nummer des Werkes mit jubelndem Beifall aufgenommen Der Komponist ... errang sich die Aufnahme in den Kreis der Unsterblichen, dem man angehören muß, um überhaupt die Aufführung einer Operette an einem der drei großen Wiener Theater erhoffen zu können.« Es war die Musik, die den großen Erfolg des Werkes ausmachte, und es ist besonders bemerkenswert, daß Robert Stolz keinen Takt lang versucht hatte, seiner französischen Gräfin oder Tänzerin wegen seine Musik französisch zu markieren. »Robert Stolz hat damit angefangen, das süße Wiener Mädel in den verschiedensten Tonarten zu besingen«, stellt dieselbe Zeitung zur »Tanzgräfin« fest. Stolz blieb sein Leben lang Stolz, er versuchte nie, beim Komponieren sich zu verstellen und Theater zu spielen, ganz im Gegensatz zu jenen vielen Dutzendschreibern, denen nichts so willkommen ist wie irgendeine »nationale Intonation«, an die sie ihre Inspiration ankleben können.

Das Sperrsechserl

Am besten geriet ihm von allem die in Wien spielende, die Ur-Wiener Operette. Da fühlte er sich am wohlsten! Es ist kein Zufall, daß aus dem »Tanz ins Glück« mehr Musiknummern populär blieben als aus den anderen drei Werken. Und als ein absolutes Meisterwerk dieser Gattung muß man »Das Sperrsechserl« bezeichnen, jene »Operetten-Posse aus der guten alten Zeit«, die auch unter dem Titel »Wiener Gemütlichkeit« bekannt wurde. »A klane Drahrerei«, »Dann geh ich hinaus in den Wienerwald«,

»Heut fahrn wir im Wagerl in die Hauptallee«, »Vater Strauß, schau runter« und »Wien bleibt Wien« – all diese Stolz'schen Wienerlieder fanden sich von Anfang an darin und gingen dann um die Welt. Und während »Tanzgräfin« und »Hampelmann« schließlich durch die Musik getragen wurden, sind in diesem Stück die Musik von Stolz und das Buch von Grünwald und Blum gleichrangig zu einem echten musikalischen Wiener Volksstück vereinigt. Denn die »Wiener kleinen Leute« sind die eigentlichen Helden des Stücks und der Fleischhauer Pfandl mit seiner Sisi, der Heini, der Novak, die Mizzi und alle andern nur ihre Personifizierungen. Erst in der »Gräfin vom Naschmarkt« von Kurt Nachmann und Erwin Halletz, jenem Musical, das Franz Kutschera 1979 im »Theater an der Wien« herausbrachte, kam erstmals ein Musical mit den »Wiener kleinen Leuten« als Heldenkollektiv zur Aufführung. Im »Frühling im Prater« hatten Robert Stolz und Ernst Marischka davor die Wiener Prater-Schausteller gefeiert.

Aber das war später, und das sind andere Stücke mit anderem Zuschnitt. »Das Sperrsechserl« läßt sich von der dramatischen Situation her am ehesten – mit Heubergers »Opernball« von 1898 vergleichen. Hier wie da begegnen sich Ehe- und Liebespartner auf einem Kostümball. Aber wo bei Heuberger und Léon der erste und der letzte Akt im Milieu der gutbürgerlichen Stube spielen, beginnt und endet im »Sperrsechserl« die Handlung auf einer Wiener Vorstadtstraße. Sie entwickelt sich in einem Fleischerladen, setzt sich im Tivoli-Gartenrestaurant fort und berührt Fleischermeisters Gute Stube nur en passant – es gibt nirgends »feine Leute«, und wenn, haben sie sich, wie die Adelsgesellschaft im »Tivoli«, als Wäschermädeln, Fiakerkutscher und Strizzis verkleidet, werden bestohlen oder lächerlich gemacht.

Die Handlung selbst ist so schön verwickelt, wie das bei einer guten Posse sein soll: Der Fleischhauer Pfandl ist glücklich mit seiner Lisi verheiratet, die früher mal beim Theater war, und das ist die stille Wut von deren einstiger Kollegin Mizzi, die Pfandl hat abblitzen lassen. Unter dem Deckmantel der »guten Freundin« entwickelt Mizzi einen teuflischen Racheakt. Sie lädt Lisi ein, mit ihr auf den Kostümball des Adels im »Tivoli« zu gehen und sich mit ihr zusammen wieder einmal wie in alten Zeiten zu amüsieren. Pfandl läßt sie ein rosa Brieflein zustellen, des Inhalts, daß er dort mit einem »verschleierten Geheimnis« zusammentreffen solle – um Mitternacht.

Nun wäre Pfandl niemals bereit, auf das Angebot einzugehen, und zwar schon deswegen nicht, weil im alten Wien die Hausmeister um zehn die Haustüren zusperrten und jeder, der später kam, fürs Aufschließen ein Sperrsechserl zahlen mußte. Pfandl ist mit ganzer Seele gegen diesen Zwangstribut, er ist stets vor zehn zu Haus, und das »verschleierte Geheimnis« um Mitternacht kann ihn darum gar nicht locken, so sehr es auch seinen Freund Novak reizt, dem er die Geschichte anvertraut hat. Auch seine Frau Lisi wäre nie bereit gewesen, sich von ihrer Freundin Mizzi auf den Tivoliball locken zu lassen, hätte sie nicht in der Tasche ihres Mannes jenes rosa Briefchen gefunden. Aber daraufhin geht sie mit und erzählt ihrem Mann, sie ginge zum Beethoven-Konzert. Und Pfandl geht mit dem Novak zum Wein, kommt erst nach zehn zurück, will kein Sperrsechserl zahlen und erliegt so prompt dem Vorschlag Novaks, dann doch die Nacht auf dem Tivoli-Ball mit der Besichtigung des »Verschleierten Geheimnisses« zu verbringen. Auf dem Ball ist auch Novaks Töchterchen Sophie, die ihrem Vater gesagt hat, sie wäre im Mädchenchor, und Pfandls Sohn Heini, der der Sophie nachstellt.

Außerdem ist aber auf dem Ball auch eine Bande von Wiener Taschendieben, den sogenannten Strizzis, die kräftig »abräumen«. Als ihnen der Boden zu heiß wird, kann der Anführer den arglosen Pfandl sogar noch dazu überreden, ihm zur Flucht zu verhelfen. Die umwerfendste Überraschung des Abends aber ist die Entschleierung des »Verschleierten Geheimnisses«, denn zum Vorschein kommt vor den Augen von Gatte und Sohn Frau Lisi Pfandl selbst.

Indessen werden die Taschendiebe ihre gesamte Beute wieder los, weil ihr Anführer auch noch bei Pfandl eingebrochen hat und dabei erwischt wird. Der Novak entlarvt Mizzi als böse Intrigantin, erfährt, daß seine Sophie und der Heini, die er beide gern als Paar sehen möchte, sich schon hinter seinem Rücken geeinigt haben, Heini erklärt, seine (Stief-)Mama habe auf der Bühne in ihrem Korsett aber schon sehr fesch ausgesehen, und Pfandl ist entschlossen, sich künftig nicht mehr um ein Sechserl vom Genuß des Lebens abhalten zu lassen: »Gönnst deinem Weiberl was, nachher bleibt sie jung und frisch – zahln mer halt das Sperrsechserl –

»A klane Drahrerei –
da ist doch nichts dabei ...« –

Stolz hatte mit seinen Librettisten Grünwald und Blum mit dem »Sperrsechserl« mitten ins goldene Wiener Herz getroffen, nicht in die Grinzinger Weinseligkeit, sondern in die handfeste Wiener Lebenslust und Lebensluft. Und es ist schade, daß das Wiener Volkstheater, das ehedem im deutschsprachigen Theater einen so wichtigen Platz einnahm, so gänzlich daraus verschwunden ist: Raimund, Nestroy, Anzengruber und andere. Dabei hat der Erfolg der »Gräfin vom Naschmarkt« eigentlich bewiesen, daß das Ganze keine Dialektfrage, sondern nur eine Sache des Engagements ist. Das Buch jedenfalls zeigt besten Theaterverstand, und was Robert Stolz an Musik dazu geschrieben hat, hat kaum Chancen, jemals altmodisch zu werden.

Es gehört zu den unbegreiflichen und unverständlichen Wundern des Theaterlebens, daß das »Sperrsechserl« noch keiner wiederentdeckt hat. In Wien wanderte es zwischen 1919 und 1938, also rund drei Jahrzehnte lang, von einem Theater ins andere. Dann kam der »Anschluß« Österreichs an Hitlerdeutschland, und da war es natürlich mit dem Stück vorbei: Die Librettisten waren nicht arisch, und der Komponist war Emigrant. Und was das goldene Wiener Herz zu sein hatte, bestimmte man jetzt in Berlin.

VII

Schulden, Chancen, Wunder
1925–1929

Robert Stolz traf im November des Jahres 1925 in Berlin ein. Die Geschichte seiner heimlichen Abreise verlief nicht so überstürzt, wie es auf den ersten Eindruck hin scheint. Es war nicht etwa so, daß er nach dem Studium der Kassenberichte seiner »Robert-Stolz-Bühne« sich den Bart abrasiert, sein Theater geschlossen hätte und zum Bahnhof geeilt wäre. Zwischen der Eröffnung seines Theaters und der Abreise nach Berlin lagen insgesamt dreizehn Monate, und in dieser Zeit passierten die verschiedensten Dinge.

Daß das Theater kaum zu halten war und ihn zum armen Mann machen würde, hatte Stolz schon kurz nach der Eröffnung endgültig begriffen. Er sah sich nach einer rettenden Insel um und meinte offenbar auch bald, sie gefunden zu haben, nämlich Italien. Dort hatten sie seine »Danza nella fortuna« gespielt, seine »Medi« und seine »Contessa delle danze«, verschiedene seiner Lieder waren ins Italienische übersetzt worden, und natürlich sang man dort genau wie anderswo in Europa seine »Salome« und die »süße Klingelfee« mit dem Textanfang »Allò, o fata mia gentil«. Er komponierte mehrere italienische Lieder. Leider sollte es noch Jahre dauern, bis italienische Verleger Interesse bekundeten. Ein einziges Lied nahm im Mai 1925 der Mailänder Verleger Sonzogno. Aber da war die Robert-Stolz-Bühne bereits nur noch ein gigantischer Schuldenberg, Robert Stolz längst geschieden und von seiner einstigen Gattin erfolgreich hereingelegt worden.

Wenn es einem ganz schlecht ging, ist es fast schon egal, was man macht. Robert Stolz machte Urlaub. In Abazia, dem heutigen Opatija an der jugoslawischen Adriaküste treffen wir ihn wieder. Er hat den Ort sehr geliebt und wiederholt dort seinen Urlaub verbracht. In einem Urlaub in Opatija lernte er dann seine dritte Frau kennen. Im Sommer 1925 traf er dort den großen Tenor Richard Tauber. Beide freundeten sich an, und Stolz komponierte für ihn einen langsamen Walzer: »Dem unübertrefflichen Künstler Herrn Kammersänger Richard Tauber in Verehrung freundschaftlichst gewidmet.«

Erst mit der Rückkehr nach Wien im Oktober sah er, daß seine Lage in Wien aussichtslos und unhaltbar geworden war. Er mußte Österreich verlassen, so lange es noch ging. Also fuhr er nach Berlin.

Auch in Berlin war er kein Unbekannter mehr, er hatte längst seine festen Verbindungen. Mit dem Drei Masken Verlag, der von München schon lange nach Berlin übergesiedelt war, verbanden ihn viele Verträge, die sich für beide Seiten als vorteilhaft erwiesen hatten. Für einen Komponisten, der ja damals zu einem Gutteil vom Verkauf seiner Noten leben mußte, war das wichtig. Von Bedeutung war auch noch ein zweiter Verlag, der von Karl Brüll. Wir entsinnen uns: Das war der junge Mann aus Brünn, dem Otto Hein die Berliner Filiale seines »Wiener Bohéme-Verlages« anvertraut hatte. Und Brüll hatte ein halbes Jahr später Hein sitzen lassen und seinen eigenen Verlag gegründet. Nachdem Hein mit Franzi Ressel-Stolz durchgebrannt war, gab es keinen Grund, Geschäfte mit Brüll zu meiden, denn Brüll war ein zu hervorragender

Schlagerverleger, daß die Fachwelt auf ihn den Vers machte »Schlager bringen will er/Dabei sind's lauter Brüller!«

Es war nicht schlecht, bei Brüll in Berlin verlegt zu sein. Vor allem aber hatte Robert Stolz in Berlin Freunde. Richard Rillo beispielsweise, der ihm den Text für das Tauberlied in Opatija geschrieben hatte. Er hatte ihm an der Adria auch gleich noch einen anderen Text gegeben, der unter den Händen von Robert Stolz zu einem ganz großen Schlager, zu einem Evergreen werden sollte: »Komm in den Park von Sanssouci«. So gehört es zu den musikalischen Kuriositäten, daß eines der bekanntesten Berliner Lieder von Robert Stolz an der Adria entstand, während seine erste Komposition in Berlin dann ein italienisches Lied war: »La canzone del cuore«.

Viel wichtiger als Richard Rillo aber war ein Freund aus der Wiener Zeit – Kurt Robitschek, mit dem er schon 1912 zusammengearbeitet hatte. Robitschek war nicht nur der Verfasser zahlreicher Kabarett-Chansons und der Textdichter von »In Wien gibt's manch winziges Gasserl« und »Im Prater blühn wieder die Bäume«, er hatte auch am Libretto der »Varieté-Diva« mitgearbeitet. Kabarett und Kleinkunstbühne waren sein Metier. Im Berliner Kabarettleben finden wir seinen Namen das erste Mal im Sommer 1924, wo er zusammen mit Paul Morgan und Max Adalbert im Charlott-Casino auftrat. Im Dezember eröffnete er dann schon sein eigenes Kabarett in der Kantstraße, dessen Name in die deutsche Kabarettgeschichte eingehen sollte: das »Kabarett der Komiker«.

Kurt Robitscheks »Kabarett der Komiker« war der erste Ort, den Robert Stolz nach seiner Ankunft in Berlin aufsuchte. Robitschek gab ihm auch tatsächlich seinen ersten Auftrag und – was noch wichtiger war – seinen ersten Vorschuß. Denn wie in Wien das »Budapester Orpheum« brachte auch Robitscheks Kabarett gern einen Einakter im Programm. Morgan und Robitschek hatten das Buch fertig und brauchten dringend einen Komponisten. So komponierte Stolz schon kurz nach seiner Ankunft im November 1925 das »Märchen im Schnee«, und am 1. Dezember war bereits die Premiere. Die Verfasser verstanden ihr Handwerk und hatten eine Schwankoperette mit handfesten Rollen geschrieben, für die sie eine erstklassige Besetzung gewonnen hatten. Da spielten neben Edith Schollwer, die gerade als junge Begabung aufgefallen war, die drei Stars Max Pallenberg, Paul Morgan und Max Hansen. Es wäre selbst dann ein Erfolg geworden, wenn die Musik schlecht gewesen wäre. Aber das war sie natürlich keineswegs.

Genug: Mit »Märchen im Schnee« war Robert Stolz, bereits bekannt durch »Tanzgräfin« und »Mädi«, in Berlin etabliert. Die Möglichkeit, in Berlin bald eine Premiere zu bekommen, war minimal gewesen. Die Chance, im Rahmen eines Kabarettprogramms mit der Musik zu einem Einakter Beachtung zu finden, war auch ziemlich bescheiden. Es war kaum mehr als das Zipfelchen eines Neuanfangs. Aber Stolz fragte nicht lange, ob die Chance groß genug war, er nutzte sie einfach und machte daraus, was in seinen Kräften stand. Und die Wunder passierten dann eigentlich vor allem deswegen, weil er sie nicht erwartete: Aus der kleinen Operette wurde ein bemerkenswerter Erfolg, und dann griff der Drei Masken Verlag ein, dem nun endgültig klar war, daß er mit einem Komponisten wie Robert Stolz eine Perle in seinem Repertoire hatte, die er fester an sich binden mußte. Er bot Stolz einen Dauervertrag an, mit einem entsprechenden Vorschuß auf künftiges Schaffen natürlich, und mit diesem Vorschuß konnte Stolz nun seinerseits seine alten Schulden bezahlen. Wien stand ihm wieder offen. Und als er seine Wiener Verbindungen wieder aufnahm, durfte er eine beglückende Entdeckung machen: Das Gedächtnis der Leute ist kurz, wenn ansonsten genügend passiert – seine Niederlage von 1924 war schon so gut wie vergessen.

Bis zum Ende der Saison 1925/26 blieb er indessen in Berlin, und hier richtete er sich auch neu ein. Berlin wurde sein Hauptwohnsitz. Denn eigentlich war es höchste Zeit für ihn, daß er endlich nach Berlin kam – die meisten anderen waren schon da: Leo Fall, Oscar Straus, Franz Lehár hatten sich längst in Berlin ihren festen Platz erobert. Lehárs »Paganini«, der im Januar 1925 in Wien beinahe durchgefallen war, trat im Januar 1926 mit Richard Tauber und Vera Schwarz seinen Siegeszug von Berlin aus an. Ralph Benatzky reüssierte mit seinen Berliner Revue-Musiken, die Berliner Operettenkomponisten wußten ihrerseits ihren Platz ebenso erfolgreich zu behaupten – Künneke, Kollo, Leon Jessel... Berlin war dabei, als Operettenstadt Wien den Rang abzulaufen. Als Theaterstadt war sie ohnehin die interessanteste, lebendigste in

Europa, ja in der ganzen Welt. Es waren die »Goldenen Zwanziger Jahre«, die bei allen Schattenseiten jedenfalls eine Seite aufzuweisen hatten, die unbestreitbar golden war: ihre nie wieder erreichte künstlerische Opulenz.

Nachdem Nachkriegselend und Inflation überwunden waren, begann ab Anfang 1924 trotz Reparationen und Ruhrbesetzung, allen innenpolitischen Komplikationen zum Trotz ein neuer Aufstieg, ein schließlich stürmischer Aufschwung, der Berlin binnen kurzem zu der interessantesten, erregendsten Stadt Europas machte. Wie es Robert Stolz formulierte: »Eine Stadt, in der die Atmosphäre erfüllt schien von einem besonderen Aroma – in der allein die bloße Anwesenheit das Herz höherschlagen, die Farben prächtiger leuchten, das Leben aufregender erscheinen ließ ... als ob eine unsichtbare Spannung oder Kraft in der Luft jeden Aspekt im Leben der Stadt beeinflußte und vorantrieb.« Und Carl Zuckmayer charakterisierte in seinen Memoiren jenes Berlin, in das Robert Stolz einzog: »Krieg und Nachkrieg waren vergessen. Man lebte und fürchtete nichts. Darüber hinaus war das geistige, künstlerische, kulturelle Berlin jetzt in einem Aufschwung begriffen, der es in kurzer Zeit vor allen anderen europäischen Hauptstädten auszeichnete. – Alle Theater hatten jetzt eine Blütezeit, von den üppigen Operettenhäusern der Gebrüder Rotter bis zu den traditionsumwobenen Reinhardt-Bühnen ...«

Man muß die Gesamtzahl dieser Theater bedenken: Rund fünfzig waren es zwischen 1919 und 1932. Die Zahl schwankt, Programme, Profil, Niveau waren ganz unterschiedlich, und allabendlich hatte die Stadt weit mehr als ein halbes Hundert Programme zu bieten. Und es war ebenso die Fülle bedeutender Namen, die das Kulturleben dieser Stadt prägten, nicht nur das Theater – Tanz, Musik, Malerei, Literatur, Wissenschaft gleichermaßen. Die Stadt schien universell. Und es ist bezeichnend, daß fast alle Memoirenschreiber, wenn sie auf das Berlin jener Jahre zu sprechen kommen, mit Sehnsuchtstränen zwischen den Zeilen erzählen. Ohne zu verhehlen, daß die Stadt alles andere als ein Paradies war. Wie Zuckmayer schrieb: »Diese Stadt fraß Talente und menschliche Energien mit beispiellosem Heißhunger, um sie ebenso rasch zu verdauen, kleinzumahlen und wieder auszuspukken. Was immer in Deutschland nach oben strebte, saugte sie mit Tornado-Kräften in sich hinein, die Echten wie die Falschen, die Nullen wie die Treffer ...«

Viele von denen, die kamen, fielen zunächst einmal gründlich auf die Nase. Zuckmayer wäre fast verhungert, mit Bertolt Brecht teilte er ein Dramaturgenzimmer im Deutschen Theater, und beide stahlen von da die Briketts für zu Hause. Leute, die später so erfolgreich waren wie die Komponisten Friedrich Schröder, Nico Dostal und Will Meisel, begannen als Notenkopisten oder als Klavierspieler. Nico Dostal erzählt: »Berlin war damals die größte Theaterstadt Europas, wenn nicht der Welt. Führend im Musikleben, Zeitungswesen und in der Literatur. Aber auch unbarmherzig. Sie hat nicht gefragt: Bist du Christ, bist du Jude, bist du Pole oder Österreicher? Sie fragte nur: Kannst du was? Und wer in seiner Branche versagte, landete am Straßenrand.«

Robert Stolz landete keineswegs am Straßenrand, er konnte ja was. Aber er kam auch nicht weiter in die Berliner Theater hinein, das »Märchen im Schnee« im Kabarett der Komiker blieb zunächst für ihn ein Gastspiel im Berliner Operettenleben. Immerhin: In der Spielzeit 1925/26 wurde er Berliner. Was zur Folge hatte, daß ... seine nächste große Operette wieder in Wien herauskam. Und es ist bezeichnend für ihn, daß er die Komposition fast gleichzeitig mit dem »Märchen im Schnee« angefangen hatte. Damals hatte er ganz bestimmt für den »Mitternachtswalzer« noch kein Theater und, wenn er es nüchtern betrachtete, nicht die mindeste Chance, in absehbarer Zeit nach Wien zurückkehren zu können. Seine Schulden betrugen rund eine Viertelmillion Schilling, und das war eine phantastische Summe, zwischen 25 und 30 Schilling lag der Wochenlohn eines Arbeiters. Überdies gab der Revers, den er seiner geschiedenen Frau Fini ausgestellt hatte, dieser das Recht, ihn überall in Österreich pfänden zu lassen. Sie machte bis zu ihrem Tod im Jahre 1956 unbarmherzig Gebrauch davon. Nein, als er anfing, sich mit dem »Mitternachtswalzer« zu beschäftigen, hatte er für eine baldige Aufführung nicht die geringsten Aussichten. Es ist kennzeichnend für ihn, daß er trotzdem begann. Er schrieb nicht bloß auf Bestellung – das konnte er, so oft es verlangt wurde, schnell und gut und erfolgreich, er hat es immer wieder bewiesen. Aber grundsätzlich komponierte er, wenn ihm etwas in den Sinn kam, wenn ihm etwas gefiel. In seinem Kompositionsverzeichnis tauchen immer wieder Lieder auf, die scheinbar ohne äußeren Anlaß entstanden sind und oft erst viele Jahre später ihren Verleger fanden. Die »Zwanzig Blumenlieder«, die er zwischen Dezember 1927 und April 1928 in Wien und Berlin schrieb, sind das schönste Beispiel dafür. Er sagte, er habe sie sich als sein 500. Opus selbst zum Geschenk gemacht – »es war mir ein Labsal, einmal wieder jenseits der Mode arbeiten zu können«. Arbeiten mußte er jedenfalls, das war die Labsal seines Lebens, gleichgültig, ob er einen Auftrag dafür hatte oder nicht. Und man darf sich das Komponieren beileibe nicht so vorstellen, daß dem Herrn Komponisten in seligem Rausch die Töne pausen- und mühelos in die Feder tröpfeln. »Zehn Prozent Inspiration und neunzig Prozent Transpiration«, antwortete Stolz selbst einmal auf die Frage, was man zum Komponieren brauche.

Der Mitternachtswalzer

Nun, das Buch vom »Mitternachtswalzer« konnte durchaus zur Inspiration anregen. Es erzählt eine schlichte Geschichte aus der österreichischen Vorkriegs- und Kaiserzeit: von einem Prinzen, der eine standesgemäße Vernunftehe einzugehen hat, sich in die Tochter eines Fiakers verliebt und entschlossen ist, mit ihr glücklich zu werden. Aber ein kaiserlicher Befehl kommandiert ihn auf eine Weltreise, weil die Verhinderung einer Mesalliance wichtiger ist als menschliches Glück. Das wurde von Willner und Oesterreicher mit echtem Gefühl, einem sicheren Handwerk und ohne Kitsch erzählt. Es war nicht die gegenwärtige, es war die alte Gesellschaft, die da geschildert wurde. Aber was die Operette erzählte, war gesellschaftliche Wahrheit gewesen. Vom Inhalt her war das Buch sehr modern. Auch Kálmáns »Gräfin Mariza« und »Zirkusprinzessin« gingen mit Erfolg in die Vorkriegsgesellschaft zurück. Die polnische gesellschaftskritische Autorin Gabriela Zapolska hatte erst vor wenigen Jahren viel Beifall mit einem Stück über die unglückliche Liebe des russischen Thronfolgers geerntet, aus dem dann Lehár den Riesenerfolg seiner Operette »Der Zarewitsch« machen konnte. »Der Mitternachtswalzer« nahm in gewisser Weise in Inhalt und Aufbau Lehárs »Friederike« vorweg. Es war zwar keine »biographische Operette«, wie sie in jener Zeit stark in Mode war. (Nicht nur die »Friederike« und »Paganini« gehörten dazu, sondern ebenso Kálmáns »Veilchen vom Montmartre« und die »Marietta« von Oscar Straus.) Aber mit den Lehár-Operetten teilte sie den tragischen Ausgang – wie Friederike bleibt das Fiakertöchterchen Annerl am Schluß allein zurück, wie in »Marietta« gibt es am Schluß kein glückliches Paar. Aber das Gesamtresultat war keine Operettenoper, sondern abermals eine Wiener Operette, die dem Wiener Volksstück ganz nahe steht: Der Prinz ist ein Naturbursche und seine offizielle Verlobte nicht mehr als eine mit Anstand geformte dramaturgische Notwendigkeit. Die Liebe der Autoren gehört sichtlich dem Fiaker Dominik Gruber, der gerade so eine wunderbare Charakterrolle ist wie der Fleischhauer Pfandl im »Sperrsechserl« oder der Logenschließer Platzer im »Tanz ins Glück«, seiner Tochter Annerl und der Blumenhändlerin Rosa – drei Volksfiguren, die die Wiederaufführung allein schon verdient hätten.

Und Stolz hat zu dem Buch eine Musik geschrieben, in der ihm zehn Nummern überdurchschnittlich gut gelungen sind – und das alles auf's Geratewohl, nicht zu vergessen. Eigentlich hätte er sich nach Einnahmequellen umsehen sollen. Aber er hatte ja schon in Wien, als er seinen renommierten Kapellmeisterposten im »Theater an der Wien« aufgab, eine außerordentlich desinteressierte Haltung gegenüber seinen Finanzen bewiesen. Auch damals, als er an der Seite von Franzi Ressel fürs Kabarett arbeitete, hätte sich ein anderer mehr um solide Einnahmen gekümmert. Daß Robert Stolz, gerade weil er sich mehr für seine Musik als für Geld interessierte, dennoch immer wieder zu Geld kam, darf auch als ein Wunder bezeichnet werden, wenngleich als ein gut erklärbares.

Daß ihm in Berlin so bald der Drei Masken Verlag zu Hilfe kam, lag indessen nicht nur an seinen kompositorischen Erfolgen, sondern an seinem menschlichen einfach natürlichen Verhalten. Der Chef des Verlages, Felix Sobotka, lag zu jener Zeit gerade in einem Berliner Krankenhaus. Stolz hatte zu ihm bis dahin nur ein sachliches, geschäftliches Verhältnis, fühlte sich aber doch veranlaßt, ihn an seinem Krankenbett zu besuchen. Die Zuneigung, die Sobotka während der Besuche zu Stolz faßte, enthob diesen der Peinlichkeit, den Verlag um einen Vorschuß zu bitten. Sobotka bot ihm von sich aus den großzügigen Vertrag an, mit dessen Hilfe er sich so bald in Wien rehabilitieren konnte. Die schlichte Menschenfreundlichkeit von Stolz zahlte sich aus. Nebenbei: Das großzügige Angebot für Sobotka auch. Was kein Wunder ist: Meist sind es die naheliegenden Berechnungen, die nicht aufgehen.

Robert Stolz jedenfalls konnte im Sommer 1926 seinen Urlaub wieder in seinem geliebten Opatija alias Abazia verbringen, nachdem er vorher noch ein bißchen in der Gegend von Genua gewesen war. Es war ein bewegter Sommer. Er konnte nicht nur die Komposition des »Mitternachtswalzers« beenden, er hatte auch schon das Buch für seine nächste Operette in der Hand. Es war eine abendfüllende Fassung seines alten Operetteneinakters »Eine einzige Nacht« für das »Orpheum« im Jahre 1916. Unter den Händen von Jacobson und Oesterreicher hatte er sich allerdings ganz schön gemausert. Auch das war eine Arbeit auf Verdacht, ein Stück auf Vorrat sozusagen. Erst mußte er mal den »Mitternachtswalzer« herausbringen. Diesbezüglich hatte er aber von Berlin aus seine alten Beziehungen neu belebt. Dennoch war es keines der Theater, an denen seine Werke bisher herausgekommen waren – der Direktor des Wiener Bürgertheaters hatte erkannt, daß ein neuer Stolz eine gewinnbringende Sache sein müßte.

Robert Stolz beendete also seine Komposition des »Mitternachtswalzers« für das Bürgertheater und beschäftigte sich schon mit der neuen »Einzigen Nacht«, und man sollte meinen, daß zwei Operetten so rasch hintereinander für einen einzigen Urlaub ausgereicht hätten. Aber Opatija war ein Ort, an dem man immer mit interessanten und lieben Menschen zusammentreffen konnte, und Robert Stolz traf in diesem Jahr auf einen alten Bekannten, den er zusammen mit Puccini kennengelernt hatte. Puccinis Bekanntschaft hatte er bei dessen Wiener Aufenthalt gemacht, und im Jahre 1924 war schließlich daraus eine echte Freundschaft geworden. Sie währte kurz, denn Puccini starb noch im gleichen Jahr. 1926 begegnete Stolz in Opatija indessen Renato Simoni, der für Puccini das Libretto der »Turandot« geschrieben hatte und zusammen mit dem Komödienautor Gioacchino Forzano ein Operettenlibretto. So kam es, daß Stolz sich im gleichen Sommer noch mit einer dritten Operette beschäftigte: »Due Baci« (»Zwei Küsse«), welche angeblich noch im selben Jahr im Teatro Lirico in Mailand uraufgeführt worden sein soll, aber nach dem von Stolz geführten Kompositionsverzeichnis »nie aufgeführt und nicht vollendet« wurde. Vor der Nachwelt verblaßt indessen diese kleine historische Differenz völlig, denn später wurde daraus eine seiner erfolgreichsten Operetten: die Musik von »Due Baci« wurde der Grundstock von »Wenn die kleinen Veilchen blühen«.

Drei Operetten und zwei Küsse waren aber nicht alles, was er in diesem Sommer in Opatija erhielt. Die Liebe zur Musik war ja nur die eine Liebe seines Lebens, und an Küssen erhielt er in diesem Sommer wesentlich mehr. Eine hübsche junge Dame hatte sich in ihn verliebt und sich in den Kopf gesetzt, ihn zu erobern. Sich erobern zu lassen, war Robert Stolz durchaus nicht abgeneigt, und daß die Dame mit einem rumänischen Ingenieur verheiratet war, war für sie kein Hindernis, mußte demnach für diese Sommerliebe auch nicht besonders hemmend eher als zusätzliche Pikanterie wirken. Das Abenteuer dieses Sommers 1926 hieß Lilli und wohnte in Temesvar.

Am 30. Oktober 1926 fand dann im Bürgertheater in Wien die Uraufführung des »Mitternachtswalzers« statt, sie wurde ein rauschender Erfolg. Was kein Wunder war, denn in dieser Aufführung hatte alles größtmögliche Qualität. Die Inszenierung hatte die Frau Direktor, Rosa Lischka-Raul, persönlich übernommen. Nach dem Regiebuch zu urteilen, hat sie eine sehr solide Arbeit geleistet. Das Dirigat hatte am Premierenabend natürlich der Komponist. Für die Besetzung hatte die Direktion drei Gäste aufgeboten, von denen Franz Glawatsch als der Fiaker Dominik Gruber der bedeutendste war, »der letzte bedeutende wienerische Schauspieler«, wie die »Wiener Zeitung« anschließend behauptete. Hier irrte die Kritik freilich einmal mehr, es hat seitdem durchaus weitere bedeutende Wiener Schauspieler gegeben. Auch Anna Coty, Walter Swoboda, Franz Felix und Paula Brosig waren keine Unbedeutenden im damaligen Wiener Theaterleben. Die Direktion hatte tatsächlich »weder Mühe noch Kosten gescheut« und tat recht daran, denn das Werk lag nicht nur im erfolgreichen Trend der Zeit, sondern war darüber hinaus auch wirklich von bemerkenswerter Qualität.

Wobei es weitaus mehr als eine schöne Geste war, daß Stolz seine Uraufführung selber dirigierte: Mehr als jede andere lebt seine Musik von der Ausdeutbarkeit. Seine Kantilene muß dirigiert werden, damit sie aufblüht. Heruntergespielt, kann sie simpel wirken, das hat seine Theatermusik mit der des grandiosen Theatermusikers Offenbach gemeinsam. Wenn der heruntergehaspelt wird, wirken manche seiner Musiken geradezu billig – das liegt nicht an ihm, das liegt an der Subtilität seiner Theatermusik, die er auf seinen Taktstock geschrieben hat. Und der dirigierte nicht einfach das Orchester, sondern immer die Szene. Bei Kálmán ist das ganz anders, da hat die Szene die Musik zu bedienen, und so erweist sich diese als wesentlich robuster. Lehárs Musik bezieht ihre Kraft aus der Szene und bedient den Sänger – was beim provinziellen Nachspielen zur Folge hatte, daß die Tenöre jenen Stellen, an denen Tauber im piano bestach, im fortissimo dahinschmolzen, bis Lehár im Schmalz ertrank. Es war nicht seine Schuld: Noten sind für die Musik nicht mehr als die Anhaltspunkte. Wenn Stolz seine Musik dirigierte, konnte er sicher sein, daß Stolz erklang – und siegte. Was auch bedeutete, daß seine »Einzige Nacht« schon ihren Interessenten gefunden hatte, das Carl-Theater. Aber das sollte noch ein Jahr dauern, da Stolz gerade erst mit dem Komponieren angefangen hatte.

Mit Richard Tauber traf er wieder zusammen und schrieb ein neues Lied für ihn. Und im November traf unversehens und zusammen mit ihrer Mutter – Lilli aus Temesvar bei ihm ein, erklärte, sie sei aus Liebe zu ihm ihrem Gatten davongelaufen und werde nie wieder zu ihm zurückkehren, sondern von nun an an seiner Seite bleiben – die vierte Ehefrau hatte zu Robert Stolz gefunden, und was auch immer über ihr ferneres Leben zu erzählen ist, man darf vorwegnehmen, daß diese Ehe immerhin vierzehn Jahre lang hielt. Damit hatte für Robert Stolz abermals ein neues Leben begonnen, er war Berliner geworden, er hatte in Wien neue Triumphe und auf ungeahnte Weise ein neues Weib errungen. Grund genug, auch in Wien-Hietzing sich eine neue Wohnung zu nehmen. Denn im Januar des neuen Jahres fing er schon seine nächste neue Operette an: »Prinzessin Ti-Ti-Pa« fürs Carl-Theater. Im April war sie fertig, im August konnte er wieder in Opatija mit Lilli sein. Jetzt war sie nicht länger seine Geliebte, sondern seine Ehefrau, und es war wunderbar, daß insofern alles sehr viel einfacher mit ihr schien, als sie keine Künstlerin war und sich auch für seine Kunst nicht besonders interessierte. Sie liebte ihn, und sie störte ihn nicht.

So konnte er sowohl die Adria wie seine Flitterwochen genießen und dabei noch die Partitur der »Einzigen Nacht« fertigstellen. Gemäß dem Aufführungstermin wurde sie sein Opus 501, »Due baci« war 490 gewesen, dazwischen lagen Schlagerlieder, und so machte er sich im Dezember 1927 sein Jubiläumsgeschenk. Er begann – wieder einmal »ganz ohne Zweck« nach den Gedichten seines Freundes Bruno Hardt-Warden mit der Komposition der »Zwanzig Blumenlieder«. Genau einen Tag vor Heiligabend aber, am 23. Dezember 1927, war im Carl-Theater die Uraufführung von »Eine einzige Nacht«. Er hatte wieder eine Besetzung der

Sonderklasse: Ernst Tautenhayn war ein Startenor der Wiener Operette, Emmy Korsary war *Die* Wiener Operettendiva und Louise Kartousch *Die* Soubrette von Wien. Und es war wieder eine echte Stolz'sche Kammeroperette, in der der Chor nur am Rand mitwirkt und die Spielszenen der Solisten im Vordergrund stehen.

Eine einzige Nacht

Da ist die große Tänzerin Ora Kolorewna, die von einem Fürsten mit Heiratsanträgen verfolgt wird, aber von ihrer einstigen Kollegin Daisy Gruber erkannt wird, weil sie genau wie Daisy vorher ein Malermodell war und in den Maler Toni Grisander verliebt. Sie hat ihn verlassen, damit er Karriere machen sollte, trifft ihn durch Daisy wieder, möchte noch einmal Malermodell sein »nur eine einzige Nacht«, erkennt aber, daß sie und Toni zusammengehören und zieht mit ihm in die Welt. Und es ist wieder eine Operette, in der nicht die »große Welt«, sondern die einfache der jungen Künstler die Hauptrolle spielt – nicht die exotische Montmartre-Künstlerwelt des »Grafen von Luxemburg« oder der »Faschingsfee«. Das Künstlerlokal des 2. Aktes ist schon eher ein Gartenlokal am Rand vom Wiener Gürtel, auch wenn die Geschichte auf jedes Lokalkolorit verzichtet.

Die Premierenkritiken überschlugen sich: »Es war, wenn man so sagen darf, ein Festabend der Wiener Operette«, schrieb die »Wiener Allgemeine Zeitung«, die »Illustrierte Kronenzeitung«: »Die ‚Einzige Nacht' gehört in jene seltene Kategorie von Operetten, die dem Publikum gibt, was des Publikums ist und dabei doch durchaus künstlerisch wirkt.« Zur Musik meinte die »Kleine Volkszeitung«: »Ganz vorzüglich und vorbildlich ist Robert Stolz, dem genialen Schlagerkomponisten, das Urbild einer schmissigen, modernen wienerischen Operette gelungen. Seine lyrischen Lieder, seine Fox' und Shimmis, seine Duette und Melodramen sind voll von brillanten Einfällen.«

Die Premiere dauerte viereinhalb Stunden, weil fast jede Nummer wiederholt werden mußte. Und es war ein besonders hübscher Schlußeinfall, nicht mit der rosaroten Seligkeit des Liebespaares aufzuhören, sondern mit dem Abzug des abgeblitzten Fürsten und der Reprise »Da kann man nichts machen, doch ein bissel tut's weh« – das Happy-End hat einen komischen Schluß, sehr zum Vorteil des Ganzen.

Der Tenor Richard Tauber und Marlene Dietrich sangen »Frag nicht, warum ich gehe« ihr Leben lang als eines ihrer Lieblingslieder.

Leo Slezak sang als erster »Auf der Heide blühn die letzten Rosen«.

Hans Albers siegte 1923 mit »Mädi« beim Berliner und Wiener Publikum.

In der alten »Komischen Oper« an der Weidendammer Brücke in Berlin hatte 1930 die Operette »Peppina« ihren triumphalen Erfolg

Eric Charell bestellte bei Robert Stolz für seine Inszenierung des »Weißen Rössl« 1930 zwei Einlagen, die um die Welt gingen.

Robert Gilbert war einer der treuesten Freunde und Textdichter von Robert Stolz.

Alfred Grünwald, Autor von »Mädi« und »Das Sperrsechserl«.

Johannes Heesters hob nach seinem Wiener Debut 1935 die Revueoperette »Servus, Servus« mit aus der Taufe, hier mit Lizzi Holzschuh.

1937 spielte Johannes Heesters (im Bild rechts) zusammen mit Hertha Feiler in der Uraufführung »Der süßeste Schwindel der Welt«.

Jan Kiepura und Martha Eggerth wurden zu einem Traumpaar des deutschen und österreichischen Musikfilms.

Fred Astaire spielte die Hauptrolle in »Rise And Shine«.

Maurice Chevalier ließ sich von Robert Stolz »A Breath of Scandal« schreiben.

Academy of Motion Picture Arts and Sciences

CERTIFICATE

OF

NOMINATION FOR AWARD

Be it known that

Robert Stolz

was nominated for an Academy Award of Merit

for Outstanding Achievement

Song "Waltzing In The Clouds"

for

"Spring Parade"

This judgment being rendered with reference to

Motion Pictures First Regularly Exhibited in

the Los Angeles district during the

year ending January 10th, 1941

PRESIDENT

Zweimal erhielt Robert Stolz in den USA für seine Filmmusiken die Nominierung zum höchsten Filmpreis der USA, dem »Oscar«.

Robert Stolz kurz vor seiner Abreise aus Österreich.

In einem feierlichen Akt werden Robert Stolz durch den Bürgermeister von Wien seine Bürgerrechte zurückgegeben (1947).

Robert Stolz mit seiner geliebten Einzi bei einer Fiakerfahrt durch Wien.

Der weitere Erfolg ließ denn auch nicht auf sich warten: »Eine einzige Nacht« machte ihren Weg über die deutschen Bühnen und wurde gleich zweimal ins Französische übersetzt. Von den acht Titeln der Operette, die den Hauptерfolg ausmachten, wurden besonders drei zu beliebten Schlagern: »Eine einzige Nacht«, »Rosen, flammend rote Rosen« (das große Liebesduett) und »Pierrot, komm, trag mich nach Haus«. Ein halbes Jahrhundert später hat die große italienische Interpretin Milva diesen Titel auf eine Platte gesungen, und immer noch wirkt er wie neu. Und wenn man von anderer Operettenmusik der damaligen Zeit so gern sagt, sie wirke heute »eben doch operettig« – diese hier nicht.

Die Premiere einen Tag vor Weihnachten stattfinden zu lassen, war damals übrigens sehr beliebt und Ausdruck einer klugen Disposition. Denn dann erschienen die Zeitungskritiken in der Weihnachtsausgabe, wo sie selbstverständlich besonders genau gelesen wurden. Wenn sie gut waren, stimulierte das den Kartenverkauf und den Besuch an den Feiertagen außerordentlich. Jeder zufriedene Besucher war aber selbstverständlich auch ein neuer Werbeträger, der seinen Freunden und Bekannten von dem lohnenden Theaterabend weitererzählte. Und so ließ sich kurz vor Weihnachten mit einer gelungenen Premiere die erfolgreichste Reklame machen – was voraussetzte, daß das Stück, das man zu Weihnachten ansetzte, ein »Knüller« zu sein hatte. Ein zweiter, ähnlich wichtiger Premierentag wie der 23. war übrigens der 30. Dezember, der Silvester-Vorabend. Am 30. Dezember 1905 begann der Siegeszug der »Lustigen Witwe«.

Der Siegeszug der »Einzigen Nacht« brachte nicht nur Robert Stolz etwas ein, sondern auch dem Berliner Drei Masken Verlag, der das Stück verlegt hatte. Anfang Januar war Stolz einmal kurz in Berlin, aber dann schon wieder in Wien. Im Mai wurde im Carl-Theater die »Prinzessin Ti-Ti-Pa« aufgeführt, die er im vorigen Jahr beendet hatte. Es war von der Exotik des Stoffs her wieder eine Vorwegnahme Lehárs: die Handlung spielt in Siam. Ein Jahr später kam Lehárs »Land des Lächelns« heraus. Oder es war auch eine Wiederholung des von Lehár probierten exotischen Milieus. 1923 war die Urfassung des »Land des Lächelns«, »Die gelbe Jacke«

durchgefallen. Wie bei der »Gelben Jacke« begeisterte auch bei »Prinzessin Ti-Ti-Pa« die Musik, aber die Handlung trug nicht. Man lobte die »ebenso elegante wie durchschlagskräftige Musik, deren ganz entzückende melodischen Einfälle wohltuend von den Allerweltsfloskeln der landläufigen Operettenroutine abstechen« – aber die Geschichte war zu verwickelt, ganz im Gegensatz zu den trefflichen Textbüchern des »Mitternachtswalzers« und der »Einzigen Nacht«, deren Geschichten mit Klugheit einfach waren.

Robert Stolz und Gattin Lilli pendelten zwischen Wien und Berlin. Die wirtschaftlichen und politischen Verhältnisse in Österreich waren schwierig und kompliziert, das Land kam trotz aller Bemühungen nicht aus den Krisen heraus, zu den wirtschaftlichen gesellte sich eine zunehmende Radikalisierung des politischen Lebens. Stolz hatte Glück; er konnte längst wieder auf den Wellenkämmen seiner Erfolge reiten. In Berlin hatte rasch ein neues Medium nach seiner Musik gegriffen, das sich seit einigen Jahren mit Windeseile verbreitete: der Rundfunk. Seine Musik der kleinen Form, seine intime Art zu musizieren, war für das neue Medium ideal – er mußte sich ihm gar nicht anpassen, das neue Medium griff einfach nach ihm. Und als in Wien das Theaterleben ernsthaft in Schwierigkeiten geriet, weil es mit einer einschneidenden Lustbarkeitssteuer belastet wurde, saß Robert Stolz schon wieder in Berlin und hatte fortan zunächst überhaupt keine Zeit mehr, sich mit der Komposition neuer Operetten zu beschäftigen: Das Wunder des Tonfilms war in sein Leben getreten.

VIII

Dem Film fehlt das Happy-End
1929–1932

Im Jahre 1929 war der Film längst eine alte Kunst, oder besser gesagt, so alt, daß er sogar schon als Kunst etabliert war. So etwas dauert ja einige Zeit. Die Fotografie hatte auch einige Schwierigkeiten mit ihrer künstlerischen Anerkennung. Der fotografische Film war 1884 in Amerika erfunden worden, den ersten Kinematographen hatte Lumiére zehn Jahre später gebaut, und schon ein

Jahr später führten die Gebrüder Skladanowsky im Berliner »Wintergarten« ihre ersten Filme im Rahmen eines Varietéprogramms vor. Die Entwicklung ging schnell: 1896, nur ein Jahr später, zeigte Oskar Meßter dann schon die erste deutsche Wochenschau. Es brauchte demzufolge auch gar nicht lange, und der Film machte sich selbständig. Schon 1907 gründete Meßter in Berlin das erste größere Filmtheater, und Zwischentitel lösten im Spielfilm den Erklärer ab. Der Stummfilm gewann seine eigene Gestalt und wurde von Jahr zu Jahr zahlreicher, länger, vielseitiger und ausdrucksvoller. Es gab einen neuen Typ des Schauspielers: den Filmschauspieler. Es wurden Leute hochberühmt, die kein Wort zu sagen hatten, denn der Film war stumm. Er wuchs zu einer Industrie empor, die zunehmend von sich reden machte. Spätestens zu Beginn der zwanziger Jahre war die Weltbedeutung des Kinos nicht mehr zu übersehen. Natürlich war es eine stumme Kunst – das war ja die Kunst am Film, daß er in Stummheit beredt war.

Obwohl das nicht vollkommen stimmte, denn die Filme liefen alle nicht lautlos. Es wurde Musik dazu gespielt. Es brachen goldene Zeiten für Musiker an: Auch das kleinste Kino hatte einen Klavierspieler, der zu den Vorgängen auf der Leinwand eine Stimmungsmusik machte, zu einem Sonnenaufgang ein Stückchen »Peer-Gynt-Suite«, für die zarten Gefühle erwachender Liebe Sindings »Frühlingsrauschen« und wenn die Sehnsucht ausbrach, das »Gebet einer Jungfrau«. Die Verlage verdienten mit, pfiffige Musikverleger brachten Notenhefte für Kinopianisten heraus, mit Musik für alle Gelegenheiten: »Umarmung a) zärtlich, b) keusch, c) stürmisch – / Andacht / Drohung / Entsetzen / Kutschfahrt / Spaziergang / Flucht« – es war an alles gedacht. Bessere Kinos beschäftigten ganze Orchester und ließen zur Untermalung ihrer Filme besondere Arrangements schreiben. Robert Stolz hatte 1913 auf diese Weise eine Filmmusik zu dem Stummfilm »Der Millionenonkel« geschrieben und dirigiert.

Es gab überhaupt ein merkwürdiges Bestreben, das stumme Kunstwerk des Films mit Tönen zu durchsetzen. In Amerika wurde beispielsweise versucht, zum Stummfilm eine Schallplatte ablaufen zu lassen. Die Sache scheiterte an mangelnder Synchronisation und daran, daß noch kein elektrisches Abspielsystem vorhanden war. Nachdem in den vornehmsten deutschen Kinos ganze Orchester spielten, probierte man eines Tages auch per Stummfilm schon eine ganze Filmoper aus: »Jenseits des Stromes«

hieß sie, und lebendige Sänger sangen zu den stummen Darstellern auf der Leinwand. Es war etwas unbefriedigend, woraus aber merkwürdigerweise keineswegs der Schluß gezogen wurde, der stumme Film dränge eben doch zum Ton, sondern vielmehr die Filmkunst solle stumm bleiben.

Der Tonfilm war nämlich schon längst entdeckt worden. Drei deutsche Techniker, Joe Engl, Joseph Masolle und Hans Vogt hatten seit 1919 daran gearbeitet und konnten 1922 das »Triergon«-Verfahren vorstellen – mit dem Ergebnis, daß sich kein Mensch dafür interessierte. Es blieb ihnen nichts weiter übrig, als ihre Patente zu verkaufen.

Die UFA hatte die Rechte daran erworben, aber dort hielt man die ganze Sache für nichts weiter als ein geistreiches Spielzeug, eine technische Kuriosität: Nach der ersten Vorführung eines Triergon-Tonfilms im Jahre 1923 ereignete sich – nichts. Wenigstens nichts in der deutschen Filmindustrie. Vier Jahre später überraschten die Amerikaner die Welt mit dem Tonfilm »The Singing Fool«, und Al Jolson wurde weltberühmt.

Auch jetzt waren die Meister des Stummfilms immer noch überzeugt, daß der Tonfilm a) keine Chance habe und b) keine Filmkunst sei, kurz: eine vorübergehende Sache. Charles Chaplin beispielsweise drehte weiter stumm, und er war nicht der einzige. Aber die Filmkunst war längst ein Geschäft, und der Tonfilm »The Singing Fool« war ein riesiges Geschäft. Die UFA-Gewaltigen waren zwar weiterhin dagegen, aber ihr Publikum war dafür. Und nachdem zu jener Zeit neunzig Prozent aller Kinofilme aus Amerika kamen, mußte man etwas dagegen tun. So wurde 1928 das »Deutsche Tonfilm-Syndikat AG«, kurz »Tobis« in Berlin gegründet. Der erste deutschsprachige Tonfilm »Die Königsloge« wurde noch in den USA gedreht, aber mit »Melodie des Herzens« (Hauptrolle: Willy Fritsch) war noch im gleichen Jahr 1929 der erste in Berlin produzierte Tonfilm in den Kinos – der Tonfilm hatte gesiegt, und der Stummfilm war so altmodisch geworden, wie uns heutzutage der Schwarz-Weiß-Film erscheint.

In Wirklichkeit war der Einschnitt tiefer als der Übergang von Schwarz-Weiß zur Farbe. Denn indem der stumme Film ein entscheidendes künstlerisches Ausdrucksmittel – das akustische – nicht beherrschte, ließ er eine wesentliche Wirkungsmöglichkeit offen. Der Tonfilm legte fest, daß alles, was man hörte, Bestandteil des Kunstwerks und nicht nur dessen bloße Garnierung war.

Infolgedessen wurde auch die Musik, die über den Stummfilm bisher überreichlich ausgegossen worden war, nicht etwa überflüssig, sondern was man an Menge verlor, gewann sie an Bedeutung.

An Bedeutung gewann auch der Dialog: Der eingeblendete Zwischentitel hatte Sachverhalte mitgeteilt – »Ich liebe dich!« hieß eben »Ich liebe dich!«. Jetzt konnte es der Tonfilm-Schauspieler leidenschaftlich, verhalten, ironisch, mit einem Lächeln oder auch als eine Drohung sagen, das Wort war nicht mehr bloße Eselsbrücke zwischen laufenden Bildern, sondern selbständiger Partner des Bildes geworden: Der Darsteller auf der Leinwand konnte lächeln, und sein »Ich liebe dich!« konnte doch eine Drohung sein. Das Bild mußte nicht mehr alles erzählen, und es konnte auch etwas ganz anderes erzählen als gesagt wurde. Es konnte sich sogar erlauben, nur den Ton zu begleiten, wenn der Ton wichtiger war – beispielsweise im Musikfilm. Deswegen war ja der erste erfolgreiche Tonfilm gleich ein Musikfilm gewesen. Und was die deutsche Filmindustrie nun möglichst bald brauchte, war ein groß angelegter Musikfilm.

Robert Stolz verlebte zwar beinahe das ganze Filmjahr 1928 in Wien, indessen beschäftigte ihn auch da schon der Film. Zwei seiner Operetten wurden kurz hintereinander verfilmt: Die »Operetten-Singfilm-Produktion« nahm sich seines Singspiels »Die Bauernprinzessin« von 1917 an, und die »Ottol-Filmproduktion« bereitete die Verfilmung seines »Mitternachtswalzers« vor. Beides waren Stummfilme, aber die Noten von Stolz wurden zur Aufführung mitgeliefert, er hatte seine Operettenmusik regelrecht zur Filmmusik umzuarbeiten.

1929, im Schicksalsjahr des deutschen Tonfilms, war er dann fast unausgesetzt in Berlin. Man hätte erwarten mögen, daß die Berliner Filmfirmen geradewegs auf ihn zugelaufen wären, aber das ist ein Irrtum. Andere Komponisten saßen einfach noch etwas dichter dran und »Wer kennt wen?« war schon damals und nicht nur in der Filmbranche von Bedeutung. Theo Mackeben, Werner Richard Heymann, Otto Stransky, Friedrich Hollaender ... es gibt 1929 genügend populäre, mit Berlin vertraute Filmkomponisten. Für Robert Stolz führt der Weg zum Tonfilm über einen Schuhfabrikanten.

Der hieß Julius Heimann und war, wie Stolz erzählt, »nicht nur Millionär, sondern nebenbei auch ein nachsichtiger Vater zweier Töchter, die, wie viele andere Mädchen ihrer Zeit, ganz verrückt auf ‚sprechende Filme' waren. Und besagte Töchter wußten auch gleich, was sie wollten, einen Musikfilm«. Heimann war als erfahrener Geschäftsmann klug genug, nicht allein eine Filmfirma zu gründen, er setzte sich seinerseits mit einem Musikverleger in Verbindung, der in letzter Zeit gerade so eine Blitzkarriere gemacht hatte wie vordem Karl Brüll: Armin L. Robinson. Kurz darauf konnte sich Schuhfabrikant Heimann als Produzent der »Super-Film-G. m. b. H.« an Robert Stolz wenden mit der Anfrage, ob er bereit wäre, die Musik zu dem Musikfilm »Zwei Herzen im Dreivierteltakt« zu schreiben. Das Drehbuch hatte er schon, das hatte der erfahrene Routinier Walter Reisch zusammen mit Franz Schulz verfaßt, der Regisseur war Géza von Bolváry, und von der Starbesetzung des Films sind nicht nur Willi Forst, Paul Hörbiger, Oskar Karlweis und Paul Morgan bis heute unvergessen. Das Fabelhafteste an dem Film aber war, daß die Musik keine Einlage mehr war, sondern echte dramatische Funktion hatte. Es ging um eine Walzermelodie, die die Karriere eines Komponisten entschied. Sie war ihm in einer Nacht mit einem süßen Mädel eingefallen, aber er hat sie am Morgen vergessen und kann sie so wenig wiederfinden wie die junge Dame, der er den Einfall verdankt. Natürlich kommt sie zu ihm, inspiriert ihn erneut zu der Melodie, und die Melodie siegt. Die beiden werden ein Paar. – Mit gewaltigen Überraschungen konnte die Filmhandlung nicht aufwarten, aber alles in ihr lief auf die Musik zu: auf diesen einen Walzer.

Die Entstehungsgeschichte dieses Walzers ist berühmt: Die Filmidee begeisterte Robert Stolz sofort, er ging nach der Unterredung, den Auftrag in der Tasche, ins Hotel »Kempinski«, um Mittag zu essen, und während er auf den Kellner wartete, fiel ihm der Walzer schon ein, so daß er ihn in Ermangelung von Notenpapier umgehend auf der Speisekarte notierte. Der Film kam am 13. März 1930 in Berlin heraus und wurde ein großartiger Erfolg. Ein Kritiker schrieb in der »Berliner Zeitung«: »Stolz schrieb eine ausgezeichnete Musik ... leider ist ihm der Titelwalzer vollkommen mißlungen und dürfte daher auch schwerlich populär werden.« Der Film ist heute fast vergessen und der Kritiker ganz, der Walzer ging um die Welt, es wurden allein sieben Millionen Klavierexemplare verkauft. Vierzig Jahre später machte ein Meinungsforschungsinstitut in den USA eine Umfrage nach den beliebtesten Walzern der Welt, und da stellte sich heraus, daß die Nr. 1 »An der schönen blauen Donau« von Johann Strauß ist, die Nr. 2 aber

»Zwei Herzen im Dreivierteltakt« von Robert Stolz. Zu Ehren des Kritikers darf gesagt werden, daß er nicht der letzte seiner Zunft war, welcher irrte – der Beruf bleibt weiterhin gefährlich.

Robert Stolz hatte jedoch in diesem Film noch zwei andere erfolgreiche Lieder komponiert, von denen das eine gleich achtmal in andere Sprachen übersetzt, also ein wahrhaft internationaler

Erfolg wurde. Und das zweite Lied erlangte kaum weniger Berühmtheit als der Walzer, es ist eins von den absolut »klassischen« Robert-Stolz-Liedern geworden, das seit seiner Entstehung bis zum heutigen Tag zum Repertoire vieler großer Interpreten gehört und dessen Anfangszeile fast sprichwörtlich geworden ist: »Auch du wirst mich einmal betrügen ...«

Aber nicht nur die Filmmusik, der Musikfilm selbst wurde ein großartiger Erfolg und brach schließlich alle Rekorde, als er in der heißesten Theaterstraße der Welt, am New Yorker Broadway 50 Wochen hintereinander – also fast ein volles Jahr – in der deutschen Originalversion lief.

Die Filmbranche ist, wenn es darauf ankommt, ein Dorf. Sie hatte damals viele ausgezeichnete Leute, man schüttelt vor Verwunderung den Kopf, wenn man nachträglich liest, was für berühmte Filme allein im Jahre 1930 Premiere hatten (im gleichen Monat März kam beispielsweise auch der »Blaue Engel« heraus). Indessen brauchte es nicht einmal den Premierenerfolg, um den Filmkomponisten Stolz in der Fachwelt bekannt zu machen: Er war mit den »Herzen im Dreivierteltakt« noch nicht einmal fertig, da saß er schon an seinem nächsten Film bei der »Allianz-Tonfilm«. Karl Ettlinger aus den »Zwei Herzen« spielte wieder mit, Jenny Jugo, Johannes Riemann, Otto Wallburg. »Heute nacht – eventuell« hieß dieses Ehekomödie und »Heute nacht – eventuell – komm' ich zu dir« war das Hauptlied.

Zwischen den Premieren der beiden Filme lagen ganze sieben Wochen, und zehn Wochen zwischen diesem und dem nächsten, zu dem er die Musik für die UFA schrieb: »Hokuspokus« war die erste Verfilmung der berühmten Kriminalkomödie von Curt Goetz. Und schon hatte ihn längst die »Trio-Film« für die Filmparodie »Das Kabinett des Dr. Larifari« verpflichtet – bis zur neuen Premiere blieben ihm nicht einmal drei Wochen. Es war eine Doppelpremiere, Walter Reisch und Géza von Bolvary brauchten ihn für ihre neue Filmoperette »Ein Tango für dich« beim »Deutschen Lichtspiel-Syndikat«. Und so ging es weiter. Kam dieser Mann überhaupt noch zum Luftholen? Komponierte er nicht Tag und Nacht?

Keineswegs, er hatte gar keine Zeit dazu. Es war damals noch nicht so, daß der Komponist einfach die Partitur abliefern (oder gar das Arrangement einem Routinierteren überlassen) konnte. Er konnte sich auch nicht an den fertigen Film setzen und mit der Stoppuhr in der Hand ausmessen, wie lang seine einzelnen Musiken nun zu sein hatten. Ein Großteil der Filmerfolge von Robert Stolz hatte vielmehr auch darin seine Ursache, daß er als Praktiker einfach nicht umzuwerfen war. Und einen ausgepichten Praktiker brauchte es schon, nicht nur wegen des damaligen Produktionstempos, sondern noch mehr wegen der damals unvermeidlichen Produktionsweise: Es war ja noch nicht möglich, Bild und Ton getrennt voneinander aufzunehmen, den fertig zusammengeschnittenen Film nachträglich mit Musik zu unterlegen. Bild und Musik mußten gleichzeitig aufgenommen werden, das Ballett tanzte, die Sänger sangen mit dem Orchester gleichzeitig, wie im Theater, wo alles in ein- und demselben Raum stattfindet. Der Unterschied besteht darin, daß das Mikrofon keineswegs – wie das Ohr des Zuschauers – bereit war, zwischen dem Trappeln der Füße und der dazugehörigen Musik zu unterscheiden, es nahm alle Schallwellen auf, die es erreichten. Auch hatte sich noch nicht der Brauch eingebürgert, jede Szene zur Vorsicht gleich ein paarmal zu drehen und anschließend die bestgelungene Version herauszusuchen. Jede Szene mußte so probiert sein, daß sie möglichst gleich bei der ersten Aufnahme »saß« – Wiederholungen trieben die Kosten sprunghaft in die Höhe.

Man darf nämlich nicht vergessen, in welcher Zeit der deutsche Tonfilm sich an seinen kometenhaften Aufstieg machte. Am 29. Oktober 1929 war der »Schwarze Freitag« der New Yorker Börse, zwei Wochen später wiederholten sich die Kursstürze und lösten in der amerikanischen Wirtschaft ein Erdbeben aus. Innerhalb zweier Wochen fielen die Werte der Aktien und damit die Werte der Wirtschaftsunternehmungen ins Bodenlose. Selbst die Aktien einer so mächtigen Firma wie United Steel hatten plötzlich nur noch ein Zehntel ihres Wertes, andere Firmen erwiesen sich als reine Schwindelunternehmen ohne jede Deckung. Millionäre konnten auf einmal gerade noch ihre Miete zahlen, kleinere Leute, die darauf gesetzt hatten, am allgemeinen Aufschwung teilhaben zu können, und sich vielfach bei steigenden Börsenkursen in Ratengeschäfte eingelassen hatten, wurden über Nacht buchstäblich zu Bettlern. Die internationale Verflechtung des Finanzkapitals sorgte dafür, daß der Zusammenbruch nicht auf die USA beschränkt blieb. Der schwarze Freitag der New Yorker Börse leitete eine Weltwirtschaftskrise ein, die schon nach kürzester Zeit Europa erfaßte.

Österreich und das Deutsche Reich traf sie besonders. Österreich hatte sich als Rumpfstaat noch immer nicht konsolidieren können und kämpfte mit heftigen innenpolitischen Gegensätzen. Auf der deutschen Wirtschaft lasteten zusätzlich die Reparationszahlungen für den so mutwillig begonnenen und so gründlich verlorenen Krieg. Unter den eingetretenen Umständen bedeuteten die deutschen Zahlungen für England und Frankreich eine dringend benötigte Wirtschaftshilfe, für die deutsche Wirtschaft wurde die Lage verzweifelt. In den landwirtschaftlichen Gegenden kam es zu einer schweren Agrarkrise mit entsprechenden Folgen für die Landarbeiter, in der Industrie zu Produktionsschwund, drastischen Lohnkürzungen und Arbeitslosigkeit. Weil die Geldverknappung allgemein war, war ein Großteil von Produkten weder im Außenhandel noch auf dem Binnenmarkt abzusetzen: Was man für »so gut wie bares Geld« gehalten hatte, die Aktienkurse, war geplatzt wie Seifenblasen. Es dauerte rund vier Jahre, bis sich die Welt von diesem Schlag leidlich erholt hatte – vier Jahre, die in Deutschland zu einer katastrophalen politischen Entwicklung führten.

Für die Weimarer Republik bedeuteten sie den Untergang, dem deutschen Tonfilm gaben sie die Möglichkeit zum Weltruhm. Dabei ist nicht einmal anzunehmen, daß die deutsche Filmindustrie auf den Weltruhm ausging, aber sie errang ihn. Die Zeit, so merkwürdig das auf den ersten Blick scheinen mag, war ihr sogar günstig. In den Zeiten einsetzender allgemeiner Verarmung war das Kino das mögliche Vergnügen des kleinen Mannes. Theater war viel zu teuer – Kino konnte man sich gerade noch leisten. (Wie katastrophal sich die Krise auf den Theaterbesuch auswirkte, zeigt die Tatsache, daß das Deutsche Theater in Berlin 1931 noch ganze siebzehn Abonnenten hatte.)

Kino war aber nicht nur ein gerade noch erschwingliches Vergnügen, es war auch Ersatz für das Leben, das das wirkliche Leben den meisten Menschen so gnadenlos vorenthielt. Kino war Traumfabrik, das galt für das Kino dieser und der folgenden Jahre ganz zweifellos. Nur irrt sich, wer daraus schließt, die Filme und ihre Stoffe seien damals quasi »am Fließband«, mit Konfektionsmethoden hergestellt worden. Das ist ebensolch eine falsche Vorstellung wie die vom »Operettenklischee«. Natürlich war da vieles dem Tages- und Zeitgeschmack verhaftet, es wurden nicht ausschließlich klassische Werke hergestellt. Aber durchweg bemerkenswert ist die handwerkliche Qualität der Drehbücher wie der Regieführung ebenso wie die technische Souveränität, der man die Kompliziertheit und Unvollkommenheit der damaligen Technik fast nur in der Tonqualität anmerkt – und bemerkenswert ist die Qualität der für diese Filme produzierten Musiken: Die Anzahl der Lieder aus jenen Filmen, die zu Evergreens geworden sind, ist erstaunlich.

Viele unter den Evergreens von Robert Stolz sind zuerst in Filmen erklungen und mit den Filmen zusammen bekannt geworden: »Heute nacht – eventuell« waren Filmtitel und Hauptlied, »Ich will deine Kameradin sein« erklang in »Hokuspokus«, »Musikant, Musikant, wo ist deine Heimat?« in »Ein Tango für dich«, »Frag nicht, warum ich gehe« in dem Film »Das Lied ist aus«, ebenso wie »Adieu, mein kleiner Gardeoffizier«, »Ich lieb' nur eine« war aus den »Lustigen Weibern von Wien«, »Kamerad, wir sind die Jugend« gehörte zu »Liebeskommando«, genau wie »Ich möcht' einmal wieder verliebt sein«, und in dem Film »Mein Herz ruft nach dir« begeisterte Jan Kiepura die Kinozuschauer ebenso wie alles, was sonst noch Ohren hatte, mit »Mein Herz ruft immer nur nach dir, o Marita« und »Ich sing' mein Lied heut' nur für dich«.

Von 1930 bis 1932, innerhalb dreier Jahre, komponierte und dirigierte Robert Stolz die Musik von insgesamt siebzehn Filmen, und als ob die Beschäftigung bei den Berliner Filmfirmen nicht ausgereicht hätte, war auch noch einer für eine Wiener Filmgesellschaft dabei: »Der Prinz von Arkadien« (1932). Es waren elf verschiedene Produktionsfirmen, die Stolz engagierten, und zehnmal holte ihn dabei der Regisseur Géza von Bolvary, aber auch Regisseure wie Hans Hartl, E. W. Emo und Gustav Ucicky sind unter seinen Partnern. Und wenn an dieser Stelle von allen Darstellern nur Jan Kiepura genannt ist (der auch in diesem Film natürlich mit Martha Eggerth spielte), so deswegen, weil er zu seinen Stolzliedern (auch »Ob blond, ob braun« ist eins davon) ein ganz besonders herzliches Verhältnis hatte: Er pflegte sie gelegentlich nach seinen Opernauftritten in der Wiener Staatsoper als Zugaben vor dem Vorhang und sogar – von einem Taxi aus – auf der

Straße zum Besten zu geben – für ihn waren es die idealen Tenorlieder überhaupt.

Es ist kein Wunder, daß Robert Stolz in dieser Zeit keine Zeit für die Operette hatte. Es bleibt daher beinahe unerklärlich, warum schon am 22. Dezember 1930 in der »Komischen Oper« an der Weidendammer Brücke wieder eine Operette von ihm herauskam. Es war die gleiche Komische Oper, die 1919 mit seinem »Favorit« gar keinen Erfolg gehabt hatte – jetzt setzte sie die Uraufführung auf das brennheiße Datum so kurz vor Weihnachten, wo der Einsatz am höchsten war. Das Buch zu »Peppina«, wie die Weihnachtspremiere hieß, hatte diesmal Rudolf Oesterreicher allein verfaßt. Es war wieder einmal die echte Stolz'sche Kammeroperette, wie man indessen schon aus dem Premierentermin sieht, eine, auf die die Komische Oper unbedenklich setzen konnte, allen schlechten Zeiten zum Trotz. Und auch aller Konkurrenz zum Trotz: Im Metropoltheater in der Behrenstraße (der heutigen Komischen Oper) hieß der große Saisonerfolg »Victoria und ihr Husar«. Der lief in glanzvollster Besetzung und stammte von einem ungarischen Neuankömmling, den vordem in Berlin noch niemand zur Kenntnis genommen und der nun über Nacht Karriere gemacht hatte: Paul Abraham. Im Theater des Westens konnte man den Serienerfolg von »Land des Lächelns« sehen, nicht genannt die anderen Theater, die sich mit Unterhaltung um die Gunst der Zuschauer bemühten. Im Deutschen Theater hieß der Serienerfog »Phäa«, das Buch hatte Fritz von Unruh geschrieben und die Musik Mischa Spoliansky. Und außerdem gab es im Großen Schauspielhaus einen gigantischen Renner, dort war eben das deutsche Musical auf die Welt gekommen, aber noch ahnte kein Mensch, daß das »Musical« hieß. Es war eine wunderbare Mischung zwischen Revue und Operette unter Verwendung eines Schauspiels, und vier Komponisten hatten die Musik dazu beigesteuert. Das Stück hieß »Das weiße Röss'l« und gab als Art und Gattung im Untertitel schlicht an »ein Singspiel«.

Peppina

»Peppina«; nannte sich offen und ehrlich »Operette«, aber wie bei anderen Stolz-Operetten verlief die Geschichte bis auf ein paar Auftritte am Rande eigentlich chorlos und war eher der Gattung »Musikalisches Lustspiel« zuzuordnen, obwohl die Instrumentation für großes Theaterorchester gemacht ist. Stolz schwelgte diesmal förmlich in den Orchesterfarben, ließ die Klarinetten mit Saxophonen alternieren, setzte ein reiches Schlagwerk ein, und Glockenspiel, Celesta, Vibraphon, Banjo, Harfe und Klavier für besondere Klangeffekte.

Sein neues Bühnenwerk war für ihn keineswegs eine Routinearbeit, so viel er auch für die Bühne schon geschrieben, so viel er auch sonst zu tun hatte. Genau betrachtet, hatte er »Peppina« zur Erholung geschrieben, nämlich teils im Sommer 1929 und teils im Sommer 1930. Er besaß die phantastische Fähigkeit, sich bei der einen Komposition von der anderen auszuruhen, und Notenschreiben war für ihn bis ins hohe Alter das selbstverständlichste Geschäft seines Lebens. Er schrieb übrigens mit einer bestechenden Sauberkeit und Korrektheit, seine Handschriften sind das Bild höchster Ordnung, Flüchtigkeit als Anzeichen von »Genialität« ist da nirgends anzutreffen.

Der Konflikt der »Peppina« ist ein idealer Boulevardkonflikt: Um einen Lebemann vor dem Ruin zu retten, stellt ihm sein Bruder eines Tages eine hübsche junge Dame als Folge eines gehabten Verhältnisses und als seine leibliche Tochter vor. Der Liebhaber entdeckt plötzlich zur eigenen Überraschung sein Vaterherz. Peppina ist es, die die Tochterrolle nicht durchführen kann, weil sie sich hoffnungslos in ihren »Vater« verliebt (von dem sie natürlich weiß, daß es nicht ihr Vater ist). Umgekehrt merkt dieser gerade dann, daß seine Zuneigung zu ihr viel tiefer wurzelt als all seine bisherigen Liebesbeziehungen. Die Lösung der Fabel erfolgt durch den Auftritt von Peppinas Mutter, der »echten« Peppina – eine jener schönen Damenrollen, die dafür garantieren, daß auch der dritte Akt noch reichlich unterhaltsame Turbulenzen bietet.

Die Operette als Weihnachtspremiere erzielte den gewünschten Erfolg, wie es alle gehofft hatten und wurde in der Komischen Oper mehr als hundertmal hintereinander aufgeführt.. Der Komponist dirigierte selbstverständlich persönlich, die Peppina spielte Maria Paudler. Anschließend ging sie mit dieser Rolle und diesem Stück auf Tournee, und ihr Partner war kein geringerer als Adolf Wohlbrück. »Schenk mir ein paar süße Blicke, Peppina« wurde das große Erfolgslied aus dieser Operette, aber »Ein Mann ist niemals alt, solange er liebt«, »Meiner Marie fehlt die Marie«, »Die moderne Ehe« und andere Melodien daraus machten ebenfalls ihren

Weg. Vor wenigen Jahren bewies das Operettentheater in Prag-Karlin die ungebrochene Wirksamkeit dieser musikalischen Komödie.

Im Weißen Röss'l

Die Musik zum »Weißen Röss'l«, das im Großen Schauspielhaus aufgeführt wurde, stammte von Ralph Benatzky, aber es gab ein paar Einlagen darin. Robert Gilbert, der Textdichter, hatte zu einem der Liedertexte, die er beisteuerte, gleich einen Melodie-Schimmel mitgebracht, der so gut gefiel, daß man dabei blieb, und das zu Recht.

Er schuf die Melodie (samt Text) für den Schlager »Was kann der Siegismund dafür, daß er so schön ist«. Bruno Granichstaedten, selbst seit langem erfolgreicher Operettenkomponist (»Auf Befehl der Kaiserin«), steuerte das sprichwörtlich gewordene Couplet des Zahlkellners Leopold »Zuschaun kann i net« bei, und als in der Palette der Musiken dann doch noch ein paar zündende Walzermelodien fehlten, wandte man sich an Stolz. Und der, immer zu einer Gefälligkeit bereit, sagte gern zwei Einlagen zu und lieferte sie auch zu voller Zufriedenheit ab. Der Inhaber des Charivari-Verlags, der die Rechte am gesamten Stück als Bühnenverleger wahrnahm, schlug ihm für die beiden Lieder ein Pauschalhonorar vor, um die Abrechnung nicht unnötig kompliziert zu machen. Robert Stolz war einverstanden ... und verschenkte auf diese Weise ein Vermögen, denn die beiden Einlagen waren »Die ganze Welt ist himmelblau« und »Mein Liebeslied muß ein Walzer sein«. »Im Weißen Röss'l« erlebte über 400 Aufführungen hintereinander allein im Großen Schauspielhaus und gleich anschließend 651 in London und 223 in New York. Bis heute hat sein Siegeszug als eine der erfolgreichsten deutschen Operetten nicht aufgehört – Robert Stolz, dessen beide Lieder immer wieder zu den Hauptnummern des Abends zählen, hat von allen Einspielergebnissen der Bühnenaufführungen nie mehr erhalten als die einmalige Pauschalabfindung vor der Premiere. Erst als es in den fünfziger Jahren aufgrund des Stückes zu einer Eisrevue kam, gab es für ihn – einmalig, für diese spezielle Einrichtung – aus dem »Weißen Rößl« Tantiemen.

Er war aber nicht der einzige Komponist, der am Erfolg eines Bühnenwerkes keinen finanziellen Anteil hatte: Eduard Künneke verkaufte seine Rechte an seinem erfolgreichsten Werk, dem »Vetter aus Dingsda«, um dringende Schulden zu decken. Friedrich Schröder instrumentierte Raymonds Operette »Maske in Blau« – eine Instrumentation, die nach einem halben Jahrhundert unverändert modern wirkt – gegen einmalige Abfindung, und das sind nur zwei Beispiele. Der juristischen Unanfechtbarkeit solcher Verträge steht die Frage nach kollegialer Fairness gegenüber … Robert Stolz hatte sich jedenfalls für sein allzu freundliches Entgegenkommen mit den Einnahmen aus den Aufführungen der Einzeltitel zu begnügen, die naturgemäß sehr viel geringer waren – und mit der Ehre: In London wurde das Werk angekündigt mit »Musik von Ralph Benatzky und von Robert Stolz«.

Und später erschien bei den Aufführungen in Holland, das zu Kaiser Franz Josef ja nie ein näheres Verhältnis hatte, dagegen seit langem ein besonderes zu Robert Stolz, im Dritten Akt des Weißen Röss'ls, wo der Kaiser kommt, nicht der Kaiser, sondern Robert Stolz. In Schweden wurden Aufführungen des Werkes um ein weiteres Robert-Stolz-Lied (»Värdshuset vita hästen«) bereichert, in London, in Paris und bei italienischen Aufführungen wurde das Stolz-Lied »Auch du wirst mich einmal betrügen« eingefügt, und weil das noch nicht genug Stolz'sche Musik war, kam auch, wenngleich ein bißchen umgedichtet, »Adieu, mein kleiner Gardeoffizier« noch mit hinein. Gegen die Beliebtheit eines Komponisten ist die Handlungsführung machtlos …

Das »Weiße Röss'l« selbst, als Inszenierung, als Theaterereignis, war schon wegen der Art seiner Entstehung bemerkenswert. Eric Charell hatte das Projekt ausgedacht, ins Leben gerufen und selbst inszeniert. Er war auch der Chef des Großen Schauspielhauses, das vordem eine Markthalle und ein Zirkus gewesen war, dann unter Max Reinhardt zu einem Theater für monumentale Klassikeraufführungen umgebaut worden war und aus dem später dann der Friedrichstadtpalast wurde. Charell hatte das Haus von Reinhardt übernommen, als dieser darin nicht mehr kostendeckend Theater machen konnte. Charell machte Revuen, die berühmten »Charell-Revuen«, und war sich sofort im klaren, daß seine Revuen in jener Epoche der zwanziger Jahre, in denen die Revue die große Mode war, anders als die anderen sein mußten. So erfand er die Handlungsrevuen, in denen die Handlung nicht mehr bloß die

Ausrede für einen Bilderbogen war, in den schließlich alles irgendwie hineinpaßte, sondern wo die Bilder eine Geschichte erzählten, eine große, publikumswirksame, wie »Die drei Musketiere« oder »Casanova«. Die Musik zu »Casanova« entstammte übrigens der Feder von Johann Strauß, und die Bearbeitung für Charell stammte von Ralph Benatzky, ebenso wie die Musik der »Drei Musketiere«.

Mit Anwachsen der Wirtschaftskrise wurde auch für Charell die Aufgabe, sein Mammut-Theater erfolgreich zu füllen, immer schwieriger. Auf der Suche nach einem neuen Buch fand er im Verlag von Felix Bloch Erben beim Herumstöbern dann jenes alte Schauspiel aus der Zeit vor dem Ersten Weltkrieg, ein Stück, das keiner mehr spielen und das nicht einmal jemand mehr lesen wollte. Aber wieder einmal erwies sich der Satz von Lichtenberg als richtig: »Ein Buch ist ein Spiegel, wenn ein Affe hineinblickt, kann kein Philosoph herausschauen.«

Charell war das ganze Gegenteil eines Affen, er wußte viel zu gut, daß es keinen Ruhm bringt, die Erfolge anderer nachzuäffen und erkannte auf Anhieb das, woran andere seit Jahren vorbeigelesen hatten: daß dies noch immer ein Zeitstück war, im Jahre 1930 aktueller denn je. Hier war die Schilderung des Lebens in der »Sommerfrische« so echt, wie sie seit Goldoni nicht mehr beschrieben worden war. Hier war ein Grundkonflikt, mit dem der gleiche Goldoni bereits Furore gemacht hatte. Auch in seiner »Mirandolina« liebt der Kellner seine Wirtin und sie wird von hochgestellten Kavalieren bedrängt. (Nebenbei: Es war hier wie dort der Standesunterschied, aus dem der Liebeskonflikt erwuchs.) Alle Personen, die Blumenthal und Kadelburg in dem alten Lustspiel vorgestellt hatten, existierten weiter, durch die Umstände der Zeit eher noch genauer ausgeprägt, doch neu war: Dies war ein Stück vom Urlaub im Berliner Traumland »Alpen« – und wie viele Berliner konnten 1930 denn noch Urlaub machen?

Sie konnten es bei Charell im Großen Schauspielhaus! Und so richtete er nach seinen Ausflügen ins französische Barock und ins italienische Rokoko ein Gegenwartsstück von einem Traumurlaub am Wolfgangsee an – und nicht in der herkömmlichen Form der dreiaktigen Operette, sondern als eine geschlossene Handlung, die in Revueform erzählt wurde. Es wurde ein Welterfolg, nicht nur wegen seiner Wirkung auf das Publikum, sondern ebenso wegen seiner Machart.

In England und den USA finden aufmerksame Geschichtsschreiber bis zum heutigen Tage, daß die Ausprägung des Musicals nicht weniger durch »Das Weiße Röss'l« (The White Horse Inn) als durch »Showboat« erfolgt sei. Und wenngleich das Buch dazu von Hans Müller geschrieben wurde, und Ralph Benatzky den überwiegenden Anteil an der Musik hat – die Charell-Produktionen im Großen Schauspielhaus waren nicht mehr Inszenierungen fertiger Stücke, sondern Werke, die vom Regisseur zusammen mit einem Team von Spezialisten für Buch, Musik, Choreographie, Ausstattung usw. für die Aufführung geformt wurden. »Im Weißen Röss'l« stellte dabei den Höhepunkt der damals möglichen Entwicklung dar, 1932 mußte auch Charell sein Haus schließen. Insgesamt aber entbehrt es nicht einer gewissen Tragik, daß Stolz ausgerechnet am allergrößten seiner Theatererfolge nicht partizipieren und bei den Verfassern nur »unter anderem« erscheinen konnte.

Zunächst hatte Robert Stolz wirklich noch keine Zeit, sich darum zu kümmern. Die Premiere vom »Weißen Röss'l« war im November 1930, am 22. Dezember kam die »Peppina«, und im Januar 1931 begann er schon mit der Komposition seiner nächsten Operette »Venus in Seide«. Der Film beschäftigte ihn nahezu pausenlos, in dem einzigen Jahr 1931 schrieb und dirigierte er die Musiken zu »Die lustigen Weiber von Wien«, »Der Raub der Mona Lisa«, »Ein Lied, ein Kuß, ein Mädel« und »Liebeskommando«, woraus jeweils mindestens ein Lied zum Schlager oder sogar zum Evergreen wurde. Von den zehn Liedern, die er außerdem noch komponierte, bekamen acht ihre englische, französische, italienische Version – Armin L. Robinson war mit seinem »Alrobi-Verlag« wirklich sehr tüchtig. Gelegentlich schrieb er auch selbst Liedertexte, beispielsweise mit Robert Gilbert zusammen die für »Liebeskommando«, und das waren solche Erfolgslieder wie »Kamerad, wir sind die Jugend«, »Im Traum hast du mir alles erlaubt« oder »Ich möcht' einmal wieder verliebt sein«. 1931 war insgesamt eine sehr gute Jahresernte, Robert Stolz bewies einmal mehr, daß Produktivität und Qualität durchaus zusammengehören können. Er hatte mit dieser Fülle der Werke weder seine Phantasie noch seine Arbeitskraft erschöpft, sondern begann im November desselben Jahres bereits seine nächste Operette zu komponieren, die eine seiner erfolgreichsten überhaupt werden sollte: »Wenn die kleinen Veilchen blühen«.

Berlin allerdings ist, wie auch Wien, inzwischen ein miserabler Uraufführungsort geworden. Nicht nur Eric Charell, auch Max Reinhardt und Erwin Piscator ziehen sich aus dem Berliner Theaterleben zurück, Hermann Haller verkauft den Admiralspalast an die Gebrüder Rotter, die nun für kurze Zeit die Päpste des Berliner Operettentheaters werden, um Anfang 1933 auch mit ihrem Theaterkonzern wirtschaftlich zusammenzubrechen. Österreich befindet sich in einer enormen wirtschaftlichen Rezession. Die Stahlerzeugung beispielsweise ist dort auf weniger als ein Sechstel zurückgegangen, in der Nahrungsmittel- und in der Papierindustrie ist jeder zweite Arbeiter arbeitslos.

Robert Stolz ist international bekannt und international erfolgreich: »Wenn die kleinen Veilchen blühen« kommt am 1. April 1932 in Den Haag, in der Princesse Schouwburg, also in Holland heraus. Die Regie hat der Direktor des Hauses, Fritz Hirsch, übernommen, und am Dirigentenpult steht natürlich am Premierenabend Robert Stolz, ebenso wie im Stadttheater in Zürich, wo am 10. Dezember desselben Jahres die Premiere von »Venus in Seide« ist. Zürich bleibt dann das Uraufführungstheater für seine nächsten Operetten »Der verlorene Walzer« und »Grüezi«, die allerdings beide populärer wurden mit ihren Untertiteln »Zwei Herzen im Dreivierteltakt« und »Himmelblaue Träume«.

Es waren nicht nur wirtschaftliche Gründe, die die Schweiz besonders sympathisch machten. Ab 1931, seit Hitler von der deutschen Industrie finanziell unterstützt wird und sich mit den rechtsradikalen Gruppen zur »Harzburger Front« zusammengeschlossen hat, ist das Vordringen des Faschismus unausbleiblich geworden. Die Krise hat verheerende Folgen: In Deutschland sind 1932 mehr als sechs Millionen Menschen arbeitslos, das Reich wird von einem Wahlkampf in den anderen gehetzt, aber praktisch ist die Demokratie längst beseitigt, der Kanzler v. Papen errichtet bereits eine Diktatur der Notverordnungen.

Die Zustände gerieten immer mehr in die Nähe des Bürgerkriegs. Die antifaschistische »Eiserne Front«, die die SPD mit dem »Reichsbanner« und den Gewerkschaften geschlossen hatte, konnte ebensowenig wie die Aktionen der Kommunisten gegen die Schlägertrupps und die skrupellose Propagandamaschine der

Nazis aufkommen. Robert Stolz schrieb auch 1932 wieder die Musik für vier Tonfilme in Berlin, aber eine Operettenstadt war es für ihn nicht mehr. Paul Abraham hatte eine letzte glanzvolle Premiere mit »Ball im Savoy« im Dezember 1932 im Metropoltheater der Gebrüder Rotter. Sie hatte eine kurze Laufzeit. Robert Stolz lieferte im Dezember 1932 von Zürich kommend noch einen Musiktitel zu dem Film »Was Frauen träumen«, dann fuhr er schleunigst nach Wien, wo er schon im Herbst gewesen war. Dem Filmjahr 1932 fehlte jedes Happy-End.

IX

Die Flucht aus dem Ruhm
1933–1936

Hitlers Machtübernahme am 30. Januar 1933 war für die Welt zunächst einmal keineswegs jenes absolut welterschütternde Ereignis, als das es sich später herausstellte. Diktaturen und Diktatoren waren nichts Ungewöhnliches im damaligen Europa, für die traditionellen Demokratien wie Frankreich und England kein Grund zu besonderem Entsetzen. Italien wurde bereits seit 1922 von Mussolini beherrscht, in Portugal regierte seit 1932 der Faschist Salazar, Ungarn hatte mit Gyula Gömbös einen durchaus faschistischen Ministerpräsidenten, in Spanien hatte seit 1931 Primo de Rivera eine Diktatur errichtet, in Polen Pilsudski seine diktatorische Macht gerade an den Oberst Slavek delegiert, in Brasilien herrschte der Diktator Vargas, und in Österreich errichtete keine sechs Wochen später Dr. Dollfuß ein autoritäres außerparlamentarisches Regime. Überdies: Für das Ausland war Hitler völlig legal an die Macht gekommen. Daß er »endlich Ordnung schaffte«, war vielen, der Mehrzahl, willkommen. Die Brutalität seines Vorgehens in der folgenden Zeit schien den einen ein Anfangs-Ausrutscher nach dem Motto »Wo gehobelt wird, fliegen Späne«, anderen das Ungeschick eines Dilettanten, der auf dem politischen Parkett unweigerlich in Kürze würde ausrutschen müssen. Insgesamt erwies sich Hitler dann nicht nur als der schlimmste, sondern auch als der meistunterschätzte Politiker des Jahrhunderts.

Die Schlinge um den Hals der Deutschen war weit genug, um die allermeisten zu fassen, und sie wurde sehr rasch zugezogen. Und der Nationalsozialismus brauchte sein »Gedankengut« nicht einmal zu erfinden, er brauchte es nur zusammenzutragen und für seine Zwecke zu ordnen. Schon unter Kaiser Wilhelm war alles dagewesen, vom chauvinistischen Patriotismus und Germanenkult über Heldentum, Soldatenehre und deutsche Treue bis hin zum Antisemitismus, es mußte nur entsprechend mobilisiert werden. Man brauchte die Schuldigen für den verlorenen Krieg, das waren die Kommunisten und Sozis, man brauchte den Schuldigen für das wirtschaftliche Elend, das war das Weltjudentum, und man brauchte den Helden, der mit soldatischer Härte das arme deutsche Volk von seinem Elend befreite und wieder zu seiner angeblichen alten Größe emporführte, das war der Führer.

Wie das System mit Terror und Tricks, mit Honig und Peitsche brutal und unaufhaltsam funktionierte, bis es schließlich den ganzen Kontinent in Brand steckte, ist oft und detailliert beschrieben worden. So gut wie im Nachhinein war es für die wenigsten zu durchschauen, und wer es von Anfang an, wer es schon längst vorher durchschaut hatte, wie die Kommunisten, wurde erbarmungslos aus dem Weg geräumt und mundtot gemacht. Es schien also jedenfalls vernünftig, sich zu ducken, bis die ärgsten Stürme vorbei waren.

Doch die Stürme wurden zum Dauerzustand und nahmen zu: Man hatte sich einzurichten, da zu ändern nichts war. Außerdem gab es auch Annehmlichkeiten. Außer dem Terror, von dem man sich unter keinen Umständen erwischen lassen durfte, gab es tatsächlich »Ordnung«, auch wenn sie kasernenhofmäßig war. Der wirtschaftliche Aufschwung war für alle sichtbar, die wenigsten wußten, daß die Nazis bereits nach zwei Jahren 24 Milliarden Schulden gemacht hatten – danach wurden keine Budgets mehr veröffentlicht.

Das System war gnadenlos, aber es hatte auch an die Luftlöcher in seinem Volkskäfig gedacht. Die Gewerkschaften waren abgeschafft, über Löhne und Arbeitsbedingungen wurden Diskussionen nicht mehr geduldet, aber es gab hie und da Siedlungshäuschen und die Mammutorganisation von »Kraft durch Freude«. Die Propaganda hämmerte pausenlos auf die Massen ein, nicht nur mit Führerreden und Aufmärschen. Presse und Rundfunk waren gleichgeschaltet, und der »Volksempfänger« sorgte dafür, daß in jedem Haushalt die richtigen Nachrichten gehört wurden; die totale Abschnürung vom Ausland war in Kürze perfekt.

Mitten in der braunen Propaganda bleibt aber die »ganz unpolitische« Insel der Unterhaltung. Schon am 27. März 1933 beruft der neue Reichs-Propagandaminister Dr. Goebbels einen »Kongreß deutscher Filmschaffender« ins Berliner Hotel »Kaiserhof« und erklärt: »Sie können sich sicher fühlen, meine Herren! Die Zeit des ewigen Regierungswechsels ist vorbei. Wir sind jetzt da, und wir bleiben! Darauf können Sie sich verlassen! Selbstverständlich können wir nicht von früh bis spät in Gesinnung machen! Eine gewisse Bewegungsfreiheit muß herrschen!« Und fortan kümmert er sich um alles, von der ersten Minute an. Nach dem Fackelzug am 30. Januar ist Franz Grothe wie üblich im Sender mit dem Unterhaltungsprogramm dran. Er denkt sich noch gar nichts dabei, als er sein neues Lied »Es ist alles Komödie« einspielt. Schon am nächsten Tag hat Goebbels Zeit für ihn und wünscht zu wissen, was er sich eigentlich dabei gedacht habe. Jedes Drehbuch muß ihm zehn Tage vor Drehbeginn zur Genehmigung vorgelegt werden. Seine teuflische Gefährlichkeit wurde schnell bekannt. Für die Unterhaltung bestimmte er, daß sie ein für allemal »unpolitisch«, also unverbindlich zu sein hatte. Propagandafilme waren etwas anderes: »Hitlerjunge Quex«, »S. A.-Mann Brandt«, »Der große König« eröffneten einen unseligen Reigen, der in »Jud Süß« nur einen seiner abscheulichen Höhepunkte fand. Aber noch »Münchhausen« als der Jubiläumsfilm der UFA, hatte »unpolitisch« zu sein.

Robert Stolz war auf dem »Kongreß deutscher Filmschaffender« nicht anwesend, er kam erst im April wieder nach Berlin, anläßlich der Aufnahmen zu »Die Nacht der großen Liebe«. Géza von Bolvary war wieder der Regisseur, aber Peter Lorre und Otto Wallburg, die noch bei den Dreharbeiten zu »Was Frauen träumen« dabeigewesen waren, filmten schon nicht mehr in Deutschland. Auch die herrlichen Komiker Paul Morgan, Fritz Grünbaum und Szöke Szakall sah er künftig nicht mehr, ebenso wie Leonard Steckel und das Orchester Dajos Béla. Die Säuberung von jüdischen und sonstigen unerwünschten Elementen begann leise, aber schnell. Der »arische Nachweis« wurde Pflicht, die Schnüffelei in den Familienstammbüchern begann. Manches ging noch eine kurze Zeit weiter: Zu dem Film »Hochzeit am Wolfgangsee« konnte Robert Gilbert die Gesangstexte für Robert Stolz noch als

Robert Gilbert schreiben. Ein Jahr später war es schon klüger für ihn, sich »Rudolph Bertram« zu nennen, 1935 hieß er dann auch mal »Hans Honer« und wohnte längst nicht mehr in Deutschland. Sein Wohnungswechsel kam ihn noch verhältnismäßig billig: Wer als Deutscher nach Österreich fahren wollte, hatte jetzt für jedes Visum 1 000 Reichsmark zu bezahlen. Das waren damals fünf Monatslöhne eines Arbeiters. Sie retteten ihm sein Leben. Robert Stolz gehörte nicht zu denen, die vom Juden-Pogrom erfaßt wurden, er war »reinrassig« und konnte weiterarbeiten. Die Filmindustrie erlebte im neuen Nazi-Deutschland einen kräftigen Aufschwung, Goebbels setzte die Massenwirksamkeit des Mediums voll ein. Unterhaltung mit dem Stempel absoluter politischer Harmlosigkeit war ein wichtiges Aushängeschild der Propaganda, dem Unterhaltungsfilm stand weiterhin nichts im Wege, je mehr Filme dieser Art es gab, desto besser. So schrieb Robert Stolz 1933 zu drei und 1934 zu vier Filmkomödien die Musik. Zwei davon wurden ausgesprochene Treffer, und der dritte war schon einer: »Two Hearts in Waltz Time« war eine englische Neuverfilmung von »Zwei Herzen im Dreivierteltakt«, die der italienische Regisseur Carmine Gallone mit Joe May in London machte, gleich nachdem er in Berlin einen höchst erfolgreichen Sängerfilm abgedreht hatte. »Mein Herz ruft nach dir« mit Martha Eggerth und Jan Kiepura enthielt zwar nur ein Robert-Stolz-Lied, aber das ging um die Welt: »Mein Herz ruft immer nur nach dir, o Marita!«

Der dritte Musikfilm des Jahres, »Der Herr ohne Wohnung«, war der erste Film, den Robert Stolz wieder einmal für eine österreichische Filmfirma komponierte. E. W. Emo hatte die Regie inne, und Robert Gilbert hieß darin zum ersten Mal »Rudolph Bertram«, denn die Premiere des Films war in Berlin – auf den deutschen Markt mit seinen mehr als 10 000 Filmtheatern war man angewiesen. Der erfolgreichste Musikfilm des Jahres 1934 war denn auch eine Gemeinschaftsproduktion von Ungarn, Österreich und Deutschland: Die UFA drehte mit den anderen zusammen die Filmoperette »Frühjahrsparade«. Es war eine echte gefilmte Operette aus der »guten alten Zeit« des Kaisers Franz Josef. Sie spielte natürlich in Wien und ein bisserl in Ungarn, im Militär, im Adel, im Volk. Von den Musiken waren zwei ausgesprochene Haupttreffer von Robert Stolz, nämlich der Marsch »Heut geht's los« und der Walzer »Singend, klingend ruft mich das Glück«. Schließlich hatte Stolz das Milieu seiner eigenen Jugendzeit zu besingen, und er besang es in seiner Wahl-Heimatstadt Wien. Der Marsch war ohnehin bald zwanzig Jahre alt, den hatte er schon komponiert, als er noch unter Kapellmeister Watzek in der Kapelle der Deutschmeister gedient hatte – ein authentischer Marsch sozusagen.

Und außerdem hatte Stolz nun wirklich in Musikfilmen und Filmmusik profunde Erfahrung, die Stummfilme mitgerechnet war »Frühjahrsparade« seine 29. Filmmusik. Es war daher kein Wunder, sondern höchste Zeit, daß die »Frühjahrsparade« bei den Filmfestspielen in Venedig als bester Musikfilm mit der Goldmedaille ausgezeichnet wurde. Höchste Zeit war es deshalb, weil das die erste Auszeichnung war, die Robert Stolz für eine Filmmusik erhielt. Und er komponierte schließlich schon über dreißig Jahre! Indessen sollte diese Goldmedaille nicht seine einzige bleiben, und recht verstanden war auch die englische Zweitverfilmung der »Zwei Herzen im Dreivierteltakt« eine außerordentliche Auszeichnung. In jenen Jahren kam es äußerst selten vor, daß ein Film mehrmals verfilmt wurde (und man darf nicht vergessen, daß sich die Originalversion sogar am Broadway als Verkaufsschlager erwiesen hatte, also fast kein Grund bestand, den Film noch einmal neu auf englisch zu machen).

Robert Stolz war hauptsächlich wieder in Wien, die »Frühjahrsparade« gab er auch lieber wieder einem Wiener Verleger. Die Rechte an seiner Operette »Himmelblaue Träume« bekam in der Schweiz die »Zürich AG«. Im Sommer 1933 hatte er in Bad Ischl eine Musikalische Komödie mit dem Titel »Ein Mädel hat sich verlaufen« komponiert, deren Rechte erhielt der Doremi-Verlag in Basel.

Auch das Jahr 1935 hatte seine vier Robert-Stolz-Musikfilme, und die teilten sich schon höchst paritätisch zwischen Deutschland und Österreich auf. In Wien entstand »Der Himmel auf Erden« und »Zirkus Saran«, in Berlin der Jan-Kiepura-Film »Ich liebe alle Frauen« und »Herbstmanöver«. Das war der Film, in dem Leo Slezak das berühmte »Auf der Heide blühn die letzten Rosen« sang – eines der drei Lieder, die regelrecht zu Robert-Stolz-

Volksliedern wurden wie »Im Prater blühn wieder die Bäume« und »Vor meinem Vaterhaus steht eine Linde«. Seine Kompositionen entstanden alle in Wien, in Berlin erschien er zu seinen Aufnahmen und wenn es die Geschäfte erforderten. Er fuhr mit dem Auto, mit einem österreichischen selbstverständlich, von der Firma »Gräf und Stift«, die heute noch große Wagen baut – Omnibusse und Straßenbahnwagen. Ihr großer schneller Personenwagen galt damals als ein kontinentales Gegenstück zum englischen Rolls Royce. Zu seiner politischen Einstellung hat Robert Stolz in späteren Jahren selbst erklärt: »Ich habe mein Leben lang die Meinung vertreten, Musik – und Kunst überhaupt – solle am besten gar nichts mit Politik zu tun haben. Die Geschichte hat oft genug gezeigt, daß auch der begabteste Künstler naiv, wirr oder gar schamlos opportunistisch werden kann, sobald er sich in politische Angelegenheiten mischt. Meine Faustregel für die Politik, an die ich mich immer gehalten habe, lautet schlicht: Unterstütze kein Großmaul und traue keinem, der dir das Paradies auf Erden verspricht!«

Das mag wie eine apolitische Erklärung anfangen, es hört aber als ein sehr politisches Bekenntnis auf. Die Nazis stellten beides zur Schau, das große Maul ebenso wie die unausgesetzte Erklärung, ihr tausendjähriges Reich sei die Erfüllung und der Weltsegen. Und Stolz erklärte: »Ich verabscheute die Nazis von allem Anfang an wegen ihrer Hetze gegen die Juden und wegen ihrer ›Dolchstoßlegende‹, die die Juden und Sozialisten des Vaterlandsverrates bezichtigte … und ganz gleich, welche nationalen Interessen solche Praktiken vorgeben: Mir drehte sich der Magen um, wenn ich die zerschmetterten Fensterscheiben und geplünderten jüdischen Geschäfte sah und das widerwärtige Gebrüll hörte, wenn wehrlose Bürger zusammengeschlagen wurden.«

Die eingeschlagenen Fensterscheiben sahen viele, das Gebrüll hörten sie ebenso, und im übrigen arrangierten sie sich. Was sollte man machen? Robert Stolz hatte es gut, der fuhr zwischen Berlin und Wien hin und her, Starkomponist, Österreicher, er hatte nichts zu riskieren.

Wirklich nicht? 1936 siedelte er endgültig nach Wien um, in seine nachmals berühmte 10-Zimmer-Wohnung in der Elisabethstraße 16. Zu seinen beiden deutschen Filmen des Jahres 1937 »Husaren heraus« und »Die Austernlili« fuhr er nur noch gastweise ins Reich. Aber nichts riskieren? Das war der Punkt, wo der durchaus unheldische Robert Stolz dem Menschen Robert Stolz ohne lange Skrupel bedenkenlos nachgab.

»Es fing alles ganz einfach an«, erzählte er später. »Einer meiner Freunde, der wußte, daß ich im Begriff stand, von Berlin nach Wien zu fahren, erzählte mir von einer unglücklichen Frau mit zwei Kindern, die fliehen müßten, jedoch keine Papiere besäßen. Ich kannte die Frau nicht, doch ich bin der letzte, der ›nein‹ sagen kann, besonders, wenn es sich um eine verzweifelte Frau handelt, die von der Gestapo verfolgt wird und noch zwei kleine Kinder hat. Ohne weiter darüber nachzudenken, erklärte ich mich also bereit, das bedrängte Trio über die Grenze zu schmuggeln.« Er weihte seinen Chauffeur Braun ein, »einen ungeschliffenen, aber echten Diamanten«. Der ist sich der Gefahr genauso bewußt wie Robert Stolz, erklärt aber auf der Stelle seine Bereitschaft mitzuhelfen und hat die Idee, auf der Motorhaube des Wagens außerdem noch ein großes Hakenkreuz anzubringen. Die Fahrt gelingt – »Robert Stolz« ist ein vertrauter, berühmter Name. Das Hakenkreuz am Kühler wirkt. Einer der Grenzposten bittet ihn um ein Autogramm. Stolz gibt es gern, sogar mit Noten. Als er die Schranke passiert, hält der Grenzer das Lieblingslied seiner Frau in den Händen: »Adieu, mein kleiner Gardeoffizier ...«

Was sich wie ein Abenteuer liest, war ein Spiel auf Leben und Tod. Der kleine Bundesstaat Österreich war viel zu schwach, um im Ernstfall für seine beiden Staatsbürger Stolz und Braun mit Nachdruck eintreten zu können. Derartiges riskiert man allenfalls ein einziges Mal, – Robert Stolz riskierte es insgesamt einundzwanzigmal, nicht gegen Bezahlung, nicht im Dienste irgendeiner Organisation, sondern aus reiner Menschlichkeit. »Ich habe mein Leben lang die Meinung vertreten, Musik solle am besten gar nichts mit Politik zu tun haben« – Robert Stolz ist diesem Grundsatz später noch öfter untreu geworden.

Dabei war Österreich in jenen Jahren schon längst keine Insel des Friedens mehr. Die wirtschaftliche Lage war gebessert, die politische bewegte sich in der Nähe eines Bürgerkriegs. Im Februar 1934 hatte die rechtsradikale Heimwehr Starhembergs einen Zusammenstoß zwischen der Regierung Dollfuß und österreichischen Sozialdemokraten provoziert, der in Floridsdorf, Heiligenstadt und anderswo zu blutigen Auseinandersetzungen geführt und mit dem totalen Verbot der Sozialdemokratischen Partei geendet hatte. Die Kommunistische Partei war bereits vorher von Dollfuß verboten worden.

Hitler drängte seit 1933 auf den Anschluß Österreichs und hatte noch im gleichen Jahr einen Wirtschaftskrieg eröffnet. Ende Juli 1934 unternahm die österreichische Nazipartei einen bewaffneten Putschversuch, bei dem der Bundeskanzler Dollfuß ermordet wurde. Zu einem deutschen Einmarsch kam es nur deshalb nicht, weil das faschistische Italien Österreich gegenüber Nazideutschland mit dem Aufmarsch von drei Divisionen am Brenner abschirmte.

Aber unter dem neuen Bundeskanzler Dr. Schuschnigg geriet Österreich außenpolitisch in rasch zunehmende Isolation. Italien überfiel 1935 Abessinien und geriet durch die internationalen Sanktionen selbst in wirtschaftliche Schwierigkeiten, bei denen Hitler Mussolini besser helfen konnte als das kleine Österreich. Die NSDAP war seit dem Putsch von 1934 offiziell verboten, aber ihre Terrorakte, die von München aus unterstützt wurden, dauerten an, und im Juni 1936 wurde praktisch die NSDAP in Österreich neu zugelassen. Bereits im Feburar 1937 veranstaltete sie wieder große öffentliche Demonstrationen.

Noch war Österreich ein selbständiger Staat, noch konnte es sich gegen Hitlers Einverleibungspläne behaupten. Es erfreute sich sogar langsam wieder einer steigenden Wohlhabenheit: die Zahl der Arbeitslosen war deutlich gesunken, ebenso das Defizit des Außenhandels, der Fremdenverkehr entwickelte sich trotz des deutschen Boykotts, und die Währung war stabil. Aber der österreichische Wohlstand, der manchem als Sicherheit erscheinen mochte, konnte Hitlers Absicht, Österreich an sich zu bringen, nur festigen. Er bedeutete eine wesentliche Stärkung der deutschen Wehrkraft für den geplanten, für den unausweichlichen Krieg. Unausweichlich, denn im Anfang des Jahres 1939 betrug die Verschuldung des Reichs bereits 400 Milliarden. Es war nicht einmal mehr möglich, veraltetes Kriegsgerät durch moderneres zu ersetzen.

Doch das kam erst drei Jahre später. 1936 saß Robert Stolz endgültig wieder in Wien – ein Hellseher war er auch nicht – und das »Dritte Reich« stand anläßlich der Olympiade von Berlin in seinem strahlendsten Glanz. Thomas Wolfe hat die Szenerie in seinem Roman »Schau heimwärts, Engel« anschaulich beschrieben: Die ausländischen Besucher fanden tatsächlich ein neues, aufpoliertes, schnurgerade ausgerichtetes Deutschland vor, ziemlich militärisch zwar und mit einem etwas mageren Nachtleben, aber das war man ja von den Preußen gewohnt. Im übrigen klappte doch alles, und auch der Rassenhaß war offensichtlich gar nicht so schlimm, wie man glaubte. Der Neger Jesse Owens konnte seinem deutschen Konkurrenten sogar vor den Kameras in aller Öffentlichkeit die Hand geben – na also! Und technisch sind die Deutschen sichtlich auf Draht. Von den Olympischen Spielen 1936 gibt es bereits Fernsehübertragungen!

Robert Stolz hatte 1936 vor allem in London zu tun. Die drei Musikfilme, die er in diesem Jahr vertonte, waren die Produktionen österreichischer Firmen. Im dritten hatte Robert Gilbert ein neues Pseudonym: er hieß jetzt Karl Buda. Da die Pseudonyme nicht wie echte Personen die so lebensnotwendigen Einnahmen kassieren konnten, erfand Robert Stolz tolle Geschichten von urwüchsigen Naturtalenten aus den Bergen, die ihn mit der Führung ihrer Geschäfte der eigenen Weltfremdheit wegen beauftragt hätten. Auf diese Weise hielt er Gilbert einigermaßen über Wasser, aber auch bei anderen Emigranten war er bekannt für seine Hilfsbereitschaft und sein offenes Haus.

Nach England führte ihn ein Werk, das er bereits im Vorjahr in Wien komponiert hatte. Es war eine Operette mit dem englischen Titel »Jack of Hearts« (»Herzbube«) von Josef Arnold, zu der Robert Gilbert die Liedertexte geschrieben hatte. Sie war inzwischen von zwei englischen Autoren in eine englische Fassung übertragen worden, hatte einen neuen Titel bekommen, »Rise And Shine«, und auch einen neuen Untertitel: »Musical Comedy«. Bereichert um zwei Einlagen, ging sie am 7. Mai 1936 in dem altehrwürdigen, riesigen Drury Lane Theater in Szene, mit dem genialen Tänzer–Sänger–Schauspieler Fred Astaire in der Hauptrolle, der sich eine der Einlagen selbst geschrieben hatte. Anschließend wurde das Werk in England von einem Tournee-Ensemble als »Darling You« weitergespielt. Und 1937 machte Stolz neben den zwei Filmen in Berlin noch fünf Musikfilme in Wien, ferner standen ihm auch noch die Uraufführungen zweier neuer Operetten bevor. Am 21. Dezember war in der »Scala« die Premiere von »Der süßeste Schwindel der Welt«, und am 22. Dezember brachte die Volksoper seine Revueoperette »Reise um die Erde in 80 Tagen« heraus. Es wurden so triumphale Erfolge wie eh und je.

Er hatte zwischendurch phantastische Angebote aus Hollywood bekommen, aber was sollte er da? Er war Wiener. »Goldene Nokkerl kann ich auch nicht essen«, sagte er sich und blieb da. Nun saß er glücklich in seiner Wiener Prachtwohnung mit ihrem herrlich ausgestatteten Musikzimmer, umgeben von einer lieben Frau, einem großen Freundeskreis, den Trophäen seiner bisherigen 57 Künstlerjahre, wohlhabend, anerkannt und in voller Schaffenskraft: Er liebte Wien, Wien liebte ihn, hier konnte er weiterarbeiten, die Flucht aus dem gefährlichen Ruhm von Berlin schien geglückt.

X

Sechs Jahre Premieren
1931–1937

Die Jahre von 1930 bis 1937 können als die Filmjahre von Robert Stolz bezeichnet werden. Vierzig Tonfilme in acht Jahren! Es wäre eine großartige Leistung gewesen, wenn er sonst kein einziges Lied geschrieben hätte. Aber erstens schrieb er neben seinen Tonfilmen noch zahlreiche Lieder, und außerdem kamen zu den Tonfilmen allein in den letzten sechs Jahren noch neun Operetten hinzu! Und es waren höchst verschiedene Formen, die in diesen Jahren seine Stolz-Operette annahm. Allen Klischeevorstellungen über das Operettenklischee zum Trotz schimmert das Stolz-Bühnenwerk der dreißiger Jahre in den verschiedensten Farben. Das

Kammerspiel ist ebenso dabei wie die Revueoperette. Von den neunen ist eine (»Rise And Shine«) in England ein Erfolg und weitere vier werden internationale Erfolge, zwei weitere werden nach dem Krieg neu bearbeitet und setzen dann ihren Weg fort – es gibt wenige Operettenkomponisten, die so viele Erfolge mit ihren Werken aufzuweisen haben. Man darf ja dabei nicht vergessen, daß die Operette grundsätzlich nicht für die Ewigkeit gemacht ist. Ihre Aufgabe ist nun einmal, ihr Publikum in der Gegenwart zu unterhalten, und unter diesem Gesichtspunkt ist es schon außerordentlich erstaunlich, wenn sich eine Operette länger als ein Jahrzehnt halten kann und wenn sie darüber hinaus auch noch im Ausland zum Erfolg wird. Die Lebensdauer, der Erfolg von Operetten wird unbewußt zu oft mit Erfolgsopern verglichen, wobei niemand berücksichtigt, daß die Anzahl dieser Erfolgsopern aus den letzten hundert Jahren ziemlich gering ist.

Weitaus interessanter wäre es, die Operetten an den Schauspielen zu messen. Wie viele aus der Zeit vor dem Ersten Weltkrieg, wie viele aus den zwanziger Jahren sind heute noch in den Spielplänen zu finden? Welche Aufführungsserien erreichten sie? Auch die Theorien über die Operette sind reichlich brüchig. Die Leute, die behaupten, daß Offenbach die Operette erfunden hätte, unterschlagen nicht nur seine erfolgreichen zeitgenössischen Konkurrenten wie Hervé oder Lecocq, sie setzen sich auch in heftigen Gegensatz zu ... Offenbach selbst, der nur eines seiner Werke »Operette« nannte: »Hoffmanns Erzählungen«.

Aber auch das Gerede von der unentwegten »Gesellschaftskritik« der Operette erweist sich bei näherem Hinsehen als nicht beweisbares Gerede, denn weder die »Verlobung bei der Laterne« noch »Die beiden Blinden« oder »Die schöne Helena« wollten mehr sein als vorzügliches Amüsement, und »Die schöne Galathee«, »Boccaccio«, »Gasparone« und »Der Zigeunerbaron« strebten auch nicht nach anderer Ehre. Die späteren Jahrgänge hatten keinen Grund, es den großen Vorgängern nicht nachzutun, Gesellschaftskritik war ohnehin das, was von ihnen gar nicht erwartet wurde. Den so »gesellschaftskritischen« Konflikt der »Csárdásfürstin« nahm Stolz mit seinem Einakter »Die Varietédiva« schon 1913 vorweg, in knapperer und durchaus schlagkräftiger Form, ohne daß das jemandem als »Gesellschaftskritik« aufgefallen wäre. Es war ganz ähnlich wie bei »Orpheus in der Unterwelt«, mit dem Offenbach angeblich Napoleon III. eins ausgewischt haben soll.

Niemand merkte etwas davon, der Kaiser lachte Tränen und vermachte Offenbach zum Dank eine goldene Schnupftabakdose mit Widmung. Das Gegenteil ist richtig: »Pariser Leben« ist weitaus mehr eine Verherrlichung als eine Kritik der Pariser Gesellschaft, wo sogar die Dienstmädchen den Ausländern noch wie Gräfinnen erscheinen können. Der Erfolg des »Weißen Röss'ls« lag – ebenso wie der des »Sperrsechserls« – eben darin, daß das Stück die Gesellschaft durchaus von ihrer heitersten Seite betrachtete, »Paganini« und »Mitternachtswalzer« erzählten genau wie die »Lustige Witwe« menschliche Schicksale interessanter Leute, es war die Tagesbezogenheit, der modische Chic, der den internationalen Erfolg von »Mädi« ausmachte. Freilich veralten Theaterstücke oft schneller als ihre Musik, der »Favorit« war ein Beispiel dafür, auch der »Hampelmann«.

Von den Stolz-Operetten der dreißiger Jahre schlugen nur noch zwei den Weg von »Mädi«, »Hampelmann« und der »Einzigen Nacht« ein: »Ein Mädel hat sich verlaufen« war ebenso ein derartiges verkapptes Musikalisches Lustspiel, und »Der süßeste Schwindel der Welt« wurde sogar erst als Musikalisches Lustspiel lebendig. Von »Jack of Hearts« wissen wir leider nicht, wie es als Musical Comedy aussah. Der Untertitel will nicht unbedingt etwas über die Form besagen: Auch Lehárs »Lustige Witwe« läuft als »The Merry Widow« bis zum heutigen Tage mit der englischen Unterbezeichnung »A Musical Comedy«. Jerome Kerns »Showboat« und Lehárs »Land des Lächelns« liefen 1932 in London in zwei Theatern in der gleichen Straße als »Musical Play«, und ein Dresdener Kritiker erklärte noch in den siebziger Jahren, zwischen beiden Stücken bestehe eine Verwandtschaft. Vielleicht wollte er damit etwas gegen »Showboat« sagen, aber es war ein Kompliment für Lehár, ebenso wie es ein Kompliment für Stolz war, daß seine Musik für die englische Musikszene interessant war und auch auf dem harten Weg des Tourneetheaters ein zuverlässiger Wegbereiter von »Darling You«.

Ein anderer hätte zweifellos rechtzeitig versucht, sich zu internationalisieren, für die Stolz-Musik ist es kennzeichnend, daß er sichtlich um solchen »international touch« sich gar nicht bemühte, sondern einfach auf der Höhe seiner Zeit seine Musik schrieb und damit auf der Höhe seiner Zeit war. Sein Bekenntnis war »Unsere Musik braucht eine Heimat, damit ihr Herz und Seele zu eigen sind« und »... meine musikalische Heimat wird immer Wien sein«.

Tatsächlich wurde er als Wiener Komponist international, und dies nicht, indem er Wiener Intonation und Wienerlied zu Tode ritt, sondern indem er es nie verleugnete, Wiener zu sein. »Nichts ist groß, was nicht wahr ist«, schrieb Lessing. Der Musiker Stolz log nie. Das war nicht die einzige Quelle seines fast märchenhaften Erfolgs, aber eine ganz wichtige, und sie betraf auch seine Operetten.

Auffallend daran ist, wie viele seiner Stoffe im Volk wurzeln. Im »Sperrsechserl« verirren sich die einfachen Leute zu den Grafen, nicht etwa die Grafen zu den einfachen Leuten, und die Grafen nehmen sich dabei komisch aus. Im »Tanz ins Glück« sind die Raffkes komisch, und der Logenschließer und der Friseurgehilfe sind die Menschen. Im »Mitternachtswalzer« verirrt sich ein Prinz zu einer Fiakertochter, und wenn er am Schluß auf eine Weltreise abkommandiert wird, muß er die bessere Welt der menschlichen Wärme und Werte verlassen, die die Welt der Fiakerleute ist.

Wenn die kleinen Veilchen blühen

Auch »Wenn die kleinen Veilchen blühen«, der internationale Stolz-Erfolg aus dem Jahre 1932, ist kein Stück aus der »gehobenen Gesellschaft«, es spielt unter Leuten, die erst später etwas geworden sind – und vordem lustiger waren. Als »Studentenstück aus der guten alten Zeit am Rhein« hat es in der Anlage des Milieus durchaus seine Verwandtschaft mit »Alt-Heidelberg«, dem alten Erfolgsstück von Meyer-Förster, aus dem dann Charles Romberg das Erfolgs-Musical »The Student Prince« machte. Aber »The Student Prince« hat eben seinerseits wieder eine gewisse Verwandtschaft mit dem »Zarewitsch«. Hier wie dort taucht Seine Hoheit in die Menschenwelt ein und muß sie der erhabenen Pflichterfüllung wegen wieder verlassen. Höher als alle Liebe steht bei jenen Wesen aus der anderen Welt die Staatsraison, mag ihnen das Herz auch noch so sehr bluten.

»Wenn die kleinen Veilchen blühen« hatte diese Sorgen nicht. Das Stück von Kehm-Frehsee, das dem Libretto von Bruno Hardt-Warden zugrunde lag, war eine lustige Schülergeschichte aus der

Vorkriegszeit: Abiturienten schaffen es mit List und Tücke, in ein Töchterheim einzudringen, und es kommt zu den köstlichen Begegnungen der »ersten Liebe« hinter dem Rücken der Vorsteherin und mit kräftiger Unterstützung des Dienstpersonals. »Als ich noch im Flügelkleide« hieß dieser harmlose Spaß, und ähnlich wie beim »Weißen Röss'l« gehörte schon eine sehr gute Spürnase dazu, die Möglichkeiten zu entdecken, die darin verborgen lagen.

Sie waren vielschichtig. Welcher reifere Theaterbesucher denkt nicht gern an seine Jugendzeit zurück, als er sich auch noch für einen »tollen Kerl« halten durfte? Das Stück weckte Erinnerungen. Es war lustig, die gestandenen Damen und Herren des Theaterensembles sich in Schüler zurückverwandeln zu sehen und – es war amüsant. (Der Rühmann-Film »Die Feuerzangenbowle« baute später auf ähnlichen Wirkungskomponenten auf.) Bruno Hardt-Warden und Robert Stolz taten noch ein übriges: Sie überließen es nicht einfach dem Zuschauer, sich an die »goldene Jugendzeit« zurückzuerinnern – als eigene Geschichte mochte er den Spaß womöglich doch etwas schlicht finden – sie bauten die Geschichte so um, daß es die Erinnerung der Bühnengestalten wurde, deren Erinnerung nicht die der Zuschauer war. Und um das Ganze auch lokal zu fixieren, verlegten sie die Handlung nach »Bacharach am Rhein«, einer Gegend, die Touristensehnsuchten international gerade so heftig weckt wie der Wolfgangsee im Salzkammergut. Das Vergnügen endet auch nicht in der Nostalgie, sondern mit einer zusätzlichen Liebesgeschichte der Kinder der einstigen Helden, die natürlich »ganz anders« sind als die jungen Leute von damals, aber mindestens so tüchtig, wie ihre Eltern es waren.

Aber der Umbau der Geschichte wäre gar nichts gewesen ohne die dazugehörige Musik, die nun wiederum zu dem Verkleidungsstück keineswegs Theater spielte, sondern voll aus dem Stimmungsgehalt der Szenen schöpfte: Die »Jugenderinnerungen« wurden aus dem erwachsenen Lebensgefühl musikalisch gestaltet. So konnte im heiteren Märchenspiel des altmodischen Töchterheims dann nicht nur so ein Marschlied wie »Es lebe die Liebe« und so ein Weinlied wie »In Bacharach am Rhein«, sondern ebenso eine Melodie wie »Du, du, du, schließ deine Augen zu« aufblühen, und um die Modernität zu erfassen, die diese Musik unverändert hat, muß man sich einmal die englische Version des Titel-Foxtrotts anhören: Als »Don't say Good-bye« ist das eine prachtvolle Musical-Nummer, es kommt nur auf den Vortrag an! Auch auf deutsch sind aber diese Melodien ebenso wie das »Ich hab ein Mädel gern« bis heute lebendig geblieben – im Gegensatz zum Libretto, das aus einem bestimmten Zeitgeist heraus entstanden war und seinen Erfolg in seiner Zeit hatte – einen gewaltigen Erfolg übrigens. Die Uraufführung war in Den Haag natürlich am idealen Ort plaziert:

Von nirgendwoher konnte der Rhein, der deutsche Rhein, attraktiver erscheinen, nachdem es die amerikanischen Touristen, die heute Rüdesheim und andere Orte der Umgebung bei ihren Europa-Pilgerfahrten aufsuchen, ja noch nicht gab. »Als de lentebloesems bloein« machte es niederländisch Furore, ebenso in Dänemark als »Naar Violen blomstrer«; schon ein halbes Jahr nach der Uraufführung war es auch im Londoner Drury Lane Theatre auf englisch als »Wild Violets« zu erleben, französisch kam es gleich in zwei Übersetzungen heraus als »Quand fleurissent les violettes« und kürzer und schlagkräftiger als »Le printemps chante«, der Titelfoxtrott ging als Schlager auch nach Italien, und noch im gleichen Jahr 1932 zeigten nicht weniger als 55 deutsche Theater das Werk an, von Aachen und Altenburg bis Zürich und Zwickau. Die »kleinen Veilchen« wurden der Schlager der Saison und blühten, wohin man auch kam.

Aber das war nur der eine Operettenerfolg des Jahres. Den anderen hatte Stolz schon vor den »Kleinen Veilchen« komponiert, und diese Operette, die am 10. Dezember 1932 in Zürich herauskam, hatte einen ganz anderen Zuschnitt. Mit ihr hatten Alfred Grünwald und Ludwig Herzer ein Libretto geschaffen, das sich ganz und gar auf den Bahnen jener »Großen Operette« bewegte, auf denen Kálmán in den zwanziger Jahren unwandelbar vorangeschritten war. Mit dem »Veilchen vom Montmartre« hatte er andere Wege einzuschlagen versucht, aber auf den früheren hatte er die größeren Erfolge verbuchen können.

Dennoch steht die »Venus in Seide« in seiner Nähe, und zwar nicht nur hinsichtlich der Form, sondern auch in bezug auf den Schauplatz. »Venus in Seide« spielt auf einem Schloß in Ungarn. Und es gehört zu den Merkwürdigkeiten der Wiener Operette, daß fast jeder ihrer großen Komponisten irgendwann einmal seine »ungarische« Operette schreiben mußte, von Johann Strauß und seinem »Zigeunerbaron« über Franz Lehárs »Zigeunerliebe« und »Wo die Lerche singt« bis lange danach zu Dostals »Ungarischer Hochzeit«. Ein Wunder ist das natürlich nicht: Die Intonation der ungarischen Musik, verbunden mit den Möglichkeiten der Zigeunermusik, ist einfach verlockendes kompositorisches Material, das eher dadurch noch interessanter für einen Musiker wird, daß die ungarische und die Zigeunermusik zwar zwei völlig voneinander getrennte Dinge sind, geographisch jedoch bei fast jedem ungarischen Operettenstoff sehr beieinander liegen.

Was die »Venus in Seide« vom Puszta-Paprika-Etelka-Klischee sehr wohltuend unterscheidet, ist vor allem anderen die Tatsache, daß es sich hier um eine ausgezeichnet gebaute Räubergeschichte handelt. Graf Teleky – politischer Emigrant wie der Barinkay im »Zigeunerbaron« – hat nach seiner Rückkehr Anspruch auf sein Stammschloß, das inzwischen einer polnisch-ungarischen Dame namens Jadja gehört, die den Sohn des Obergespan Oroszy heiraten soll. Auf diese Weise will der reiche Oroszy zu noch mehr Einfluß kommen. Jadja haßt Teleky, weil er ihr den Besitz streitig macht. Teleky hat sich während des Prozesses, den er gewonnen hat, in ihr Bild verliebt. Er erscheint im Schloß und gewinnt das Herz Jadjas als angeblicher Räuberhauptmann Rozsa Sandor, der in der Gegend sein Unwesen treibt. Im ersten Akt ist auch das Publikum völlig davon überzeugt, daß Rozsa Sandor als ungarischer Graf verkleidet mit seinen Räubern ins Schloß eingedrungen ist. Auf Jadja hat der Fremde, der ihr ferner mitteilt, er habe ihren Verlobten gefangengesetzt, sofort stärksten Eindruck gemacht.

Im zweiten Akt tritt jedoch ein anderer Kavalier auf, der sich seinerseits als Graf Teleky vorstellt. Er ist der echte Rozsa Sandor, wird aber von der Schloßgesellschaft für den echten Teleky gehalten. (Der Zuschauer ist inzwischen über das Doppelspiel der beiden aufgeklärt.) Der alte Oroszy schwenkt sofort zu dem vermeintlichen Teleky um, bei dem ihm mehr zu holen scheint als bei Jadja, die ihn als Schwiegertochter nicht mehr interessiert, da sie das Schloß laut Richterspruch zugunsten Telekys aufzugeben hat. Teleky versucht, Jadja, deren Liebe er sicher ist, die Wahrheit zu sagen, wird aber von ihr zurückgestoßen, worauf er in seine Rolle als Rozsa Sandor zurückfällt, dem Dorfpfarrer seine unverzügliche Trauung mit Jadja befiehlt und sogar erreicht, daß Jadja nach anfänglichem Sträuben die Nacht mit ihm (als Rozsa Sandor) verbringt.

Aber im dritten Akt, in der Schenke, in der der echte Rozsa Sandor sein Hauptquartier aufgeschlagen hat, dreht Jadja den Spieß um und spielt dem falschen Rozsa Sandor eine so wilde Räuberbraut vor, daß dieser seine angebetete »Venus in Seide« gar nicht wiedererkennt. Jadja gibt amüsiert zu, daß sie nur Theater gespielt hat, weil sie in der Nacht seine Verstellung durchschaut hat und sie ihm heimzahlen wollte. Der echte Rozsa Sandor wird aber weiterhin vom habsüchtigen Obergespan Oroszy für den Grafen gehalten: Oroszy verrät ihm nicht nur, auf welche Weise der Räuber gefangen werden soll, sondern liefert ihm auch noch sein Vermögen aus. Sandor gibt es ihm aber lachend zurück, als die Nachricht kommt, daß er nicht nur begnadigt ist, sondern mit seiner Schar sogar in die Dienste des Königs treten soll.

Die Handlung enthält mehr vorzügliche Theatersituationen als eine kurze Inhaltsangabe andeuten kann, die Irreführung im ersten Akt ist vollkommen, die Verschwörung zwischen dem echten und dem falschen Teleky, dem echten und dem falschen Rozsa Sandor ist ein echter Spaß, und ebenso wirksam sind alle Szenen, in denen Oroszy dem Räuber ahnungslos seine Dienste immer wieder aufdrängt.

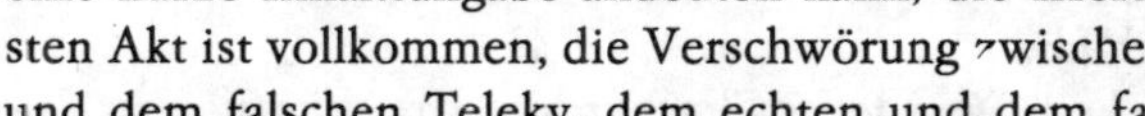

Im Gegensatz zu anderen Stolz-Operetten gibt es hier lauter eindeutige Fachpartien: Jadja ist die Sängerin, Teleky der Tenor (es war der Prototyp einer Tauber-Rolle, die Stolz da gelang. »Erst hab ich ihr Komplimente gemacht« wurde ein berühmtes Tauber-

Lied.) Der echte Rozsa Sandor ist klugerweise als Sprechrolle angelegt, das Buffopaar ist das typische Buffopaar, eine heiratsbedürftige Wiener Komteß und ein Leutnant, der die Tapferkeit nicht erfunden hat, und der alte Oroszy ist eine vollsaftige Komikerrolle. Es handelt sich also um eine Operette, die von vornherein ganz auf die Besetzungsmöglichkeiten des Stadttheaters zugeschnitten wurde, aber dem Klischee nicht nur durch die Verlegung in die Historie, sondern auch durch eine exzellente Handlungsführung entging.

Stolz packte von Anfang an mit seiner Musik treffsicher zu. Schon das Entrée der Jadja »Spiel auf deiner Geige« ist ein großes Lied mit Chor, das darauffolgende Kartenensemble ein wirksam dagegen kontrastierendes Damenduett mit Damenchor – »Eine wie du war immer mein Traum« wurde nicht weniger populär als das »Spiel auf deiner Geige«. Aber in diesem Stil geht es weiter, ganz im Gegensatz zum Kammerstil der bisherigen Stolz-Operetten gibt es hier reiche Chorsätze und große Finali. Auch der Auftritt des Fremden bezieht sofort den Damenchor ein: »Wie herrlich, wie herrlich, ein Räuber zu sein ...« Und man müßte die Lieder auf diese Weise alle aufzählen, weil fast jedes seine Besonderheit einschließlich seiner besonderen Wirkung hat. In musikalischer Hinsicht ist »Venus in Seide« die typische Gesangsoperette aus dem Anfang der dreißiger Jahre, das heißt gerade bevor der Allgemeingeschmack in die bloße Schlageroperette umschlug. Daß diese Operette bis auf den heutigen Tag höchst lebendig geblieben ist, bewies erst vor wenigen Jahren die Staatsoperette in Warschau, wo »Venus in Seide« einen Erfolg errang, der mehrere Spielzeiten anhielt.

Es war also kein Wunder, daß schon die Uraufführung in Zürich so erfolgreich war, daß das Züricher Stadttheater sich sofort auch die nächste Robert-Stolz-Uraufführung sicherte. Sie kam bereits neun Monate später und hieß »Zwei Herzen im Dreivierteltakt«.

Zwei Herzen im Dreivierteltakt (Der verlorene Walzer)

»Zwei Herzen im Dreivierteltakt« ist in Anlehnung an den Tonfilm von 1930 entstanden, aber es ist keineswegs einfach die Bühnenadapation der Filmhandlung! Mit der Filmmusik hat die ganze Operette überhaupt nur Motive des Titelwalzers gemein, ansonsten wurde nichts daraus übernommen. Wozu auch? Zu dem neuen Buch, das Paul Knepler zusammen mit I. M. Welleminsky verfaßt hatte, fielen Robert Stolz im Juni und Juli 1933 in seinem geliebten Opatija so viele gute neue Melodien ein, daß er einen Rückgriff auf seine alten Film-Erfolgslieder gar nicht nötig hatte. Er brauchte den »verlorenen Walzer«, aber großzügig verzichtete er sogar auf die Wiederhereinnahme von »Auch du wirst mich einmal betrügen«. In Robert Gilbert hatte er ohnehin den Textdichter seiner Wahl für seine Einfälle. »Das ist kein Zufall, daß das Glück in Wien wohnt«, »Das ist der Schmerz beim ersten Kuß«, »Du bist meine schönste Träumerei«, »Heut besucht mich mein Glück«, »Wenn man zweimal leben könnte« – sie purzelten nur so aus seiner Feder, sie kamen zwanglos und selbstverständlich, und wenn man sie heute der Reihe nach anschaut, muß man feststellen, daß sie nicht nur alle überaus sorgfältig und einfallsreich gearbeitet sind, sondern auch der jeweiligen dramatischen Situation im Stück voll entsprechen.

Im Gegensatz zur »Venus in Seide« wirkt das Buch des »Verlorenen Walzers« so, als wäre es ohne alle Kunstkniffe einfach nur frisch hingeworfen – aber der Schein trügt. Paul Knepler hatte bei Lehárs »Paganini« bewiesen, daß er sein Handwerk ganz exquisit verstand – so exquisit, daß man hier eben nicht mehr merkt, wieviel Librettistenraffinesse in die Geschichte hineingepackt ist. Denn sie wird mit einer berückenden Geradlinigkeit erzählt:

Die beiden Brüder Nicki und Vicki Mahler haben eine Librettistenfirma und sollen mit ihrem Freund, dem Komponisten Toni Hofer, die nächste Operettenpremiere des Zentraltheaters liefern. Hofers Verhältnis mit der Operettensängerin Anny Hofer ist gerade in Auflösung begriffen und Toni daher in einer Schaffensflaute. Ausgerechnet der für die Operette notwendige große Walzer fällt ihm nicht ein. Die beiden Librettistenbrüder haben eine von ihnen heiß geliebte Schwester namens Hedi, die gerade aus dem Pensionat zurückkommt, wo sie und ihre Kommilitoninnen die Musik von Toni Hofer über alles verehrt haben. Als ihre Brüder sich darüber unterhalten, daß Toni dringend eine neue »Muse« nötig habe, wird sie unbemerkt Zeugin des Gesprächs, besucht Toni Hofer auf eine kurze Stunde, vermag ihn zu dem Walzer zu inspirieren, reißt aber aus, ehe mehr aus der Begegnung entstehen kann, die auch auf sie eine tiefe Wirkung ausgeübt hat. Als Toni die Walzermelodie seinen Freunden beglückt vorspielen will, muß er feststellen, daß sie ihm zusammen mit der unbekannten »Fee« vom Abend entschwunden ist. An ihrem 18. Geburtstag erfährt Hedi zweierlei; daß sie gar nicht die leibliche Schwester der beiden Brüder ist, und daß Toni seinen Walzer unbedingt wiederfinden muß. Sie sucht ihn im Theater auf, und nicht nur der verlorene Walzer fällt ihm wieder ein, beide finden auch zueinander.

Nicht die Verwicklungen machen hier den Reiz der Geschichte aus, sondern die amüsante Burschikosität, mit der sie erzählt wird. Da sind die ewig miteinander streitenden Brüder Nicki und Vicki geradeso amüsant wie die Gestalten des Theatermilieus, der Direktor, der Direktionssekretär Blaustingl und der Theaterdiener Weigl. Ein Heurigensänger bringt eine dezente Prise Sentimentalität hinein, die Sängerin Anny ein bissel Schicksal, und Hedi darf einen hinreißenden Backfischzauber entfalten. Das alles ist leicht, frisch, unkonventionell und, wie die Theaterprobe des letzten Aktes zeigt, erfreulich verblüffend: eine Operette, die aus der Art geschlagen ist, in der nettesten Weise. Und der besonnte Schimmer der Vergangenheit, der heute über ihr liegt, schadet ihr in keiner Hinsicht. Sie ist eigentlich in ihrer Art und als Sonderfall klassisch. Interessant ist, daß sie gerade in der Zeit, in der das amerikanische Musical besonders heftig seine Ellenbogen gebrauchte, um seine Eigenart zu entwickeln, zwischen 1938 und 1948, gleich dreimal in den USA inszeniert wurde: in St. Louis, in Los Angeles und in Detroit – drei Städte, die sich die Gastspiele von Musical-Produktionen des Broadway bis heute aussuchen können.

Himmelblaue Träume

Es war klar, daß Zürich nach zwei überaus großen Stolz-Erfolgen in zwei aufeinanderfolgenden Jahren im dritten Jahr wieder seine Robert-Stolz-Operette haben wollte, und es bekam sie auch, aber dieses Mal in vollkommen anderer Form. Auch sie blieb keineswegs auf Zürich beschränkt, und auch sie hatte gewisse Titelschwierigkeiten, denn in jedem Land hieß sie ein bißchen anders: in der Schweiz »Grüezi (Der Wilde Mann)«, in Österreich »Servus, Servus«, in Italien »Ciao, ciao«, und in Deutschland bekam sie dann den Titel, der ihr am meisten treu geblieben ist, »Himmelblaue Träume«. Es war eine ausgesprochene Revue-Operette und für Robert Stolz die Frucht seines Sommerurlaubs 1934 in Bad Ischl. Da sie jedenfalls auch in Deutschland gespielt werden sollte, hatte Robert Gilbert als Dichter der Liedertexte seinen Namen vorsorglich als »Rudolph Bertram« angegeben, das Buch stammte von Georg Burkhard. Das Werk kam noch im selben Jahr als große Stolz-Premiere in Berlin im »Theater des Volkes« heraus – so war Reinhardts und Charells »Großes Schauspielhaus« inzwischen umbenannt worden. Im April des nächsten Jahres brachte es die Wiener Scala. Die Fabel der Geschichte ist recht einfach: Im Gasthaus »Der wilde Mann« bewerben sich der verwitwete Inhaber und seine drei heiratsfähigen Söhne um die Gunst der hübschen Hotelsekretärin Gritli. Aber eine Filmgesellschaft kommt zu Aufnahmen ins Hotel. Gritli verliebt sich in den Regisseur und der Regisseur in sie. Das sieht auf den ersten Blick ein wenig simpel aus und bleibt es auch auf den zweiten, aber für eine Revue bot das Buch viele Entwicklungsmöglichkeiten. Es hat keinen Sinn, den »Wilden Mann« mit dem »Weißen Rößl« zu vergleichen, denn die Handlung hatte vor allem Schauplätze und musikalische Möglichkeiten zu liefern, und Robert Stolz konnte sich trefflich auskomponieren. Das tat er denn auch, und der Erfolg blieb ihm dabei treu. Kein Wunder, denn schon der Walzer »Himmelblaue Träume träume ich von dir« hatte von Anfang an alle Anlagen zum Evergreen, und schon der Eingangschor »Grüezi, grüezi« versetzte die Leute in gute Laune. »Jedes kleine Mädel hat eine Lieblingsmelodie«, »Was wär' denn ich, wenn du nicht wärst« – wieder einmal gaben sich die Einfälle nur so die Hand. Es erwies sich bei dieser Gelegenheit, daß die Musik von Robert Stolz einen Theaterabend sogar dann tragen konnte, wenn die Handlung eigentlich nicht trug. Es gab indessen etwas zu sehen, und es gab Musik mit Schwung – wer mehr von einer Revue-Operette bekommt, bekommt schon mehr, als er verlangen darf. Von den »Himmelblauen Träumen« verlangten die Leute nicht mehr als ... himmelblaue Träume, und die bekamen sie.

Viel später, 1969, versuchte dann Hugo Wiener in einer Neubearbeitung für die Bregenzer Festspiele, die Revue stärker der Operette anzunähern, es gab zusätzlich eine Anzahl Robert-Stolz-Einlagen, und es wurde eine sehr schöne Aufführung auf dem Bodensee, aber auch als »Hochzeit am Bodensee« blieben die »Himmelblauen Träume« ein Ausflug in die beginnende Schlageroperette der Dreißiger.

Ein Mädel hat sich verlaufen

Mit »Ein Mädel hat sich verlaufen« nahm Stolz zwar im Jahr 1934 nochmals seine Kammeroperette auf, aber diesmal ließ ihn auch das Buch von Hardt-Warden im Stich: Da wird die junge Braut Lilli an ihrem Polterabend im Trubel des Nachtlebens von ihren Angehörigen getrennt, landet bei dem Schriftsteller Harry, bei dem sie in aller Keuschheit die Nacht verbringt. Am nächsten Morgen glaubt der Bräutigam weder ihr noch Harry, der zufällig ohnehin Trauzeuge sein soll, und Lilli läßt ihren Bräutigam sitzen und geht mit Harry davon. Diese Handlung war nun auch mit Musik nicht am Leben zu halten, ebensowenig wie die von »Gloria und der Clown« (Usti nad Labem, Silvester 1936). Aber im März 1936 hatte in Osnabrück eine Stolz-Operette Premiere gehabt, die 25 Jahre später noch einmal fröhliche Auferstehung feierte: »Zum Goldenen Halbmond« hieß sie oder auch »Zum Goldenen Kipferl«, was beides richtig war, denn später hieß sie kurz und bündig »Wiener Café«. Sie behandelt in Episoden die Geschichte eines Wiener Caféhauses, das bei seiner Gründung »Zum Goldenen Halbmond« und später ebenso »Zum Goldenen Kipferl« hieß. »Jack of Hearts«, der Herzbube, wurde von London aus als »Rise And Shine« das erfolgreichere Werk. Der große Wiener Erfolg war zunächst in der Wiener Scala »Servus, Servus« gewesen. Die Rolle der Hotelsekretärin Gritli, die in Wien natürlich »Gretl« hieß, hatte Lizzi Holzschuh übernommen, und (wie die »Neue Freie Presse« berichtete) »als Filmregisseur Hell lernte man Jan von Heesters kennen, einen eleganten, diskreten, singenden Bonvivant ... eine moderne Silhouette, sympathisch und hübsch«. Der spielte dann auch wieder in der nächsten Robert-Stolz-Aufführung in der Scala mit. »Der süßeste Schwindel der Welt« hieß das Buch von Rudolf Weys, und in der Tageszeitung »Die Stunde« konnte man lesen: »Im gemischten Spielplan der Scala ist nun wieder einmal die Operette an der Reihe. Und zwar eine richtige Operette, noch dazu eine von hoher Marke, denn sie trägt den Stempel ‚Robert Stolz'. Dieser Name, im Feuer unzähliger Film- und Bühnenerfolge bewährt, ist ja an und für sich schon ein Programm, gilt doch sein Träger mit Recht jetzt als einer der wenigen Großsiegelbewahrer des so oft totgesagten, aber immer wieder lebendigen Genres – wenn sich nämlich ein Komponist mit Können und Temperament seiner annimmt.« Auch die »Neue Freie Presse« lobte die Musik, »die durch eine produkive und erfolgreiche Tonfilmtätigkeit nicht vergröbert, sondern eher verfeinert wurde«. Und von dem Hauptdarsteller, der nun schon »Johannes Heesters« hieß, las man: »Eine besonders erfreuliche Erscheinung, weil er frei ist von der Süßlichkeit seines Faches und nur durch blendenden Gesang und Natürlichkeit zu wirken weiß. Seine reizende, unbekümmerte Art hat wirklich nichts von der Schablone.«

Aber wie der »Goldene Halbmond« machte auch der »Süßeste Schwindel der Welt« seine eigentliche Karriere erst zwanzig Jahre später. Und die Revue-Operette »Die Reise um die Erde in 80 Minuten«, die einen Tag danach, am 22. Dezember 1937, in der Volksoper herauskam, erntete zwar gleichfalls stürmischen Beifall, aber sie mußte schon nach wenigen Wochen das Gleiche tun wie ihre Verfasser: Verschwinden.

XI

Der Sturz 1938–1939

Am 5. November 1937 hatte Hitler seinem Stab erklärt: »Die Einverleibung der Tschechei und Österreichs können den Gewinn von Nahrungsmitteln für fünf und sechs Millionen Menschen bedeuten, unter Zugrundelegung, daß eine zwangsweise Emigration aus der Tschechei von zwei und aus Österreich von einer Million Menschen zur Durchführung gelangt.« Seine »friedliche Annektion« sah also von vornherein die Vertreibung von drei Millionen Menschen vor. Anfang Februar 1938 entließ er alle Militärs und Diplomaten, die sich gegen seine Pläne sträubten, nötigte den österreichischen Bundeskanzler zu einem Besuch auf dem Obersalzberg, wo er ihn fast als Gefangenen behandelte, und zwang ihn, den Führer der österreichischen Nazipartei, Dr. Seyß-Inquart, zum Innenminister zu machen. Unter dessen Schutz begann die österreichische NSDAP in Österreich eine »Volkserhebung« vorzutäuschen. Darauf antwortete der Bundeskanzler Dr. Schuschnigg Anfang März mit dem Aufruf zu einer Volksabstimmung. Damit geriet Hitler in Zugzwang, denn die Volksabstimmung hätte der Welt bewiesen, daß die Nazis keineswegs die Mehrheit der Bevölkerung hinter sich hatten, wie ihre Propaganda behauptete. Der nächste am Zuge war daher Göring: Er drohte mit dem Einmarsch, wenn nicht binnen zwei Stunden Seyß-Inquart zum Bundeskanzler ernannt würde. Das Ausland leistete keine Hilfe. Regierungsumbildungen machten England und Frankreich gerade handlungsunfähig. Schuschnigg wünschte unter allen Umständen Blutvergießen zu verhüten, er reichte am Abend des 11. März 1938 sein Abschiedsgesuch ein und nahm in einer ergreifenden Rundfunkrede Abschied vom österreichischen Volk. Der Bundespräsident weigerte sich, Seyß-Inquart zum Bundeskanzler zu ernennen. Daraufhin marschierten 100 000 deutsche Soldaten in Österreich ein. Seyß-Inquart übernahm eigenmächtig die Regierungsgeschäfte. Von Berlin aus wurde verkündet, der neue Bundeskanzler »habe um den Einmarsch deutscher Truppen gebeten, um die Ruhe und Ordnung aufrechtzuerhalten.«

Österreich hatte vorläufig aufgehört zu existieren, »Ostmark« war sein künftiger Name. Schon am ersten Tag der Machtübernahme wurden in Österreich 70 000 Personen verhaftet und Zehntausende aus Amt und Beruf gejagt. Nur ein einziger Staat der Welt prangerte den brutalen Gewaltstreich Hitlers an: Mexiko. Es legte eine geharnischte Protestnote beim Völkerbund vor. Aber niemand geruhte, sie zur Kenntnis zu nehmen.

Robert Stolz saß am Abend des 11. März zusammen mit seinen engsten Freunden in seiner Wohnung in der Elisabethstraße, gemeinsam hörten sie die Rundfunkansprache Dr. Schuschniggs. Robert Gilbert war dabei, Kurt Robitschek, Rudolf Österreicher und einige wenige andere. In den letzten Tagen der Republik war die Stolzsche Wohnung so etwas wie ein Zufluchtshort für seine jüdischen Freunde geworden. Die Wiener Nazis ließen ihn vorerst in Ruhe. Aber keiner der Anwesenden gab sich hinsichtlich der hereinbrechenden Gefahr Täuschungen hin. Seine Frau Lilli, die nicht als »reine Arierin« galt, hatte Stolz samt Schmuck und Juwelen bereits über die Grenze und in Sicherheit gebracht, sein österreichisches Bankkonto gelöscht. Es waren 600 000 Schilling, und er vertraute sie seinem Rechtsanwalt Dr. Kurz an mit der Verpflichtung, mit diesem Geld diejenigen zu versorgen, die von den Gefährdeten zurückblieben. Das hat Dr. Kurz dann auch bis ans Ende der Naziherrschaft getreulich besorgt. In den Jahren der Nazibesatzung konnte er noch Dutzenden anderer Bedrängter und Verfolgter helfen, die im Untergrund leben mußten.

Für die Versammelten wurde der Abend des 11. März die Stunde des großen Abschiednehmens. Mit manchen war Robert Stolz schon seit dreißig oder vierzig Jahren befreundet, mit manchen war es ein Abschied für immer.

Mitten in der Nacht erhielt Stolz dann noch einen warnenden Anruf von einem seiner Brüder, mit dem er seit zwanzig Jahren nicht mehr gesprochen hatte und der NSDAP-Mitglied war. Er forderte ihn auf, umgehend seine Wohnung »von der jüdischen Bagage zu säubern« und kündigte für den nächsten Morgen die Gestapo an. Stolz verließ zusammen mit seinem treuen Chauffeur Braun noch mitten in der Nacht Wien in Richtung Zürich und gab an, er habe dort wichtige Filmbesprechungen. Er kam auch diesmal noch heil über die Grenze: Das große silberne Hakenkreuz am Kühler tat ein letztes Mal seinen Dienst.

Seine Abreise war tatsächlich keine Stunde zu früh erfolgt. Um sechs Uhr morgens machte die Gestapo bei ihm bereits die angekündigte Hausdurchsuchung und stürzte die ganze Wohnung um. Aber sie fand keinen mehr außer der braven Haushälterin Annie. Die entscheidende Wegstrecke der mehr als 600 Kilometer hatte Stolz bereits zurückgelegt. Um acht rief er aus Zürich an, erfuhr von der Hausdurchsuchung, sagte Annie, er habe nur eben eine Filmmusik im Ausland zu machen und komme dann sofort zurück.

Er wußte, daß »sofort« nicht in einer Woche sein würde, daß im Augenblick überhaupt niemand die Zukunft voraussagen konnte außer der nächsten Zukunft Österreichs: Sie würde schlimm werden. Als er seine Wohnung einrichtete, hatte er nicht gedacht, daß er schon im zweiten Jahr wieder würde ausziehen müssen. Aber er war sich darüber im klaren, daß ein wesentlicher Abschnitt seines Lebens zu Ende gegangen war, ganz anders als er es sich je gedacht hatte. Eine Rückkehr ins Nazireich kam für ihn nicht in Frage, ohne Rücksicht darauf, was ihm die Nazis zu bieten hätten:

Diesbezüglich hatte der »unpolitische« Robert Stolz bereits eine unumstößliche politische Entscheidung getroffen, so wie ihm bereits vor seinem Abschied klar gewesen war, daß man die Leute, denen die Nazis in Österreich nach dem Leben trachteten, so lange und so tatkräftig wie möglich unterstützen müsse. Was er seinem Anwalt Dr. Kurz zu diesem Zweck in die Hand gedrückt hatte, war mehr als eine halbe Million Mark gewesen, Stolz war jetzt 58, und es war ihm klar, daß er in den bevorstehenden Jahren nicht als Rentier leben konnte. Er ließ die halbe Million zurück mit dem Wissen, daß er noch einmal ganz von vorn anfangen mußte. Und zu diesem Zweck fuhr er von Zürich auf dem schnellsten Wege nach Paris.

Er kam nicht als Flüchtling, er kam nicht als Ausgestoßener, er kam als ein prominenter österreichischer Komponist, der eine Zeitlang in Paris arbeiten wollte. Man kannte und sang in Frankreich eine große Anzahl seiner Lieder, man kannte seine Operetten: Schon »Tanz ins Glück« hatten sie hier gespielt, seine »Einzige Nacht« war sogar zweimal ins Französische übersetzt worden und »Wenn die kleinen Veilchen blühen« ebenfalls. Ebenso waren seine Erfolgsfilme bekannt, und die Pariser »Editions Salabert« hatten viele seiner Titel gedruckt. Er konnte es sich leisten, in einem guten Hotel abzusteigen, wohl wissend, wie wichtig eine gute Adresse für Verhandlungen werden konnte.

Es hatten sich schon viele deutsche Künstler vor den Nazis nach Frankreich gerettet, Paris besaß eine ganze Emigrantenkolonie. Stolz hatte Vorteile, er war nicht nur bekannt, er hatte nicht nur für die nächste Zeit ausreichend Geld, er war auch kein Literat, sondern Komponist. Seine Sprache war international verständlich. Deutsche Schriftsteller, deutsche Schauspieler in Paris mochten die Sprache noch so gut verstehen, sie blieben Ausländer, in ihrem Fach unverkäuflich. Für Robert Stolz ließ sich die Übersiedlung zunächst gar nicht schlecht an, obwohl eines der ersten Abenteuer, das Paris ihm zu bieten hatte, ein vernichtender Umarmungsversuch der Nazis war. Sie wußten durchaus, was der Komponist Robert Stolz wert war. Sie hatten unter der Garde der Erfolgreichen und international Berühmten zu rigoros aufgeräumt, hier war einer, den man »wieder heim ins Reich« bringen mußte. Das erste, was Robert Stolz in dieser Angelegenheit erhielt, war ein Brief von Dr. Richard Strauss, dem großen Opernkomponisten. Er war nicht nur Präsident der Reichsmusikkammer geworden, in der alle reichsdeutschen Komponisten seit 1934 organisiert sein mußten, er war auch Präsident der deutschen Urhebergesellschaft, der STAGMA. Letzteres übrigens mit vollem Recht und großer Verpflichtung: Er war an ihrem Zustandekommen weit vor dem Ersten Weltkrieg selbst beteiligt gewesen.

Das ist eine lange Geschichte, aber man muß sie kurz erzählen, weil sie für die materielle Existenz aller Komponisten entscheidende Auswirkungen gehabt hat. Denn der Schutz des Urhebers – des Schriftstellers, des Malers, des Komponisten – setzte erst kurz vor der Jahrhundertwende ein, und in Österreich eher als im Deutschen Reich. Bis dahin konnte z. B. Johann Strauß' Musik von allen Kapellen der Welt gespielt werden, er erhielt davon keinen Pfennig. Das Gesetz änderte das, aber eines ist ein Gesetz und ein anderes seine Durchführung. Die Kontrolle darüber, welche Kapelle in welchem Land einen Johann Strauß spielte, überstieg die Wirkungsmöglichkeiten jedes Musikverlages. In Frankreich war man weit voraus, dort hatten sich schon 1852 Urheber und Verleger zu einer gemeinsamen Wahrnehmungsgesellschaft für Aufführungsrechte, der SACEM zusammengeschlossen. In Österreich kam es nun 45 Jahre später durch die Initiative des Verlegers und Kaiserlichen Rats Josef Weinberger (er verlegte vieles von Johann Strauß, Gustav Mahler, Eysler, Fall, Wolff-Ferrari, Kálmán und auch von Robert Stolz) zur Gründung der österreichischen Schwestergesellschaft, der AKM, und da sie nicht in Deutschland kontrollieren konnte, inspirierte Weinberger auch die Gründung einer entsprechenden deutschen Gesellschaft zum Schutz der Komponisten. Sie hieß STAGMA, und an deren Zustandekommen hatte Richard Strauss keinen geringen Anteil.

Natürlich hatten sich auch in anderen Ländern ähnliche Gesellschaften gegründet, in England z. B. die PRS und in den USA die ASCAP, die sich ihrerseits schließlich alle zu einem großen Dachverband, der CISAC (Confédération Internationale des Sociétés des Auteurs et Compositeurs) zusammenschlossen, und nunmehr funktionierte das System weltweit. Wenn heute ein Lied von Stolz in Aberdeen gespielt wird, rechnet die PRC in England an die AKM in Österreich ab, die Einnahme für einen Gershwin-Song in Klagenfurt geht durch die AKM ebenso an die ASCAP in den USA, und die Urhebergesellschaften zahlen aus. Seitdem können Komponisten davon leben, daß ihre Melodien aufgeführt werden, gleichgültig wo und von wem.

Das war für Robert Stolz jetzt deswegen unerhört wichtig geworden, weil seine Filme nur eine beschränkte Laufzeit und seine Operetten nur sehr beschränkte Einsatzmöglichkeiten hatten, während seine Lieder überall gespielt wurden. Und bisher hatte ihn die AKM gut versorgt.

Aber nun war Österreich von »Großdeutschland« und demzufolge auch die österreichische AKM von der deutschen STAGMA geschluckt worden. Als Stolz auf den Richard-Strauss-Brief nicht reagierte, kam der Direktor der STAGMA, ein Dr. Leo Ritter, nach Paris. Er kam mit erstaunlichen Angeboten. Dr. Goebbels selbst habe ihm versichert, Stolz habe bei seiner Rückkehr ins Reich mit jeglicher amtlicher Unterstützung zu rechnen, mit Aufführungen all seiner Bühnenwerke an den ersten Theatern des Reichs. Platten, Rundfunk, Film – quasi alles sollte ihm bevorzugt offenstehen, die selbstlosen Dienste der deutschen STAGMA sowieso, niemand würde ihm den Ausflug nach Paris nachtragen.

Stolz erklärte, er würde lieber in einer Pariser Mansarde verhungern, als unter den Nazis weiter in Wien zu leben. Dr. Ritter meinte, er solle sich die Sache doch lieber noch einmal überlegen, denn letzteres könne er haben, als Emigrant sei Stolz natürlich für die deutsche STAGMA erledigt. Es war eine perfekte Erpressung, denn nach den Statuten des Dachverbandes konnte die Rechte der deutschen Komponisten – und »Deutscher« war er ja nun zwangsweise geworden – nur die deutsche STAGMA wahrnehmen. Wenn sie es nicht tat, war seine Musik vogelfrei und er tatsächlich von Stund an ohne Einnahmen. Dr. Ritter wußte das, als er zum Abschied sagte: »Sie haben keine andere Wahl.«

Es war völlig einleuchtend, es war sogar unbestreitbar. Das hatte er bei seiner Flucht aus Wien übersehen. Allerdings ging es ihm nicht allein so. Selbstverständlich war die STAGMA auch nicht bereit, die Rechte von Juden wahrzunehmen: Paul Abraham, Oscar Straus, Emmerich Kálmán, der große Kabarettist Karl Farkas und eine ganze Reihe anderer weniger bekannter Komponisten standen vor der gleichen Situation. Es gab letztlich nur eine einzige Möglichkeit: die Urheberrechtsgesellschaft des Gastlandes, die französische SACEM um Aufnahme zu bitten. Die anderen hatten das schon getan.

Stolz: »Unglücklicherweise machte mir die Antwort der Franzosen auf unser Gesuch die Antwort unmöglich. Sie waren bereit,

PODIUM Berlin Lichterfelde West, Dezember 1939

Musikalische Emigration in Nöten

Der Krieg hat den Emigranten, darunter auch den in Paris weilenden Musikjüngern, die uns 1933 oder später verließen, eine peinliche Ueberraschung gebracht. Alle Emigranten, die das Gastrecht Frankreichs so lange mißbrauchten, sahen sich durch ein Gesetz vor die Wahl gestellt, entweder in die „Emigranten-Legion" einzutreten, also zu kämpfen, oder interniert zu werden. Das ist keine schöne Auswahl. Gehen sie in die Legion, dann müssen sie dorthin, wo sie nicht hin wollen, und fallen auch noch den Nazi in die Hände . . ., entscheiden sie sich für die Internierung, so bietet das auch keine Sicherheit, den Deutschen entronnen zu sein, gegen die sie wacker sieben Jahre lang aus sicherer Ferne gehetzt haben.

Da ist z. B. unser Robert Stolz! Als die Ostmark zum Reich heimkehrte, wurde er freiwillig Emigrant, obwohl ihm kein Mensch etwas tat oder tun wollte. Er schrieb alberne Briefe aus Paris an ehemalige Bekannte in Berlin und Wien, in denen er versicherte, erst wieder nach Deutschland zu kommen, wenn alles wieder anders sei. In Paris trieb er sich im übelsten Emigranten-Kaffee herum, in seiner Umgebung sah man die schmierigsten Juden. Aus der deutschen Stagma trat er aus, um in die englische Urheberrechtsgesellschaft einzutreten! Er wollte dem Reich keinen Pfennig Devisen aus der Stolz'schen Musik zufließen lassen.

Nun hat man auch ihn in Paris zur Teilnahme an der Internierung „eingeladen", als er schon seine Schiffsfahrkarte nach Amerika in der Tasche hatte. In Deutschland aber ist man so großzügig gewesen, die Musik des Herrn Stolz in Theatern und Musikgaststätten nach wie vor ungehindert zu spielen, um Herrn Stolz in Nahrung zu setzen!

Wenn Monsieur Stolz auch kein Jude ist, so wird man wohl kaum einen Unterschied zwischen seiner Handlungsweise und der seiner jüdischen Freunde erkennen.

Da ist ferner unser werter Monsieur Marbot, der nun auch in Paris im Dilemma ist und auf seine Befreiung durch die Nazi wartet.

Hugo Brück — Charles Brüll — Lackenbach — der kleine Kolischer . . . und wie sie alle heißen . . . das wird eine Wiedersehensfreude geben, nach so vielen Jahren!

Straus, Kálmán und Stolz aufzunehmen – alle drei erprobte Kassenmagneten. Sonst keinen. Zwar hätte die Mitgliedschaft bei der SACEM schnelle Erlösung für mich bedeutet, doch hielt ich es für falsch, einer Organisation beizutreten, die Freunde und Kollegen nur deshalb abwies, weil ihre Werke in Frankreich weniger bekannt waren als meine eigenen.«

Das war abermals eine höchst politische Entscheidung, und abermals eine gegen die eigenen lebenswichtigen Interessen. Jeder hätte Robert Stolz verstehen müssen, wenn er nachträglich behauptet hätte: »Was sollte ich machen? Ich hatte zu jener Zeit keine andere Wahl!«

Aber merkwürdigerweise ereigneten sich, so viele Nackenschläge er erlitt, auch ebenso viele Wunder. Im vorliegenden Falle war es eine Begegnung mit dem Vertreter der PRC, der Performing Right Society der Engländer, Leslie Arthur Boosey. Stolz war ja oft genug in England aufgeführt worden. Boosey bot ihm, nachdem er seine Geschichte angehört hatte, spontan die Mitgliedschaft in der englischen PRC an. Das war aber erst die Hälfte eines hochherzigen und entschlossenen Verhaltens. Denn als bei der Sitzung der Dachorganisation CISAG die deutsche STAGMA Stolz als ihr Mitglied reklamierte (um ihn damit boykottieren zu können), erklärte Boosey: »Er lebt in Paris und will Mitglied der PRC werden. Sollte STAGMA Robert Stolz nicht freigeben, so wird die britische PRC aus der CISAG austreten.«

Das war das mutige Ausspielen einer großen Karte: Das Ausscheiden des britischen Commonwealth aus dem Welt-Urheberrechtsverband hätte nicht nur die Schutzlosigkeit aller reichsdeutschen Komponisten in Großbritannien zur Folge gehabt, sondern gleichzeitig auch alle anderen Länder gegen die STAGMA aufgebracht. Also mußte Dr. Ritter auf Robert Stolz verzichten, »Großdeutschland« hatte eine Niederlage erlitten, und Robert Stolz und Frau konnten in diesem Sommer von 1938 ein letztes Mal in ihrem geliebten Opatija Urlaub machen.

Im übrigen hatte er sich seinen neuen französischen Wirkungskreis erobert: In Paris wartete schon neue Arbeit auf ihn. Der Wiener Komponist und Dirigent Bernard Grun (Bernhard Grün), Dirigent an His Majesty's Theatre in London, hatte zusammen mit Georg Posford für das Pariser »Théâtre Mogador« die Operette »Balalaika« geschrieben, und Stolz durfte zwei Einlagen beisteuern. Nachdem die Aufführung zum Erfolg wurde, gab ihm das größte Theater von Paris und Umgebung, das Théâtre Châtelet, den Auftrag zu einer neuen Operette nach dem Libretto eines berühmten französischen Librettisten. Die Erfolgsserien von Wien und Berlin schienen sich also in Paris unverändert fortzusetzen, zumal davor auch noch ein anderes Theater zwei musikalische Einlagen in eine Komödienaufführung bekommen hatte und damit einen Serienerfolg erreichen konnte. Stolz war etabliert und begann im August 1939 für das Châtelet die Komposition von »La Montaigne Bleue«, er schrieb wie ein Besessener. »Innerhalb von fünf Tagen und Nächten, in denen ich fast ununterbrochen arbeitete, war die Partitur fertig!« erzählte er später. Aber zur Aufführung kam es nie. Am 1. September begann mit dem Überfall Hitlers auf Polen der Zweite Weltkrieg. Mussolinis Vermittlungsversuch war in letzter Minute gescheitert, notwendig, denn Hitler

Das Haus Elisabethstraße 16 in Wien
mit der Stolz-Wohnung im zweiten Stock.

Robert Stolz als Dirigent.

*Wiedersehen nach 39 Jahren: Liane Haid sang 1930
in dem Film »Das Lied ist aus«
als erste »Frag nicht, wohin ich gehe«.*

»Komponieren ist: Aus dem Nichts etwas zu schaffen« –
Robert Stolz blieb bis zuletzt schöpferisch.

Grinzing wurde für Robert Stolz die zweite Wiener Heimat – hier mit Einzi Stolz vor dem Eingang seines Hauses.

Robert Stolz war in Grinzing an vielen Stellen zu Haus – das Weingut Reinprecht ehrte ihn mit einer Gedenktafel.

Die Stadt Graz errichtete ihrem großen Sohn schon zu Lebzeiten mitten in der Stadt ein Ehrenmal.

Robert-Stolz-Briefmarken
erschienen in den verschiedensten Ländern der Welt,
hier zwei Werte aus Österreich.

Einzi Stolz weiht den Robert-Stolz-Expreß ein,
der täglich zwischen Wien und Graz verkehrt.

25. 8. 1970: Der Wiener Bürgermeister Bruno Marek gratuliert Robert Stolz zu seinem 90. Geburtstag.

Anläßlich des 90. Geburtstages wurde die Robert-Stolz-Stiftung ins Leben gerufen.

brauchte endgültig den Krieg, weil er andernfalls bankrott war. Der Einmarsch in Polen hatte die sofortige Kriegserklärung von Großbritannien und Frankreich zur Folge. Zum zweiten Mal in diesem Jahrhundert gingen in Europa die Lichter aus, was diesmal weitaus wörtlicher zu verstehen war: Überall setzte die »totale Verdunklung« zum Schutz gegen Fliegerangriffe ein.

Bis dahin war alles noch irgendwie gutgegangen. Der Sturz der österreichischen Regierung durch die Nazis hatte für Robert Stolz den Verlust Österreichs bedeutet, aber in den darauffolgenden anderthalb Pariser Jahren hatte er diesen Sturz eigentlich ganz gut aufgefangen. Der von allen längst befürchtete Krieg, von dem doch alle gehofft hatten, daß er irgendwie nicht kommen würde, brachte den Absturz.

Die Operette im Théâtre Châtelet kam natürlich nicht mehr zustande. Von heute auf morgen wurde Robert Stolz, für den die Arbeit der große, kraftspendende Motor seines Lebens war, arbeitslos. Plötzlich hatte er grenzenlos viel Freizeit, überflüssige Zeit, zu viel Zeit, in der er in Paris umherirrte und sich in Cafés mit jenen anderen traf, die genau wie er Emigranten waren, Heimatlose nun unter ganz neuen Verhältnissen: von gestern auf heute Emigranten in Feindesland. Denn plötzlich waren sie selbst, die aus Feindschaft zu Hitler Deutschland verlassen hatten, als Deutsche ja »Feinde« geworden. Es war nicht nur nicht ratsam, in der Öffentlichkeit deutsch zu sprechen, es war zweckmäßig, überhaupt nicht zu sprechen. Auch der fremde Akzent, mit dem sie Französisch sprachen, verriet ja den Deutschen! Und zur plötzlichen Wende der Situation kam die tödliche Ungewißheit: Wie lange man hier überhaupt noch herumlaufen dürfte, wann die unausweichliche Internierung in Lagern beginnen würde, in welcher Form, unter welchen Verhältnissen, was sich erst ereignen könnte, wenn Kampfhandlungen anfingen – denn bisher war noch alles ruhig, der »Blitzkrieg« in Polen zeigte lediglich an, welche furchtbare und skrupellose Macht die deutschen Armeen darstellten. Die Ungewißheit der Situation wurde noch dadurch verschlimmert, daß sich nirgends ein Weg zeigte, auf dem man ihr entrinnen konnte.

Unter diesen ständigen Belastungen von Angst, Feindschaft, Ungewißheit und hoffnungsloser Untätigkeit genügten drei Wochen, um aus Robert Stolz ein fast wrackähnliches Nervenbündel zu machen. Ein Mann der stählernen Nerven war er nie gewesen.

Wie soll einer auch stählerne Nerven besitzen, wo doch von der Feinfühligkeit, der Empfindlichkeit seiner Nerven seine ganze Kunst abhängt? Tiefer, rascher, stärker zu empfinden und sich in Empfindungen zu versetzen, war ja ein wesentlicher Teil seines wunderbaren Talents. Seine Fähigkeit zum Empfinden und seine Empfindungen in Musik auszudrücken, die seine Empfindungen auf andere Menschen übertrug, war die Basis seines Lebens, – eine wunderbare Basis seiner Kunst, aber eine miserable Basis, um als feindlicher Emigrant, seines Lebensinhaltes beraubt, eine Gefangenschaft mit ungewisser Zukunft zu ertragen. Es kam hinzu, daß er ohnehin seit jungen Jahren an Klaustrophobie und gelegentlichen Angstzuständen litt. Die Aussicht auf ein eventuelles Internierungslager mußte das alles rapide verschlimmern. Am meisten Sorge machte er sich dabei um seine Frau Lilli, der die Nerven in ähnlicher Weise durchgingen wie ihm selbst: Schließlich traute sie sich kaum noch aus dem Hotel auf die Straße. Am 24. Oktober wurde er von der französischen Polizei verhaftet und blieb acht Stunden eingesperrt. Es war ein furchtbarer Schlag für ihn – er hatte von da an Angstzustände, die ihn wahnsinnig zu machen drohten und zu Atemnot und Erstickungsanfällen führten, selbstverständlich auch deswegen, weil er von da an wußte, daß er nun jede Stunde aufs Neue verhaftet werden konnte.

In dieser Situation, genauer in der ersten Hälfte des Oktober, als die Nerven beider Ehepartner bereits seit Wochen bis zum Zerreißen angespannt waren, trat ein gewisser Dr. R. (Stolz nennt ihn in seiner Autobiographie »Dr. Reiter«) in ihr Leben, der behauptete, glänzende Verbindungen zur Regierung zu haben und Hilfe versprach. Unter anderem wollte er auch Stolz die Gelegenheit verschaffen, über den Rundfunk zu seinen Landsleuten zu sprechen. Das wäre Stolz ein Bedürfnis gewesen, obwohl es unweigerlich den Verlust alles dessen bedeuten mußte, was er in seiner Wiener Wohnung zurückgelassen hatte. Aber es hätte gleichzeitig auch die Eindeutigkeit seiner Anti-Hitler-Haltung in Frankreich demonstriert.

Doch dazu kam es nie. Dr. Reiter verstand vielmehr, besonders das Vertrauen und die Zuneigung von Lilli Stolz zu gewinnen – und eines Tages war Frau Lilli mit Herrn Dr. Reiter durchgebrannt. Und sie hatte nicht nur die millionenschwere Juwelensammlung, die beide für den Notfall angelegt hatten, mitgenommen, sondern auch einen Großteil der persönlichen Gegenstände ihres Gatten, vom Frack bis zur Unterwäsche, vor allem aber seine sämtlichen Papiere einschließlich jener »Carte d'identité«, die als die Aufenthaltsgenehmigung für in Frankreich ansässige Ausländer gerade in jener Zeit und in jenen Umständen schlechterdings lebenswichtig war. Daß sie darüberhinaus alle verfügbaren Barmittel an sich genommen hatte, verstand sich am Rande. Die letzte Hoffnung, die es für Stolz noch gab, war ein kleines Vermögen, das er für alle Fälle bei der englischen Midland Bank stationiert hatte. Aber er war weder in der Lage, nach all dem Erlebten einen klaren Gedanken zu fassen, noch beherrschte er genügend die englische Sprache, um sich mit der Midland Bank in Verbindung zu setzen. In dem Emigrantentreffpunkt Café Cristal in der Rue Marignan war eine hilfsbereite junge Dame namens Yvonne Luise Ulrich, die perfekt Englisch sprach und für ihn an die Midland Bank schrieb. Die Midland Bank teilte mit, daß Frau Lilli Stolz auch dieses Konto bereits aufgelöst und das Geld auf ein neues eigenes Konto überwiesen hatte.

Robert Stolz, vor einem Vierteljahr noch auf der Höhe seiner Schaffenskraft, angesehener Komponist mit einem Auftrag des größten Theaters von Paris in der Tasche und Millionär, war endgültig zu einem unerwünschten Ausländer ohne einen Pfennig Geld und ohne Papiere geworden. Als solcher wurde er am 30. November 1939 von der französischen Polizei auf der Straße verhaftet und in das Internierungslager von Colombe gebracht, wo – Ende November! – bereits 70 000 Menschen unter freiem Himmel in strömendem Regen zusammengepfercht waren. Der Sturz konnte tiefer nicht sein.

XII

Eine neue Welt
1940–1945

Wenn es im Leben von Robert Stolz nicht immer wieder mal ein aller Dramaturgie des Schicksals widersprechendes Wunder gegeben hätte, wäre dies nunmehr der Platz, seinen Nachruf zu schreiben: Seine Chancen waren an diesem Punkt seines Lebens unter das Lebensminimum geschrumpft. Die Frage des Geldes hätte sich durch die Hilfe der britischen Performing Right Society noch einigermaßen regeln lassen. Die Frage der Carte d'identité war schon schwieriger. Aber drei Tage nach seiner Einlieferung in das Fußballstadion von Colombe hatte sie sich eigentlich bereits auch erledigt: Robert Stolz war nie ein großer Sportsmann gewesen, seine körperliche Ausarbeitung fand sein Leben lang am Dirigentenpult, in geheizten Räumen statt, er war in keiner Weise abgehärtet und übrigens 59 – in einem Alter, wo der Mensch ohnehin dazu neigt, etwas empfänglicher für Bakterienkulturen zu werden. Er war nicht gewöhnt, Ende November unter freiem Himmel zu schlafen, schon gar nicht im Dauerregen. Er erkältete sich. Am dritten Tag hatte er eine Lungenentzündung. Das war vor der Entdeckung des Penicillins eine sehr gefährliche Krankheit – und im Stadion von Colombe, ohne alle Medikamente, eine todsichere. Insgesamt forderte der Zweite Weltkrieg 55,3 Millionen Tote – es wäre auf einen berühmten Komponisten nicht angekommen.

Es war demzufolge ein absolutes Wunder, daß es nicht dazu kam. Das Wunder war mittelgroß, nicht viel mehr als zwanzig Jahre alt, weiblichen Geschlechts und erstaunlich hübsch. Zusätzlich war es auch noch Inhaberin eines englischen Passes, vermögend und in deutsch, englisch und französisch gleich gut zu Hause. Von einem Operettenlibrettisten erfunden, wäre eine solche Erscheinung auf der Stelle von den Kritikern als völlig unglaubwürdiges Fabelwesen verurteilt worden, aber es gibt sie wirklich, und damals lebte sie in Paris und studierte an der Sorbonne Jura. Es war jene Person, der Robert Stolz im Café Cristal begegnet war und die ihm den englischen Brief an die Midland Bank verfaßt hatte. Sie war oft im Café Cristal, wo die deutschen Emigranten verkehrten; wo sie konnte, half sie ihnen, und weil sie die einzige weit und breit war, die selbstlos half, hatten sie ihre Schützlinge »Einzi« getauft. Als Robert Stolz ihr das erste Mal begegnete, saß sie gerade neben Paul Abraham. Bei ihm erkundigte sie sich, wer der Herr war, und als Stolz gegangen war, sagte sie zu Abraham: »Ich weiß, Paul, es klingt verrückt, aber diesen Mann werde ich heiraten.«

Es mußte verrückt klingen: Robert Stolz hatte sich trostweise etwas liiert und war nicht allein im Café erschienen, er war entschieden im Abstieg und zwischen ihm und ihr lag ein Altersunterschied von mehreren Jahrzehnten. Ein böses Witzwort sagt, daß junge Damen, die sich an ältere Herren anhängen, nicht so sehr auf eine silberne Hochzeit aus sind als auf eine goldene Witwenschaft. Die niederschmetternde Antwort der Midland Bank ließ aber solchen Verdacht gar nicht erst aufkommen. Robert Stolz hatte überhaupt keine Ahnung von der Bemerkung, die die junge Dame nach seinem Abgang gemacht hatte. Er fand durch seine augenblickliche Freundin nicht einmal Zeit und Gelegenheit, mit dieser jungen Dame, die er vorzugsweise nett und interessant fand, nähere Bekanntschaft zu schließen. Wie viele Begegnungen im Leben, die von Bedeutung hätten werden können, scheitern nicht an den Zufälligkeiten des Nicht-Wieder-Begegnens? Robert Stolz war der lieben, schönen Yvonne Luise alias Einzi zwar verschiedentlich wiederbegegnet. Man traf sich bei Paul Abraham, der in seiner Berliner Komponisten-Glanzzeit bis 1932 so gern in seiner Villa in der Fasanenstraße rauschende Feste gefeiert hatte und auch in Paris, mittellos und arbeitslos, das Festefeiern nicht lassen konnte. Für Robert Stolz bahnte sich etwas in den Vereinigten Staaten an: Sein früherer Produzent Joe Pasternak beabsichtigte eine amerikanische Verfilmung der »Frühjahrsparade« von 1934, selbstverständlich mit der Musik von Robert Stolz. Einzi führte für ihn die amerikanische Korrespondenz und bemühte sich für alle Fälle bereits um Bürgschaften, um ihm die Einreise in die USA zu ermöglichen. (Einen Menschen gab es dort, der von sich aus alles tat, Robert Stolz dort Zuflucht zu verschaffen: Maria Jeritza. Sie hatte auch als Star der New Yorker Metropolitan Opera ihren »Pane Kapelnicku« aus Brünn nicht vergessen.) Die Beziehung zwischen Einzi und Stolz blieb freundschaftlich-sachlich. »Meine Gefühle ihr gegenüber waren von Dankbarkeit, aber nicht von Leidenschaft geprägt; mein ‚blondes Gift' band alle Leidenschaft, deren ich fähig war.«

Dann kam der 30. November. Robert Stolz wurde verhaftet und nach Colombe gebracht – und kaum jemand vermißte ihn. Eine der wenigen Ausnahmen war Paul Abraham. Als ihn Einzi drei Tage später zufällig auf den Champs Elysées traf, erfuhr sie von ihm, was geschehen war. Die Nachricht genügte ihr, um augenblicklich und mit einer fast unglaublichen Entschlossenheit zu handeln. Sie hatte schon verschiedenen Flüchtlingen auf »inoffiziellen« Wegen Pässe und Papiere besorgt und war dabei zu einem erstaunlichen Netz von Beziehungen gekommen. Sie wußte, was sie zu tun hatte, und tat es ohne jeden Aufschub. Da sie wußte, was mit Geld zu erreichen war, ging sie zunächst zu ihrer Bank und hob 20 000 Franc ab. Damit fuhr sie zum Sitz der Regierung, dem Elysée-Palast. Dort kannte sie den Sekretär eines Ministers, von dem man Menschen kaufen konnte, sie hatte schon früher mit ihm verhandelt. Also wußte er, was sie wollte, und was er dafür bekam. Sie legte den Umschlag mit dem Geld auf den Tisch und brauchte nur zu sagen: »Ich will Robert Stolz. Er ist in Colombe interniert.« Robert Stolz selbst erzählt die Geschichte so weiter:

»Der Sekretär nahm den Umschlag, begab sich in ein Nebenzimmer, um das Geld zu zählen, kam zurück und sagte zu ihr: ‚Gehen Sie in die Rue de Lisbonne Nr. 5 und fragen Sie dort nach Monsieur René. René wird Ihnen einen Zettel geben. Legen Sie diesen Zettel in Colombe vor, und man wird Ihnen Monsieur Stolz ausliefern.‘ Das klingt so, als stamme es direkt aus einem James-Bond-Film. Aber genauso spielte es sich ab: In der Rue de Lisbonne Nr. 5 wartete tatsächlich jener Monsieur René und überreichte Einzi meinen Entlassungsschein. Einzi machte sich sofort auf den Weg ...«

Was sie entgegennahm, war ein Mensch in einem hoffnungslosen Zustand, ein seelisches und körperliches Wrack: Robert Stolz hatte 40 Grad Fieber und war im Delirium. Einzi brachte ihn zu sich ins Hotel, holte einen Arzt, übernahm alle Kosten und pflegte ihn gesund. Aber die Liebe erwachte in Robert Stolz noch immer nicht. Wie er später dazu anmerkte: »Ich wußte, daß ich dieser schönen, starken jungen Frau mit ihrer unerschöpflichen Energie und herzensguten Seele niemals das würde geben können, was sie bereits für mich getan hatte. Dazu kam noch, daß ich noch immer nicht davon überzeugt war, daß sie mich wirklich liebte – es schien mir einfach zu unwahrscheinlich, daß ein Mädchen mit derartigen Qualitäten ausgerechnet auf mich verfallen sollte. Es wäre ihr ein leichtes gewesen, sich einen halb so alten und weitaus wohlhabenderen Mann zu suchen. Hinzu kam, daß ich nach dem Fortgang Lillis derartig verschreckt war, daß ich überhaupt keiner Frau mehr glauben oder trauen konnte.«

Einer anderen Frau traute er indessen doch, und es war wieder einmal mit sicherem Mißgriff eine Falsche: sein »blondes Gift Maria«. Robert Stolz war verhaftet worden, weil er als sprachunkundiger Ausländer ohne Identitätspapiere in den Augen der französischen Polizei ein »Sicherheitsrisiko« darstellte. Das wirkliche Sicherheitsrisiko aber war seine Freundin Maria, denn sie war Agentin der Gestapo mit der Aufgabe, ihn zu beschatten und ihn durch Verlockungen oder durch Gewalt wieder nach Deutschland zurückzubringen. Gewalt – in ihrer erotischen Gewalt hatte sie ihn bereits.

Einzi erfuhr von einem Pariser Polizeibeamten die Zusammenhänge. Sie versuchte ihrerseits, für 20 000 Franc die Dame zu kaufen und besonders Roberts verfängliche Liebesbriefe von ihr zurückzubekommen. Es gelang ihr, aber sie erreichte, daß Stolz ihr dennoch die Briefe zurückgab – Einzi mußte sie ein zweites Mal kaufen. Es gehört zu den absoluten Grotesken dieser Liebesgeschichte, daß sie auf diese Weise mindestens dreimal den Mann gerettet hat, der nichts von ihr wissen wollte. Es kam ja noch schlimmer: Sie schaffte es sogar, Robert Stolz für die amerikanische Neuverfilmung der »Frühjahrsparade« die Reisepapiere für die Überfahrt in die USA zu beschaffen. Kurz bevor sie zurück zu ihrer Familie nach London reiste, stattete ihr Robert Stolz seinen Dank ab, indem er sie bat, doch auch noch die gleichen Papiere für einen seiner mittellosen jüdischen Freunde zu besorgen. Und sie tat auch das, allerdings war sie nun wirklich davon überzeugt, daß er sich in keiner Weise für sie interessierte. Am 6. Februar 1940 flog sie ab, und keiner von beiden glaubte an ein Wiedersehen.

Stolz hatte noch einen weiten und einigermaßen riskanten Weg zurückzulegen, um nach Amerika zu kommen: Er saß in Paris, und sein Schiff lag in Genua. Nachdem Hitler den polnischen Feldzug so rasch beendet hatte und Frankreich ebenso wie Großbritannien eindeutig kundgetan hatten, daß sie seine Eroberungspolitik nicht weiter hinnehmen würden, war im Frühjahr 1940 sein nächster Schlag zu erwarten. Man mußte annehmen, daß er sich gegen Frankreich richten würde. Italien blieb zwar zunächst noch »nicht kriegführend«, hatte aber im Vorjahr mit ihm ein Militärbündnis abgeschlossen: Die Situation konnte sich mit jedem Tag entscheidend verschlechtern.

Im März machte sich Stolz zusammen mit seinem jüdischen Freund Kotanyi auf die Reise nach Genua. Aber erst nachdem seine so selbstlose Freundin längst in London war, bemerkte er, wie sehr er sie vermißte und was sie in den letzten Monaten für sein Leben bedeutet hatte. Mit zunehmendem Abstand überschaute er gleichzeitig auch sein unbegreiflich törichtes Benehmen. Seine ganze Zuneigung erwachte so eigentlich erst in dem Moment, in dem er erkennen mußte, daß er die ihre wahrscheinlich verspielt hatte. Nun war eindeutig nichts mehr zu machen.

Doch in besonders schlimmen Situationen war Robert Stolz immer in der Lage, entgegen aller Einsicht seinem Herzen nachzugeben. So telegrafierte er ihr aus Genua unmittelbar vor seiner Abreise endlich seine Liebeserklärung »Ich kann ohne dich nicht leben!«. Aber er erhielt vor seiner Abreise keine Antwort mehr, und er betrat das Dampfschiff »Washington«, das ihn nach New York, in die »neue Welt« bringen sollte, wie ein Verurteilter – verurteilt, in ein Land zu gehen, dessen Sprache er nicht verstand, wo er vollkommen allein und hilflos sein mußte, und dies obendrein alles aus eigener Schuld.

Er traf am 1. April 1940 in New York ein, seine Abreise war in elfter Stunde erfolgt: Acht Tage später kam der Überfall Hitlers auf Dänemark und Norwegen, und schon im folgenden Monat begann mit dem Überfall auf Belgien, Luxemburg und die Niederlande sein Marsch auf Paris. Gleichzeitig trat Italien in den Krieg ein.

Als die »S. S. Washington« an der Pier 7 des New-Yorker Hafens anlegte, war sich Stolz bewußt, daß er vielem Schrecklichen, das Europa noch bevorstand, entkommen war. Verlassen fühlte er sich trotzdem. Aber das war überflüssig: Kurz vor der »S. S. Washington« aus Genua hatte am Pier 11 die »S. S. Britannic« aus Liverpool angelegt und Einzi aus London mitgebracht. Als Robert Stolz New-Yorker Boden betrat, wartete sie bereits im Hotel auf ihn. Und nicht nur Amerika, vor allem diese Frau bedeutete eine neue Welt für ihn: ein neues Leben!

Freilich mußte man vor allen Dingen und schon wieder einmal ganz von vorn anfangen. 1936 war ihm Wien als ein neuer Anfang vorgekommen, 1938 hatte er in Paris neu anfangen müssen, 1940 nun in New York. Der Anfang war vielversprechend. Gleich der erste Mensch, der ihm in Amerika entgegentrat, war ein Reporter gewesen, und zunächst konnte er einmal feststellen, daß seine Ankunft eine ganze Menge Aufsehen erregt hatte und mindestens sein Walzer »Zwei Herzen im Dreivierteltakt« überall bekannt

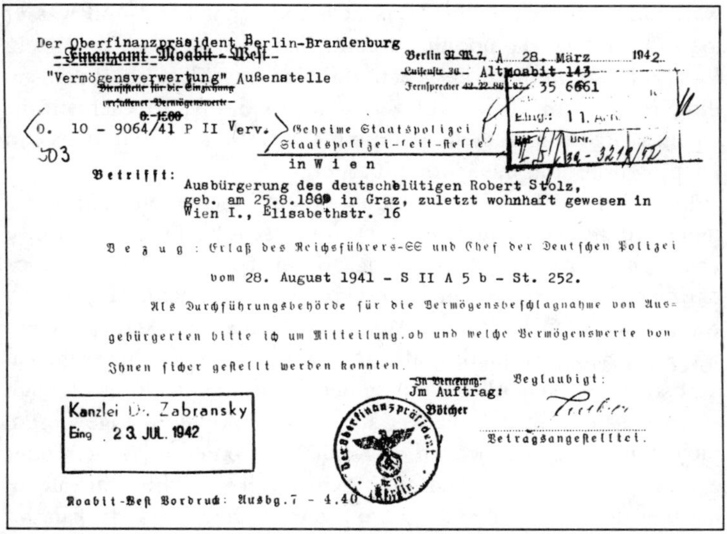
Der Oberfinanzpräsident Berlin-Brandenburg
~~Finanzamt Moabit-West~~
"Vermögensverwertung" Außenstelle
~~Dienststelle für die Einziehung verfallener Vermögenswerte~~

Berlin ~~NW 7~~, A 28. März 1942
~~Luisenstr. 33~~ Alt-Moabit 143
Fernsprecher ~~42 22 86/87~~ 35 6661

Eing.: 11. ...

O. 10 - 9064/41 P II Verv.

Geheime Staatspolizei
Staatspolizei-leit-stelle
in Wien

Betrifft: Ausbürgerung des deutschblütigen Robert Stolz, geb. am 25.8.1880 in Graz, zuletzt wohnhaft gewesen in Wien I., Elisabethstr. 16

Bezug: Erlaß des Reichsführers-SS und Chef der Deutschen Polizei vom 28. August 1941 - S II A 5 b - St. 252.

Als Durchführungsbehörde für die Vermögensbeschlagnahme von Ausgebürgerten bitte ich um Mitteilung, ob und welche Vermögenswerte von Ihnen sicher gestellt werden konnten.

~~In Vertretung:~~ Jm Auftrag: Bötcher

Beglaubigt:
Vertragsangestellter.

Kanzlei Dr. Zabransky
Eing. 23. JUL. 1942

Moabit-West Vordruck: Ausbg. 7 - 4.40

war. Aber in den Zeitungen muß nun einmal jeden Tag irgendetwas anderes stehen, und so verlor ihn die Presse bald aus den Augen. Und der amerikanische Musikmarkt wartete nicht gerade auf ihn. Es gab jeden Tag und überall Leute, die auf den Markt wollten, und alle kannten das Land und seine Verhältnisse besser als er – und sprachen die Landessprache.

Natürlich gab es eine Menge Leute in New York, die Deutsch sprachen, und eine Menge deutscher Künstler, Schriftsteller, Akademiker, Wissenschaftler, Schauspieler, Regisseure, Musiker waren schon da. Aber insgesamt waren sie eine Minderheit, die sich dem Land anzupassen hatte, wenn sie darin eine Rolle spielen wollte, mochte sie noch so bescheiden sein.

Bei solchen Gelegenheiten beweist sich die Wahrheit des Sprichworts »Aller Anfang ist schwer«. Stolz kam nicht mit völlig leeren Händen, er hatte ein paar Klavierstücke mitgebracht, schon in Paris hatte er mit Jimmy Eaton ein paar englische Lieder geschrieben. Es gab auch noch eine unaufgeführte Lustspieloperette aus dem Vorjahr, zu der Paul Knepler das Textbuch geschrieben hatte. Er schrieb, er arbeitete, aber bei dem Versuch, Boden unter die Füße zu bekommen, erntete er vor allem Rückschläge – eine harte und niederschmetternde Sache für einen Mann, der drei Jahrzehnte lang ununterbrochen auf einer Erfolgswelle geritten war. Für nichts von allem, was er mitgebracht hatte und was er 1940 in Amerika komponierte, fand sich in Amerika für ihn ein Verlag. Einzi bremste die Wucht der Nackenschläge ab, indem sie ihm Geld für imaginäre Aufträge übergab, das in Wirklichkeit ihr eigenes Geld war, aber sie konnte nicht verhindern, daß das Geld knapp wurde und das Hotel zu teuer.

In 50 Central Park West fanden sie ein bescheidenes Appartement, ausgerechnet neben einer Musikschule. Originellerweise zog nicht lange danach Emmerich Kálmán mit Frau einen Stock darüber ein. Er störte nicht, er komponierte nicht: »Emmerich Kálmán komponiert nur im Auftrag« erklärte er. In seiner Jugend war er in Budapest Bankfachmann gewesen, was ihm hier sehr zugute kam – er spekulierte mit seinem geretteten Geld erfolgreich an der Börse. Robert Stolz war auf das Komponieren angewiesen, nicht nur des Geldes wegen, er *mußte* komponieren können, oder er ging psychisch ein. Bei allen Schwierigkeiten Fuß zu fassen, hatte er dennoch in diesem Jahre zweimal Glück. Erstens kam im September die neue »Frühjahrsparade« als »Spring Parade« heraus, Henry Koster alias Kosterlitz aus dem Stamm der alten Berliner Filmgarde hatte sich als ausgezeichneter Regisseur erwiesen, Deanna Durbin und Robert Cummings waren zwei sichere Stars, und der Robert-Stolz-Walzer »Waltzing In The Clouds«, der in deutsch »Singend, klingend ruft mich das Glück« geheißen hatte, wurde ein überdurchschnittlicher Erfolg, wie sich bald herausstellen sollte. Außerdem bekam Stolz doch wenigstens einen veritablen Auftrag, er konnte nach dem Bühnenstück »Tonight or Never« die Operette »Night of Love« komponieren. Nach den üblichen Probeaufführungen in New Heaven und Boston kam sie sogar am 7. Januar des neuen Jahres am Hudson Theatre in New York heraus. Es war kein solcher Mammut-Erfolg wie zwei Jahre später »Oklahoma!« von Richard Rodgers, aber es war auch kein Flop, und das war für einen Anfang in New York schon viel. Abrahams »Ball im Savoy«, der bei seiner Berliner Uraufführung gerade wegen seiner modernen Musik so viel Furore gemacht hatte, schlug nicht ein, daran konnte auch ein so erfolgreicher Musicalautor wie Oscar Hammerstein II, der die Bearbeitung übernommen hatte, nichts ändern. Stolz konnte immerhin mit seiner Musik auf dem Broadway landen. Und einen ausgesprochen enormen Erfolg hatte er mit seiner Filmmusik zu »Spring Parade«. Vier Tage nach der New-Yorker Premiere von »Night of Love« wurde er von der »Academy of Motion Picture Arts and Sciences« für seinen Walzer »Waltzing In The Clouds« für die heißest begehrte Filmtrophäe der Welt, für den »Oscar« nominiert. Sein Name ging einmal mehr durch die Presse – einige amerikanische Verleger wurden aufmerksam, Inverlagnahme von Titeln bedeutete auch ein paar Einkünfte, endlich. Unter den Bekannten, die er in New York wiedertraf, war einer seiner alten Freunde, den er jetzt mehr brauchte denn je: Robert Gilbert. Er hatte sich bereits weitgehend eingelebt und war in der Lage, inzwischen auch englische Liedertexte zu schreiben. Gemeinsam schufen sie eine Anzahl Lieder, für die sich durchweg Verleger fanden. Man schlug sich durch, aber es war mühsam. Robert Gilbert berichtet über diese Zeit:

»Ich habe zehn Jahre in Amerika gelebt, es war für mich eine sehr, sehr schöne Zeit. Ich kam mit dreihundert gepumpten Dollars in eine fürchterliche Wohnung unter schrecklichen Verhältnissen und mußte langsam versuchen, Geld zu verdienen. Wie konnte ich das? Ich konnte englisch nicht so, wie man es beherrschen muß, wenn man dort auf der Straße aufgewachsen ist. Ich bin auf Berliner Straßen aufgewachsen, mein Shakespeare hat mir hier nichts genützt. Ich mußte den Slang lernen. Langsam fing ich an, für Kabaretts zu arbeiten. Diese Kabaretts waren für uns, die wir irgendwas verdienen mußten, enorm wichtig. Außerdem trat ich vor 200 oder 300 Personen auf, habe meine Berliner Gedichte aufgesagt zur Freude der Menschen, die es verstanden, oder ich habe europäische Künstler begleitet. Die Honorare waren minimal.«

Anderen ging es nicht anders, obwohl sie eher gekommen und schon länger im Land waren: Zuckmayer, Brecht, Curt Goetz – auch Oscar Straus und Paul Abraham, die wie Robert Stolz und Emmerich Kálmán hierhergekommen waren, fanden keineswegs offene Arme und Aufträge. Die Kálmáns erreichten den gesellschaftlichen Anschluß. Paul Abraham verlor vollkommen den Boden unter den Füßen. Er hatte nach dem Einmarsch der deutschen Truppen in Frankreich gerade noch ein Visum nach Kuba ergattern können und sich von da mühsam nach New York durchgeschlagen. Das Bemühen Oscar Hammersteins II., ihn mit »Ball im Savoy« am Broadway zu etablieren, schlug fehl, sein schon immer übersteigertes Selbstwertgefühl überschlug sich und steigerte sich ins Wahnwitzige: Er mußte mit einer akuten Denkparalyse in eine New-Yorker Nervenheilanstalt eingeliefert werden und blieb bis an sein Lebensende geisteskrank, außerstande, noch einmal auch nur eine Zeile zu komponieren.

Sein tragisches Schicksal war unter allen Emigrantenschicksalen zweifellos das krasseste. Aber nur wenigen gelang ein solch tiefes Eindringen in die amerikanische Nation wie Fritz Kortner, der 1940 wesentlichen Anteil an der Wahl des amerikanischen Präsidenten hatte. (Sie endete mit der Wiederwahl Franklin Roosevelts.)

Kurt Weill war der einzige der deutschen Komponisten, der sich in der amerikanischen Musical-Szene wirklich durchsetzen konnte. Er hatte schon 1938 mit »Knickerbocker Holiday« auf dem Broadway einen Volltreffer erzielt – es war ein bitterböses Musical, das unter dem Mantel der Historie die Methoden einer faschistischen Diktatur bloßstellte, und der »September-Song« darin wurde auf der Stelle berühmt. 1941 kam von ihm das faszinierende Musical »Lady In The Dark« heraus, mit dem Buch von Moss Hart (der dann 1956 die Uraufführung von »My Fair Lady« inszenierte).

Aber Weill war auch schon seit 1934 in New York, Max Reinhardt hatte ihn eingeladen, nach Amerika zu kommen, um ihm die Musik für eine geplante Inszenierung zu schreiben. Die Verwirklichung zog sich etwas hin, inzwischen nahm Weill die Gelegenheit wahr, seine deutsche expressionistisch-intellektuelle Avantgarde-Vergangenheit den Einflüssen der Neuen Welt anzupassen, und so konnte er schon 1936 mit dem Antikriegs-Musical »Johny Johnson« seinen Broadway-Ruhm begründen. Seine Begabung und die amerikanische Musik ergänzten einander, es wurde eine glückliche Verbindung, die sich nicht herbeizwingen läßt, und Weill ist damit auch den Deutschen ein Fremder geworden, sehr zu ihrem Nachteil, denn die »Dreigroschenoper« und »Aufstieg und Fall der Stadt Mahagonny« standen ebenso wie »Happy End« und »Die sieben Todsünden der Kleinbürger« nur am Anfang seiner großen Laufbahn.

Robert Stolz brauchte sich mit seiner Musik nicht zu assimilieren – das hatten solche musikalischen Erfolge wie »Zwei Herzen im Dreivierteltakt« und »Waltzing in the Clouds« bereits bewiesen. Aber er hatte nicht die Zeit, die Weill zur Verfügung stand, er »mußte ins Geschäft kommen«. Und das erwies sich auf dem Markt der »Kleinen Rechte« weitaus schwieriger als angenommen.

(»Kleine Rechte« heißen bei den Wahrnehmungsgesellschaften jene Rechte, die bei der Auswertung von kürzeren Werken, wie Gedichten und Liedern entstehen, im Gegensatz zu denen von Bühnenwerken, Filmen und Romanen, die man als »Große Rechte« bezeichnet und die gewöhnlich von den Urhebern oder Verlagen direkt wahrgenommen werden.)

Die Mischung von Anerkennung *und* Erfolglosigkeit konnte, nachdem sie ein ganzes Jahr angehalten hatte, einen Menschen schon mürbe machen. Es war demzufolge wieder einmal höchste Zeit für ein Wunder. Dem begegnete denn Robert Stolz auch schließlich – auf der Straße. Dort trafen er und Einzi einen alten Bekannten aus jenen längst vergangenen Jahren, in denen Robert Stolz das erste Dutzend seiner Tonfilme aufgenommen hatte. Es war ein Geiger namens Jack Fischberg, der inzwischen zusammen mit seinem Bruder bei den New-Yorker Philharmonikern seinen Platz gefunden hatte. Von ihm erfuhr er, daß der große Dirigent Bruno Walter ein Johann-Strauß-Konzert wegen Erkrankung kurzfristig absagen mußte.

Bruno Walter, vordem Chef des Leipziger Gewandhausorchesters, dann der Wiener Staatsoper, hatte genau wie Robert Stolz 1938 Österreich verlassen und war über Paris in die USA gegangen. Jetzt dirigierte er hier die New-Yorker Philharmoniker, hatte aber außerdem seinen festen Vertrag bei der Metropolitan Opera, sein Weltklasseruhm stand längst außer allem Zweifel. Aber als Robert Stolz auf Jack Fischberg traf, war Bruno Walter eben erkrankt, und so fragte Jack Fischberg, ob nicht Robert Stolz an seiner Stelle das Konzert dirigieren wolle.

Es war eine Frage von unerhörter Kühnheit. Die New-Yorker Philharmoniker waren auch damals schon eines der berühmtesten Orchester der Welt. Bruno Walter war ein Star – und Robert Stolz war in den Vereinigten Staaten als Dirigent vollständig unbekannt. Mehr als das: Auf die Frage »Wie viele sinfonische Orchester haben Sie denn bisher dirigiert?« hätte er schlicht mit »noch keines« antworten müssen. Denn die Theaterorchester, die er in seinen Operettenaufführungen dirigiert hatte, spielten zwar sicherlich auch Sinfoniekonzerte, aber sie hatten die Operette »im Vertrag«. Und wenn die Berliner Philharmoniker in Babelsberg irgendeine Tonfilmmusik unter seiner Leitung einspielten, dann fühlten sie sich natürlich nicht als »Sinfoniker«, sondern eben als Filmorchester.

Die Frage Jack Fischbergs bedeutete also, daß er es wagen wollte, den New-Yorker Philharmonikern für ein Bruno-Walter-Konzert einen unbekannten Dirigenten vorzuschlagen, der bis jetzt nur Operette dirigiert hatte. Allein daraus muß man den Schluß ziehen, daß Stolz in seiner Berliner Zeit als Dirigent auf ihn einen geradezu unerhörten Eindruck gemacht haben muß.

Es ist vollkommen verständlich, wenn das Management des Orchesters der Begeisterung der Brüder Fischberg mit äußerster Skepsis gegenüberstand. Ein abgesagtes Konzert war ein bedeutender finanzieller Verlust. Aber ein durchgefallenes Konzert war ein Finanz- und Prestigeverlust. Was wog schwerer?

Es ist eine beliebte europäische Art, Verantwortung dadurch zu tragen, daß man ihr aus dem Wege geht. Die amerikanische war: Das Management ging auf den Vorschlag der Brüder Fischberg ein – und beteiligte sie gleichzeitig am Risiko: Sie hatten sich zu verpflichten, bei einem eventuellen finanziellen Verlust durch das Dirigat dieses Mr. Stolz mit ihrem persönlichen Vermögen zu haften. Unter solchen Umständen kann man von keinem Menschen verlangen, daß er bei seinem Vorschlag bleibt. Die beiden Fischbergs taten es: sie sagten zu.

Robert Stolz sagte auch zu. Das war gleichfalls keine Kleinigkeit, dazu mußte einer seiner Sache schon sehr sicher sein. Natürlich kannte er die Musik von Johann Strauß bis ins letzte Detail, auch wenn er sie seit mindestens einem halben Jahrzehnt nicht mehr angesehen hatte. Aber er hatte auch ebensolange nicht dirigiert, und als ein Mann, der schon vor zahlreichen Orchestern gestanden hatte, kannte er sich in der Mentalität von Orchestern sehr gut aus: Je vornehmer Orchester werden, um so kritischer stehen sie ihren Gastdirigenten gegenüber, um so reservierter gewöhnlich auch der »leichten Musik« – er hatte keine Ursache, zu erwarten, daß sämtliche New-Yorker Philharmoniker von dem Enthusiasmus der Gebrüder Fischberg zu ihm erfüllt seien. Um das Maß voll zu machen: Er konnte sich nicht einmal mehr die Zeit nehmen, ihr Vertrauen zu erobern, jene tiefe Verständigung mit ihnen zu finden, die sich ohne intensives gemeinsames Probieren schlechterdings nicht einstellen kann. Für Robert Stolz standen auch Finanzen und Prestige auf dem Spiel – eine Mesalliance mit den »New-Yorkern« mußte größere Folgen haben als mit jedem anderen Orchester. Es gab also auch seinerseits viele Gründe, sich die Sache reiflich zu überlegen.

Aber das hatte er nicht nötig, er sagte zu. Dies war eine Chance, und er war sich seiner Leistung sicher: »Nach so langem, unfreiwilligem Exil vom Dirigentenpult war ich geradezu überladen mit Energie und brannte nur darauf zu dirigieren. Noch dazu mit den New-Yorker Philharmonikern!«

Die Brüder Fischberg hatten recht getan, ihr Vermögen auf Robert Stolz zu setzen. Der Abend »A Night in Vienna« in der Carnegie-Hall wurde geradezu ein Bombenerfolg. Robert Stolz hatte mit einem Schlag bewiesen, daß er hinsichtlich der Interpretation Wiener Musik – ebenso wie Bruno Walter als Sinfoniker – Weltspitze war. Der Abend wurde sein Triumph, und nun kamen die Aufträge: von Schallplattenfirmen, von Rundfunkstationen, für Filmmusik, für Bühnenaufführungen und Konzerte. »A Night in Vienna« hatte die Welt für ihn verwandelt. Außerdem hatte Einzi in ihrer Klugheit den Manager einer der größten amerikanischen Konzertagenturen erfolgreich in die Carnegie Hall eingeladen. Er organisierte im Anschluß für Robert Stolz ganze Tourneen mit »A Night in Vienna«. Noch als Robert Stolz längst wieder seinen Wohnsitz in Wien hatte, dirigierte er alljährlich in den USA eine Tournee mit »A Night in Vienna«, der Titel wurde für seine Konzerte geradezu zum Markenzeichen. Das zweite Konzert mit Werken von Johann Strauß, Franz Lehár, Oscar Straus, Emmerich Kálmán und Robert Stolz fand bereits im Lewison-Stadion statt. Die 20 000 Plätze waren ausverkauft. Aus den Robert-Stolz-Konzerten wurde eine Serie von Großveranstaltungen in fast allen amerikanischen Großstädten, die schon im nächsten Jahr wiederholt werden mußte. Prof. Dr. Marcel Prawy, der Chefdramaturg der Wiener Staatsoper, der jene Jahre ebenfalls in New York verbrachte, erinnert sich: »Wie oft war ich unter den 20 000 Zuschauern, wenn Robert Stolz in Sommernächten in den Freiluftkonzerten der New-Yorker Philharmonie dirigierte...«, und er schildert in seinem Buch über Johann Strauß die Atmosphäre dieser Abende:

»Wer die Emigration mitgemacht hat, weiß, daß man bei Johann-Strauß-Musik Heimweh bekam. Nicht bei Mozart – der gehörte der ganzen Welt.... Der große Treffpunkt der Wiener während des Krieges in New York waren die Konzerte der New-Yorker Philharmoniker mit Wiener Musik unter dem Titel ›A Night In Vienna‹. Man mußte eine lange unbequeme Fahrt mit der Subway bis zum Lewison-Stadion antreten und saß dann in einem höchst unromantischen Freilicht-Amphitheater, starrte ängstlich auf jede Wolke und hörte wundervolle Konzerte, die der Kontrapunkt der damals noch spärlichen Flugzeuge kaum zu stören vermochte. Robert Stolz dirigierte zündend, mit einer seltenen Verbindung von altem Operettenschwung und raffinierten Rubati. Nie werde ich seinen Kaiserwalzer vergessen, dessen erstes Thema er fast ohne Rhythmus vom Orchester aussingen ließ: ›Das ist wie ein Schubertlied, meine Herren! Ich bin der Sänger, folgen Sie mir!‹ hatte er bei der Probe erklärt.« Und Stolz erzählt:

»Ich dirigierte nunmehr Konzerte ›Eine Nacht in Wien‹ quer durch die Vereinigten Staaten. Das Schema war einfach: In den verschiedenen Städten dirigierte ich das jeweilige Sinfonieorchester und den dortigen Chor. Als Solisten wurden Opernstars wie Jan Peerce, Charles Kuhlmann, Miliza Korjus, Hertha Glatz und Jarmila Novotna engagiert. So manch einem Dirigenten wäre diese Aufgabe nicht sehr angenehm gewesen. In jeder Stadt mußte man sich auf ein neues Orchester und einen anderen Chor einstellen. Für mich indessen war es eher eine Herausforderung als eine Belastung, und die Ergebnisse waren sehr erfreulich ... In der ›Hollywood Bowl‹, wo sonst der silbermähnige Leopold Stokowski auftrat, sorgten meine Gastspiele mit ›Nacht in Wien‹ alljährlich für neue Besucherrekorde. Im Grant Park in Chicago kamen bei einer sommerlichen Veranstaltung unter freiem Himmel 62 000 Menschen zusammen und kletterten auf Dächer und Bäume, um meine Wiener Melodien besser hören zu können. In Colorado, in Ohio und in New York versammelten sich 20 000, um das Echo des alten Wien zu hören, obwohl der Krieg gegen Hitlers Staat weiterwütete.«

Die Kritiken, die er erhielt, waren enthusiastisch. »Associated Press«, das große amerikanische Nachrichtenbüro meldete: »16 000 Personen, die größte Zuschauermenge in der Geschichte von Robin Hood Dell, erschienen heute abend zu dem Wiener Potpourri unter Leitung des Wiener Komponisten und Dirigenten Robert Stolz. Das Publikumsinteresse war noch größer als bei der Judy-Garland-Vorstellung. 8 000 Menschen fanden keinen Einlaß.« Im »Philadelphia Evening Bulletin« stand zu lesen: »Am Dirigentenpult stand Robert Stolz, der sich als Walzer- und Operettenkomponist einen hervorragenden Namen gemacht hat. Seine Autorität und sein Enthusiasmus auf diesem Gebiet stehen außer Frage. Mr. Stolz dirigierte die Ouvertüre zur ›Fledermaus‹ und eine Auswahl eigener Kompositionen, einschließlich des populären Walzers ›Zwei Herzen im Dreivierteltakt‹, einer der besten Melodien ihrer Art seit den legendären Tagen der großen Walzerkönige.« In der »New York Herald Tribune« las man: »Ich hätte beginnen sollen mit Robert Stolz, der den Taktstock führte. Die Präzision, die Nuancen und das Temperament, die er aus seinem Orchester herausholte, waren bemerkenswert: Hier lag der Schlüssel zu der gesamten Vorstellung.« »Variety«, das Fachblatt des amerikanischen Showbusiness, konstatierte: »Vorrangig ist der Dirigent Robert Stolz zu nennen, dessen respektgebietende musikalische Leistung das Letzte aus der Partitur herausholte.« Und die »Philadelphia News« vom 6. August 1943 berichteten: »Die größte Zuschauermenge dieser Spielzeit hatte sich eingefunden, die Leute forderten schreiend und weinend Zugang zu der Vorstellung ... Diese begeisterten Musikfreunde wollten den Schöpfer von ›Zwei Herzen im Dreivierteltakt‹ einige seiner großartigen Stücke dirigieren sehen ... Die Zuschauer waren praktisch völlig in seiner Hand bis hin zu den letzten phantastischen Akkorden seines großen Walzers. Aus dem Grauen und der Tragödie des Krieges kam Stolz zu den amerikanischen Konzertbesuchern, um Freude zu bringen.«

Denn das Allergrößte, das Bedeutendste an den Erfolgen des großen Dirigenten Robert Stolz war sein politischer Erfolg. Er mußte keine Ansprachen halten und keine Hinweise in den Programmheften anbringen, er brauchte nichts zu erklären. Wo er dirigierte, gab er Kunde von Österreich, stand er für sein Land, ohne Rücksicht darauf, daß es von der Landkarte verschwunden und gegen seinen Willen in den schmutzigen Krieg Hitlers hineingezerrt worden war. Das ging so weit, daß Amerikas First Lady, Eleanor Roosevelt, später bei einem Gala-Diner in New York zu ihm sagen konnte: »Österreich hat keinen Botschafter in den USA, und dennoch gibt es einen Botschafter in den Vereinigten Staaten, und das sind Sie, Mr. Stolz. Durch Ihre Musik sind Sie zu einem modernen Wiener Orpheus geworden!«

So war es ihm auch 1943 endlich möglich, nun von New York aus jene Rundfunkansprache an seine österreichischen Landsleute zu halten, die er schon 1939 von Paris aus hatte halten wollen. Am 11. April 1939 war ihm sein Heimatrecht in Österreich von den Nazis noch einmal ausdrücklich bestätigt worden, obwohl er da längst in Paris saß und auf ihre Freundlichkeiten keinen Wert legte. Inzwischen hatte sich die Situation präzisiert: Am 28. August 1941 war er durch Erlaß des Reichsführers SS ausgebürgert worden, und am 28. März 1942 wurde sein gesamtes Vermögen beschlagnahmt.

Nun – die Fronten waren schon vorher klar. Robert Stolz hatte längst bewiesen, daß er eher bereit war, seine Überzeugung teuer zu bezahlen, als daß er zu kaufen gewesen wäre. Als es ihm möglich war, über den deutschsprachigen Sender zu seinen Landsleuten zu sprechen, sagte er:

»Meine lieben Freunde!

Es ist mir eine besondere Freude, an euch das Wort richten zu dürfen. Damals, als ich zu dem barbarischen Geräusch des Stechschritts meine Heimat verließ, da hab ich mir gleich gedacht: Zu so was san mir net geboren.

Es war grad so, als hätte man dem Mozart einen Stahlhelm aufgesetzt, dem Schubert einen Säbel umgeschnallt und dem Johann Strauß einen Stacheldraht um den Hals gewickelt und dann dazu gesagt: Strammgestanden, jetzt komponiert mal was Schönes! Alles in allem eine grausliche Idee!

Und so habe ich denn mein Binkerl zusammengeschnürt und bin gegangen mit den Worten: Frag nicht, warum ich gehe. Ich habe es vorgezogen wegzubleiben, auf fremden Hügeln zwar, aber dort hat die Freiheit gerauscht.

Ich bin nie ein Politiker gewesen. Politik war mir immer ein Buch mit sieben Siegeln, zu dem ich keinen Schlüssel hatte. Ich hatte halt seit meiner Geburt nur einen Violinschlüssel und einen Baßschlüssel, und damit bin ich höchstens in den Prater hineingekommen, wenn dort die Bäume wieder geblüht haben. In meinem Koffer, da lag neben meinen sieben Zwetschgen ein Stückerl vom Dachstein, ein Stückerl Tirol und Salzburg und Steiermark, ein Stückerl von Schönbrunn und vom Wurstelprater. Und auf amerikanischem Boden habe ich das alles wieder ausgepackt und die Stückerln schön wieder zusammengesetzt, und für meine neuen Freunde, die Amerikaner, habe ich daraus österreichische Musik gemacht, Operetten, Konzerte, bis sie alle miteinander am Broadway und in Hollywood gesungen haben ›Wien, Wien, nur du allein‹. Das war meine Politik!«

Hans Weigel, der große österreichische Publizist und Schriftsteller, erklärte zu dieser »unpolitischen« Arbeit von Robert Stolz: »Österreich, auf der anderen Seite der Front, politisch nicht gegenwärtig, lebte und dauerte dank Robert Stolz im Exil und triumphierte im Bereich jener, welche, äußerlich betrachtet, seine Feinde waren.«

Die Robert-Stolz-Tourneen mit »A Night In Vienna« blieben nicht auf die USA beschränkt. Sie führten auch durch Lateinamerika. Wieder einmal staunt man, welches riesige Arbeitspensum Robert Stolz in jenen Jahren in der »Neuen Welt« bewältigt hat. Denn auch der Film holte ihn wieder. Und vom Theater wird noch besonders zu sprechen sein. Aber 1943 verschaffte ihm ein Freund einen Vertrag für die Kompositionen und die musikalische Leitung in einem Film, den der damals schon fast legendäre französische Filmregisseur René Clair in Hollywood drehte: »It Happened Tomorrow« (»Was morgen geschah«). Es war eine satirische Komödie aus dem Zeitungsmilieu, eine phantastische Geschichte von einem Zeitungsreporter, der durch mysteriöse Umstände jeden Abend ein fertiggedrucktes Exemplar der Zeitung vom nächsten Tag findet und dadurch seinen Kollegen immer um 24 Stunden voraus ist.

Der Film wurde ein amerikanischer Sensationserfolg, Robert Stolz aber brachte er die zweite Nominierung für einen »Oscar« ein – und diesmal nicht für irgendein Lied, sondern für die Filmmusik in ihrer Gesamtheit, ohne daß ein einziges Lied daraus so hervorgestochen hätte wie »Waltzing In The Clouds«. (Erst nachdem der Film bereits in den Kinos lief, formte Robert Stolz aus den Hauptmelodien zwei Lieder, die nachfolgend über die Rundfunkstationen gingen.)

Die Nominierung für den »Oscar« und die Verleihung sind übrigens zwei verschiedene Dinge. Die Verleihung ist unter den Nominierten dann eher eine Art Lotteriespiel, und daß es für Robert Stolz zweimal bei der Nominierung blieb, war ein Schicksal, das er mit den Größten Hollywoods teilte – Marlene Dietrich beispielsweise wurde nur ein einziges Mal nominiert und erhielt den Oscar nie. Innerhalb der Fachwelt war die Nominierung indessen kaum weniger wertvoll: Sie hob nicht nur das Ansehen, sondern auch die Einnahmen, und das war für Robert Stolz nicht unwesentlich, ebenso wie die Tatsache, daß er sich durch seine Filmarbeit von den Filmleuten in Hollywood anerkannt und in gewisser Weise sogar in Hollywood einheimisch fühlen durfte: Viele Leute schlossen Freundschaft mit ihm.

Was ihn aber weiter bewegte, was er genauso weiter betreiben mußte wie das Komponieren, weil sonst sein Leben unvollständig war, war das Theater. Es ist etwas Merkwürdiges, das sich durch das ganze Leben von Robert Stolz hindurchzieht: Weder der erfolgreiche Kabarettmusiker noch der mit Aufträgen überhäufte Filmkomponist noch der vielbeschäftigte und gefeierte Dirigent kann ohne das Theater auskommen, erst wenige Tage vor seinem 89. Geburtstag wird sein vorletztes Bühnenwerk aufgeführt werden. – Es war also einfach unvorstellbar, daß er in Amerika nicht den Weg zum Theater finden würde. »Night of Love« war ein erster Versuch gewesen. Nachdem seine »Night In Vienna«-Konzerte so einschlugen, stand für ihn fest, daß er auch Wiener Operetten in New York zur Aufführung bringen müsse.

Der Gedanke war so absurd, daß ihn ein kühler Kenner der Situation nur als hoffnungslosen Unsinn abtun konnte. Amerika hatte endlich seine eigene Art entdeckt, musikalisches Theater zu machen, und modernes amerikanisches Theater konnte keinesfalls die alte Wiener Operette sein. Melodien von Johann Strauß – ja. Aber Operetten von Johann Strauß waren doch hoffnungslos altmodisch! Davon waren alle überzeugt – außer Robert Stolz. Dabei galten Offenbach und Strauß sogar mit einem gewissen Recht als »Theatergift« – weder Offenbach noch Strauß konnten sich langer Laufzeiten in den Staaten rühmen, ihre Zeitgenossen allenfalls gelegentlich. 1883 hatte es einmal kurze Zeit den »Lustigen Krieg« von Johann Strauß gegeben, für seine »Fledermaus« schien überhaupt kein Interesse vorhanden. 1912 war versucht worden, sie am Broadway als »The Merry Countess« zu etablieren, bereits vom Titel her natürlich eine klare Anlehnung an den Erfolg der »Merry Widow«, der »Lustigen Witwe«, die wenige Jahre vorher in Amerika Furore gemacht hatte. Aber nach »The Merry Widow« fiel »The Merry Countess« glatt hintenunter. 1929 probierte es Cary Grant mit ihr noch einmal unter dem Titel »A Wonderful Night« und 1933 hieß sie »Champagne Sec«, aber man bevorzugte seit längerem ein weniger opernhaftes, ein flotteres, aktuelleres, amerikanisches Musiktheater, wie es Frimls »Rose Marie«, Youman's »No, No, Nanette«, Rodgers' »Show Boat«, Gershwins »Of Thee I Sing« vorgeführt hatten und wie es gerade so erfolgreich mit »The Dancing Years«, »Dubarry Was A Lady«, »Panama Hattie«, »Let's Face It« und »Lady In The Dark« fortgesetzt wurde: Der Broadway war voll von Novitäten erstklassiger amerikanischer Provenienz. Und darin sollte eine Uralt-Operette, die schon dreimal kein Erfolg gewesen war, irgendeinen Erfolg haben?

Robert Stolz konnte in ganz New York keinen Produzenten für diese derart hoffnungslose Sache auftreiben, jeder auch nur einigermaßen vernünftige Mensch, der es eben so gerade geschafft hatte, aus dem Schneider zu sein, hätte die Finger davon gelassen. Wenn es jemand hätte genehmigen müssen – kein »verantwortlich« denkender Mensch hätte eine Genehmigung dafür erteilt. Glücklicherweise brauchte Robert Stolz keinerlei Genehmigung für den Versuch, sich zum zweiten Mal in seinem Leben mit einem eigenen Theaterunternehmen zu ruinieren, glücklicherweise war Einzi an seiner Seite von dem Projekt ebenso besessen wie er: Sie schlug ihm vor, die Beschaffung der nötigen Geldgeber selbst in die Hand zu nehmen! Denn eine nochmalige Zusammenarbeit mit dem mächtigen Theaterunternehmer J. J. Shubert, der zusammen mit seinem Bruder Lee Shubert das größte Theaterimperium der Vereinigten Staaten aufgebaut hatte, kam nicht in Frage: Sie hatten »Night of Love« produziert, und die armselige Ausstattung ihrer Produktion war die Hauptursache dafür gewesen, daß zwar die Musik bei der Presse gut wegkam, ansonsten die Show aber gar kein Erfolg wurde.

Das Broadway-Theater arbeitet bis auf den heutigen Tag auf eine gänzlich andere Weise, als wir das von dem unseren gewöhnt sind: ohne feste Häuser, ohne feste Ensembles, ohne staatliche Zuschüsse. Für jede neue Inszenierung muß ein Theater gewissermaßen neu gegründet werden. Nachdem das Stück ausgewählt ist, mietet der Produzent dafür ein Haus und engagiert das gesamte Ensemble, vom Beleuchter bis zum Regisseur und Kapellmeister. Alles das ist, wie in Europa, an viele Bedingungen gebunden und kostet vor allem außerordentlich viel Geld, bei dem man freilich darauf spekuliert, daß es im Verlauf der Aufführungen wieder hereinkommt, ja, daß die Aufführungen sogar Gewinn abwerfen.

In unseren Vorstellungen scheinen sich die Möglichkeiten von Kunst und Geldgewinn eher gegenseitig auszuschließen, das amerikanische Theater vermag seit vielen Jahrzehnten vorzuweisen, daß die Vereinigung von beidem möglich ist und Unterhaltungswert und Aussagekraft sich ebensowenig ausschließen wie ausgereifte künstlerische Gestaltung und Publikumswirksamkeit. Nur fängt dies alles mit der Bereitstellung von Geldmitteln an, das heißt praktisch: mit dem Auftreiben von Geldgebern, hochherzigen Leuten oder einfachen Spekulanten, welche bereit sind, ihr Geld mit der Ermöglichung von Theaterkunst zu riskieren. »Engel«, englisch »Angels« heißen sie, weil sie den Theaterbetrieb erhalten und genau so schwer einzufangen sind wie diese.

Einzi ließ sich mit Robert zusammen auf dieses schwierige Geschäft ein. In seinen Lebenserinnerungen beschreibt Robert Stolz, welche unsäglichen Mühen und sonderbaren Verrenkungen man dabei auf sich zu nehmen hatte und mit was für Menschen man dabei zusammentraf. Das wirklich Wunderbare, die fast nicht glaubliche Leistung von Frau Einzi indessen war: Sie schafften es tatsächlich, am 11. April 1942 in New York mit der »Fledermaus« herauszukommen und sie zu einem kostendeckenden Erfolg zu machen. Die Ausstattung mußte zwar ziemlich bescheiden sein, aber Robert Stolz hatte nicht nur ein Ensemble, das begeistert mitging, sondern auch ein ebensolches engagiertes Publikum. Denn es gehörte eben nicht nur ein Ensemble und es gehörten nicht nur die Geldgeber dazu, um in der Hochburg des amerikanischen Musicals eine deutsche »Fledermaus« herauszubringen, es brauchte vor allem das Publikum. Und der Erfolg der »Night In Vienna« hatte Stolz den Gedanken eingegeben, daß dieses Publikum trotz Musical in New York vorhanden sein müßte. Der Erfolg gab ihm Recht:

»Die Fledermaus, die erfolgreichste der Operetten von Johann Strauß Sohn, kam im April in New York unter der meisterhaften Leitung von Robert Stolz zur Aufführung, der fraglos der größte lebende Nachfolger des unnachahmlichen Strauß ist. Die Aufführung fand in deutscher Sprache vor einem großteils aus Österreichern, Deutschen und Deutschamerikanern bestehenden Publikum statt, dessen Nazifeindlichkeit unverkennbar war. Der Arier Stolz ist ein freiwilliger Emigrant aus dem Lande der Nazis. Es wird berichtet, daß Hitler und Goebbels indirekte Versuche gemacht haben, Stolz zurückzuholen. Statt dessen wurde wieder Wiener Schwung nach New York transferiert.« Damit hatte eine der wesentlichen Musikfachzeitschriften Amerikas, »The Etude«, die Bedeutung des Ereignisses, die weit über eine bloße Theateraufführung hinausging, deutlich umrissen. Die Zeitschrift »Musical America« hob mehr die Bedeutung für die Aufführungsgeschichte des Werkes hervor: »In authentischer Atmosphäre und lebendig im Handlungsablauf hat die ›Fledermaus‹ in New York endlich eine ihr gemäße Inszenierung erfahren, welche an die großen Tage des Straußschen Meisterwerks erinnert. Der Dirigent war Robert Stolz, der in diesem Land vor allem als Komponist des

Walzers ›Zwei Herzen im Dreivierteltakt‹ bekannt ist. Die Ergebnisse seiner Arbeit sind sehr zu loben.« Und eine der wichtigsten Kritiken, die in der »New York Times«, die am folgenden Tage, unmittelbar nach der Premiere erschien und damit auf das Schicksal der ganzen Produktion entscheidenden Einfluß hatte, erklärte: »Die Theaterleitung kann sich sehr glücklich schätzen, Robert Stolz als Dirigenten gewonnen zu haben. Unter Mr. Stolz' kundigem Taktstock gelang es von der Ouverture an in jeder Nummer die typisch wienerischen Rhythmusnuancen hervorzuheben, ohne die Polkas, Walzer und andere mitreißende Melodien der Operette ihre wesentliche Eigenart verlieren würden. Er dirigierte hervorragend in jeder Hinsicht und verfügte über ein Orchester, dem für seinen Part am Gelingen des Ganzen höchstes Lob zu zollen ist.«

Die Robert-Stolz-Produktion der »Fledermaus« hatte nicht nur allen vernünftigen Überlegungen zum Trotz zum Erfolg geführt, sie hatte auch auf dem unvernünftigsten aller Wege zum Erfolg geführt: Allen bisherigen Produzenten war klar gewesen, daß dieses Werk derart »europäisch« ist, daß es nur in einer »amerikanischen Bearbeitung« einigermaßen Aussicht auf Erfolg haben könnte. Nachdem es sich dreimal gezeigt hatte, daß es »nicht einmal« in einer amerikanisierten Version Anklang finden konnte, führte Stolz es nicht nur in der Originalversion, sondern auch noch in der Originalsprache auf – mit geradezu verbrecherischer Mißachtung der Interessen des amerikanischen Publikums, die alle andern doch so genau »gekannt« hatten – und hatte damit einen bahnbrechenden Erfolg in gleich zwei Richtungen. Erstens nämlich ebnete er mit dieser seiner Originalaufführung endlich der »Fledermaus« den Weg ins amerikanische Theater: Noch im gleichen Jahr kam der große alte Theaterzauberer Max Reinhardt mit seiner Version der »Fledermaus« in amerikanischer Sprache (unter dem Titel »Rosalinde«) heraus. Sie lief volle zwei Jahre. Und 1950 hatte »Die Fledermaus« dann unter der Direktion von Rudolf Bing ihre Premiere an der Metropolitan Opera. Robert Stolz hatte das Eis gebrochen, »Die Fledermaus« war durch ihn in Amerika einheimisch geworden.

Das war aber nur die Hälfte des Erfolgs: Der Erfolg beim Publikum und bei der Kritik gab ihm zusammen mit dem 50 000-Dollar-Scheck eines Farmers aus Kansas (wirklich eines »angels«!) die Möglichkeit, nach der »Fledermaus« schon zehn Wochen später im New-Yorker »Cosmopolitan Opera House« mit dem österreichischen Ensemble der »Fledermaus« eine authentische Aufführung des »Zigeunerbarons« vorzustellen, und am 20. Juni 1942 konnte die »New York Times« berichten: »Die farbenreiche Aufführung wurde von Robert Stolz mit derselben Kennerschaft und Präzision dirigiert, die schon bei seiner Arbeit in der ‚Fledermaus' auffiel: Es war die gleiche Souveränität bei der Wahl der Tempi und die gleiche kundige Handhabung jeder rhythmischen und dynamischen Nuance. Mit einer Besetzung, die zum großen Teil aus operettenerprobten europäischen Flüchtlingen bestand, mit einem Orchester, das mit Genauigkeit und Zuverlässigkeit seine Aufgabe erfüllte, und einem großen Chor, der über außerordentliche stimmliche Reinheit verfügte, war Mr. Stolz in die Lage versetzt worden, der Aufführung zu einem sicheren Sieg zu verhelfen.«

Nach dem »Zigeunerbaron« schaffte er das Gleiche mit dem bis dahin in den USA überhaupt noch nicht ausprobierten »Bettelstudent«, und schließlich kam es 1943 im Majestic Theatre zu einer glanzvollen Neueinstudierung der »Lustigen Witwe« mit Martha Eggerth und Jan Kiepura als Stars. Robert Stolz arrangierte Lehárs berühmtesten Walzer »Gold und Silber« als Balletteinlage, und Georg Balanchine choreographierte ihn. Außerdem schuf er zusätzlich aus den Melodien des Werkes eine »Lustige-Witwe-Ouverture«, und hatte die Freude, so oft er diese »musikalische Vorspeise« dirigiert hatte, bereits den ersten triumphalen Applaus, eine »standing ovation«, bei der man sich von den Stühlen erhebt, zu erleben. Nur gab es diesmal doch zwei Einschränkungen: Martha Eggerths Stimme erschien der Kritik zu klein, und an Jan Kiepura bemängelte sie darstellerische Mittel und sprachlichen Akzent. Aber beide waren gleichzeitig Haupt-Geldgeber dieser Produktion, und so ergaben sich Mißhelligkeiten, die Stolz dazu veranlaßten, nach einigen Wochen die Produktion als Dirigent zu verlassen.

Er hatte trotzdem mit seinen vier Operetteninszenierungen entscheidende Siege errungen. Nicht nur die »Fledermaus«, auch der »Zigeunerbaron« ging wenige Jahre später in das Repertoire der Metropolitan Opera ein. Insgesamt hatte er bewiesen, daß eine vorgefaßte Meinung vom »Publikumsgeschmack« auch dann umzuwerfen ist, wenn sie scheinbar durch die verschiedensten Erfahrungen schon erhärtet ist. Es kam eben nur vor allem darauf an, daß man nicht von vornherein ein Werk als »gängig« oder »nicht gängig« ansah, sondern daß man sich mit aller Kraft und aller Umsicht dafür einsetzte, einen Erfolg daraus zu machen. Wenn er so »gescheit« gewesen wäre wie die erfahrenen Theaterproduzenten rings um ihn herum, hätte er natürlich die Finger davon gelassen. Er war jedoch fest davon überzeugt, daß es möglich sein müßte, auch dem New-Yorker Publikum die genialen Schönheiten dieser Werke zu erschließen. Und seine Rechnung ging eben deshalb auf, weil er noch etwas viel Wichtigeres zu tun wußte als nur zu rechnen: Damit, wie er am Broadway in jenen Jahren Wiener Operette durchzusetzen verstand, bewies er sich nicht nur als echter Patriot seiner österreichischen Musik. Er erwies sich auch als ein wahrhaft großer Mann des Theaters.

XIII

Wer gibt schon alles auf?
1945–1949

Als Robert Stolz nach Amerika kam, betrat er einen völlig anderen Kontinent, ein anderes Land mit einer anderen Sprache und einer anderen Musikkultur. Nichts wäre so vernünftig gewesen wie der Versuch, sich all dem anzupassen. Aber wer gibt schon alles auf? Robert Stolz hatte sein Vermögen verloren, eine Frau, mit der er fast zwei Jahrzehnte zusammengelebt hatte, viele seiner Freunde, seine Wohnung, sein Vaterland. Er hatte in Einzi einen Menschen gefunden, wie er ihm nie vorher begegnet war, er hatte mit ihrer Hilfe tatsächlich und in des Wortes genauester Bedeutung ein neues Leben anfangen können. Nun war auch dieses neu begonnene Leben zum neuen großen beruflichen Erfolg geworden. Und Robert Stolz hatte dabei nichts von seiner künstlerischen Identität aufgeben müssen, er war nicht »amerikanisch« geworden, er hatte als Robert Stolz gesiegt.

Der New-Yorker Bürgermeister Johnny Walker hatte ihm scherzhaft den Namen »Broadway Bobby« gegeben. Spätestens mit »The Merry Widow« hatte er sich den Necknamen als Ehrennamen verdient. »Mit Sicherheit der größte Segen der Saison« notierte der Kritiker der PM-Zeitung. »Associated Press« meldete: »Wiener Operette geliebt von ganz New York. Wiedergeburt der Melodie am Broadway«, und »United Press« schrieb: »Das Broadway-Publikum bejubelte die von Robert Stolz eingeleitete Renaissance der Operette.« Aber wie weit ist die Operette vom Musical wirklich verschieden? Gerade die Leute, die es so genau zu wissen vorgeben, wissen es bei näherem Hinsehen durchaus nicht. Das klassische Musical »Oklahoma«, das im gleichen Jahr wie die »Merry Widow« herauskam, lief dann mehr als fünf Jahre ohne Unterbrechung am Broadway und hat viele musikalische Situationen mit einer Operette gemeinsam. »My Fair Lady« erscheint uns als der Prototyp eines Musicals, und Leonard Bernstein bezeichnete es doch als »Operette«. »Rosalinde«, Max Reinhardts »Fledermaus«-Inszenierung, erreichte eine Laufzeit von zwei Jahren, Martha Eggerth und Jan Kiepura spielten die von Robert Stolz inspirierte und musikalisch neu eingerichtete »Merry Widow« am Broadway rund zweitausendmal. »Vernünftig« wäre es gewesen, sich dem damaligen Trend anzupassen, aber Robert Stolz dachte gar nicht daran, etwas, das seiner künstlerischen Überzeugung entsprach, aufzugeben. Er arbeitete vielmehr daran, es durchzusetzen. Und eben damit setzte er sich selbst durch, so vorzüglich, daß es nunmehr wirklich für ihn an der Zeit war, seine eigene Musical Comedy zu schreiben.

Es sollte ein Stück für Amerika sein, aber um ein Robert-Stolz-Stück zu sein, mußte es – gerade für Amerika – unumgänglich etwas mit Wien zu tun haben. Alfred Grünwald, der schon an der »Gräfin Mariza«, an der »Goldenen Meisterin« und an »Victoria und ihr Husar« bei Kálmán, Eysler und Abraham so erfolgreich mitgearbeitet hatte, war auch unter den deutschen Emigranten in New York und hatte eine gute Geschichte parat: 1872 war Johann Strauß in den USA gewesen, er hatte einen riesigen Erfolg gehabt und es war ein enormes Spektakel gewesen, mit dem Höhepunkt eines Mammutkonzerts mit Tausenden von Mitwirkenden in Boston. Wer konnte einen Johann-Strauß-Stoff besser komponieren als Robert Stolz, der in Kritiken immer wieder als sein Nachfolger bezeichnet worden war? Leonard L. Levinson machte aus der Grünwaldschen Story das Buch, Robert Sour, mit dem Robert Stolz nun auch schon seit Jahren zusammenarbeitete, schrieb die Verse, Robert Stolz konnte noch 1944 mit der Komposition beginnen, und am 13. August 1945 war die erste Tryout-Aufführung von

»Mr. Strauss Goes To Boston« – natürlich in Boston. Drei Wochen später war die New-Yorker Premiere im Century Theatre. Als Theaterdirigent war Stolz am Broadway längst ein Begriff, mit »Mr. Strauss Goes To Boston« hat er sich auch als Broadway-Komponist erfolgreich etabliert, und es ist schade, daß das Buch dieses Musicals inzwischen verschollen scheint. Das Stück Musik, das als Aufnahme erhalten geblieben ist, verrät nämlich, daß der »Operettenkomponist« Robert Stolz den »Broadway-Sound« begeisternd mühelos zu bedienen wußte – was einmal mehr den Verdacht stärkt, daß der »Musical Stil« weitaus mehr als alles andere ein Aufführungsstil ist.

Zwischen dem Beginn der Arbeit und der New-Yorker Premiere lagen bedeutende Ereignisse für Robert Stolz: Der »Botschafter österreichischer Musik« wurde 1944 sogar zu einem Empfang bei Präsident Roosevelt eingeladen, bei dem Mrs. Roosevelt jene schon erwähnten denkwürdigen Worte an ihn richtete. Einen heftigen Schicksalsschlag bedeutete es dagegen für ihn, als er eines Tages ein Telegramm von Willi Forst erhielt, der ihm mitteilte, seine Wiener Wohnung sei einem Bombenangriff zum Opfer gefallen. Das stellte sich später glücklicherweise als Falschmeldung heraus, traf ihn aber zunächst sehr.

Die Nachricht von der bedingungslosen Kapitulation Nazideutschlands und damit vom Ende des Krieges kam mitten in ein Konzert, das er in Chicago dirigierte. »Das Publikum erhob sich und sang ›God Bless America‹, und ich glaube nicht, daß es in der riesigen Arena im Chicagoer Grant Park einen einzigen Menschen gab – mich eingeschlossen –, dessen Augen trocken blieben. Es war, als seien wir alle soeben aus einem langen, ganz besonders abscheulichen Alptraum erwacht. Wir waren glücklich, heiter, müde, traurig, verblüfft – alles auf einmal.«
So schildert Robert Stolz selbst diesen Augenblick. Er hatte es geschafft, zu überleben und sich hier eine neue, erfolgreiche Existenz aufzubauen, aber er kannte zu viele, die es in Amerika nicht geschafft hatten oder die es – schlimmer – nicht bis Amerika geschafft hatten. Das befreite Aufatmen konnte nicht auch ein freudiges Aufatmen sein.

Zunächst war er viel zu sehr in seine weiteren Verpflichtungen eingespannt. 1945 war das Jahr, in dem »A Night In Vienna« durch Südamerika ging. Dann kam Inszenierung und Aufführungen von »Mr. Strauss« – das Stück war übrigens mit dem zur Stolz-Musik sehr klug gewählten Untertitel »A Romantic Comedy with Music« versehen, und eine Einlage darin war ein Lied mit einem englischen Text von Robert Gilbert: »You Are Just A Melody That Haunts My Heart« auf die Melodie »Du, nur du sollst der Kaiser meiner Seele sein ...« – ein Lied, das seines Beifalls am Broadway ebenso sicher sein konnte wie sonst in der Welt.

Zusätzlich gab es private Unannehmlichkeiten die ernsthafte Gefahren in sich bargen. Frau Lilli Stolz hatte an der Hand ihres Herrn Dr. R. den Weg nach Amerika gefunden, sie wäre zurückgeschickt worden, wenn Stolz sie nicht als seine Ehefrau anerkannt hätte. Dem Gesetz nach war sie ja noch mit ihm verheiratet, und Einzi hatte ihm sachlich erklärt: »Du kannst es trotz allem, was sie dir angetan hat, nicht mit deinem Gewissen vereinbaren, diese Frau dem sicheren Verderben auszuliefern.« Er hatte sie also anerkannt. Aber in einem Grimmschen Märchen findet sich der Rat »Kauf' kein Galgenfleisch!« Einmal im Land, begann Frau Lilli ihn zu erpressen und, was ernsthaft gefährlich war, zu verleumden. Angreifbar nach damaligen amerikanischen Moralgrundsätzen war er, schließlich lebte er mit Einzi in wilder Ehe, und verletzlich war er um so mehr, als er inzwischen eine allgemein bekannte Persönlichkeit war.

Es bedurfte des Eingreifens eines Kongreß-Abgeordneten, Lilli zum Schweigen zu bringen. Sie reichte endlich die Scheidung ein. Aber auch Einzi war ihrerseits noch dem Gesetz nach gebunden. Das halblegendäre amerikanische Scheidungsparadies Reno brachte schließlich beiden die Möglichkeit, ihre Verhältnisse zu regeln, zumal man sich in Reno nicht nur durch den Richter scheiden, sondern auch trauen lassen kann. Also heirateten die beiden bei demselben Richter und in derselben Stunde, in der Einzis frühere Ehe geschieden wurde. Sie hatte ohnehin schon in Paris nur noch auf dem Papier bestanden. Am 12. Juni 1946 konnten beide endlich in Reno die Ehe eingehen, die seit sechs Jahren zwischen ihnen bestand und inzwischen schon so viele Stürme glücklich überstanden hatte: Gemeinsam mit Einzi hatte er in dieser Zeit hier ein neues Leben, eine neue Karriere aufgebaut. Nun war der Frieden da – und wer gibt schon alles auf, was er sich mühsam erarbeitet hat?

Das war nun etwas sehr Merkwürdiges: Robert Stolz hatte gerade erleben dürfen, daß er sich auch als Komponist am Broadway, auf dieser heißesten Theaterstraße der Welt, behaupten konnte. Wem das einmal gelungen war – das war geradezu wie ein Zwang – der mußte es sofort ein zweites Mal versuchen, noch dazu, wenn er so vom Theater besessen war wie Robert Stolz. Aber nicht Robert Stolz. Nachdem er »Mr. Strauss Goes To Boston« vertont hatte, vertonte er in den nächsten drei Jahren nicht einen einzigen englischen Text mehr. Kaum war die »Romantic Comedy« auf der Bühne, schrieb er mit seinem lieben alten Freund Robert Gilbert ein deutsches Lied nach dem andern, genauer gesagt lauter österreichische Lieder, ein Walzerlied wie »Mein Herz macht nachts Musik«, Wienerlieder wie »Von Wien nimmt man Abschied« und »Das ist ein Glücksfall« (»Kinder, das Leben geht weiter«). Einen Text schrieb er allein, den Text zu einer Marschhymne »Gott segne Österreich, dem nichts auf dieser Erde gleich«, und auch das ergreifendste seiner Nachkriegs-Wienerlieder ist mit Robert Gilbert in New York entstanden:

»Wohin ist das alles, wohin –
die Rosen von gestern, das Rauschen im Wald,
das einmal so anders als heute geschallt –
wohin ist das alles, wohin?
Die Freunde von damals, mit denen man oft
bei uraltem Wein auf die Zukunft gehofft –
wohin ist das alles, wohin?
Das kann doch nicht alles begraben sein,
begraben für ewige Zeit!
Das müßte doch wieder zu haben sein,
sonst täte die Welt mir so leid...«
(3. u. 4. 9. 1946)

Später erzählte Robert Stolz: »... und dann kam das Frühjahr 1945. Ich dirigierte gerade in Chicago mein Konzert ‚Eine Nacht in Wien', als uns die Nachricht erreichte: Der Krieg ist aus! Von diesem Moment an gab es für mich nur noch einen Gedanken – zurück nach Wien!« Und sein Kompositionsverzeichnis beweist, wie vollständig ihn dieser Gedanke ausfüllte, obwohl er natürlich schon hinsichtlich der praktischen Möglichkeiten auf unendlichen Widerstand stieß. Was Robert Stolz kaum bekümmerte: »Die Verwirklichung dieses meines Herzenswunsches konnte ich ruhig meiner Einzi überlassen, für sie gibt es kein ‚Unmöglich' auf Erden, sie findet immer Mittel und Wege, um einen Traum Wirklichkeit werden zu lassen.«

Dabei war es, um mit dem »Mann von La Mancha« zu sprechen, wahrhaftig »der unmögliche Traum«, Europa war ein Trümmerhaufen, ein Chaos, das selbst die Stäbe der Siegermächte vor schier unlösbare Probleme stellte. An einen noch so bescheidenen zivilen Reiseverkehr war vorerst überhaupt nicht zu denken. Auch ein Jahr später herrschte noch die blanke Not, die meisten Menschen lebten an der Grenze des Existenzminimums und viele noch darunter. Es waren Zeiten, wo jeder froh sein konnte, der nur einigermaßen warm und trocken saß.

Indessen saßen Robert und Einzi Stolz komfortabel in einem Land, um das sie gerade in jener ersten Nachkriegszeit die meisten Europäer beneidet hätten. Die Bildberichte von »drüben« sprachen eine eindeutige Sprache. Deshalb war es die reine Unvernunft, im Herbst 1946 auf eine Rückkehr nach Wien zu drängen. Wer gibt schon Sicherheit, Wohlstand und eine glänzend verlaufende Karriere im Alter von 66 Jahren so einfach auf, um ohne Not in ein Notstandsgebiet überzusiedeln?

Einmal mehr in seinem Leben erwies sich Robert Stolz bar jeder Vernunft und nur ganz und gar seinem Herzen hörig: Er mußte nach Wien, ganz gleich, wie es dort aussah. Und es sah schlimm genug aus.

Das wirtschaftliche Elend im Land war unbeschreiblich. Wien hatte damals die höchste Sterblichkeitsrate unter allen europäischen Städten, allein die Säuglingssterblichkeit betrug über 19 Prozent! Wien hungerte – die tägliche Lebensmittelration hatte zunächst nur einen Wert von 800 Kalorien, erst später konnte das auf 1550 aufgebessert werden. Das war immer noch viel zu wenig. Strom und Kohle waren so gut wie nicht vorhanden, selbst die Straßenbahnen standen manchmal stundenlang still, soweit sie überhaupt noch fahren konnten. Die Kämpfe im März und April 1945 hatten Wien schrecklich mitgenommen. Der Plan des Majors Szokoll, Wien vor dem Schicksal einer sinnlosen Zerstörung zu bewahren, war in letzter Minute durch Verrat mißglückt. Es war schließlich der deutschen Heeresleitung auch nicht gelungen, Wien zu verteidigen, der deutsche Kommandant mußte am 5. April an Hitler die historische Mitteilung machen: »Wien ist nicht zu halten, der Widerstand ist derart groß, daß er nicht zu brechen ist. Der Volkssturm ist in Wien nicht eingerückt; man kann ihn auch gar nicht einberufen, weil er sofort auf die SS schießen würde.«

Die österreichischen Widerstandsgruppen konnten besonders gegen Kriegsende ihre Wirksamkeit beweisen. Aber sie waren machtlos, als unmittelbar vor Kriegsende noch von deutscher Artillerie der Stephansdom in Brand geschossen wurde, und ebenso machtlos gegen die Bombenangriffe, denen schließlich jedes fünfte Haus in Wien zum Opfer gefallen war. Die Vierteilung des Landes zwischen den Alliierten verhinderte den zivilen Reiseverkehr und damit auch für die Wiener weitgehend »Hamsterfahrten«. Auch Wien war in vier Sektoren eingeteilt, den fünften, die Innenstadt (den »I. Bezirk«) verwalteten und kontrollierten die Alliierten gemeinsam. Österreich war kein besiegtes, es war nur ein besetztes Land. Aber sein Elend war nur um weniges geringer, das Überleben gerade in den ersten Jahren keineswegs leichter.

Doch all das konnte Robert Stolz von seinem Vorhaben nicht abbringen: »Ich war davon überzeugt, daß mich Österreich und Deutschland, wenn sie mich jemals gebraucht hatten, in diesem Moment nötiger brauchten denn je. Wenn jemand, den man liebt, krank ist, dann muß man an seine Seite eilen; er bedarf der Unterstützung weit mehr, als wenn er gesund ist. Ich war überzeugt, daß meine Musik einen kleinen Beitrag zur Wiedergenesung Österreichs und Deutschlands nach Nationalsozialismus, nach Krieg und Zerstörung würde leisten können.« Jetzt, wo die Trümmer der blutigen Vergangenheit zu beseitigen waren, wo es um den Wiederaufbau ging, mußte er einfach mit dabei sein.

Und seine Frau verstand ihn, sie tat alles, ihm dieses Bedürfnis zu erfüllen, so groß auch das Opfer war, das es von ihr fordern würde. Tatsächlich gelang es ihr zu erreichen, daß die ersten zivilen Reisenden, die überhaupt von den USA nach Österreich fliegen durften, Robert und Yvonne Luise Stolz hießen. Am 30. Oktober 1946 war es so weit. Robert Stolz erzählte später: »Als wir von New York im Jahre 1946 mit den Visa Nr. 1 und 2 nach Wien flogen, fragten mich die Journalisten am Flugzeug: ‚Was suchen Sie denn in dem verwüsteten, zerstörten, verhungerten Wien?' Ich, der ewige Romantiker, antwortete: ‚Ich möchte die Minoritenkirche im Schnee sehn, und das ist Grund genug, um alle Opfer und alle Entbehrungen auf uns zu nehmen.'«

Bei der Heimkehr nach Wien wurden Robert Stolz und Gattin auf dem Flugplatz bereits ein großer Empfang bereitet, der Bürgermeister von Wien war ebenso erschienen wie die österreichische Wochenschau. Und im Hintergrund stand bereits der Gerichtsvollzieher: Frau Fini Zernitz, Lillis Vorgängerin, trat wieder in Erscheinung und pochte unerbittlich auf ihre Pfändungsansprüche. Robert Stolz konnte eben noch seine Krawattennadel und seinen Brillantring seiner Frau in die Hand drücken. Er war wieder in Österreich.

Auch sonst war alles so, wie es die amerikanische Presse in ausführlichen Berichten geschildert hatte. Die Stadt war ein Trümmerfeld mit gefährlich unvollkommener Versorgung. Die Wohnung von Robert Stolz, das Haus in der Elisabethstraße 16, existierte noch, aber es war von den Besatzungsmächten beschlagnahmt. Schließlich konnten sich die Stolzens im ehemaligen Hotel Ambassador einquartieren, aber es hieß jetzt nicht nur »Hotel Krantz«, es war auch wirklich nur noch das ehemalige Ambassador: Lediglich ein Seitenflügel war davon übriggeblieben, und um ihr Zimmer zu erreichen, mußten sie über den Trümmerschutt der einstigen Herrlichkeit klettern. Der Winter kam schnell, und es wurde für ganz Europa ein ungewöhnlich langer und harter Winter. Wien fror, es hatte ebensowenig Kohle wie fast alle anderen Städte, durch die der Krieg gegangen war. Und was die Verpflegung anging, so gab es auch für Geld nichts zu essen – in den ersten zwei Wochen schon nahmen die beiden zehn Kilo ab! An Zentralheizung war natürlich nicht zu denken, der Luxus des Hotelzimmers bestand darin, daß sie sich einen Petroleumofen leisten konnten, von dessen Abgasen Robert Stolz eine Augenentzündung bekam. Elektrisches Licht gab es zeitweise.

Unter diesen Umständen begannen beide in Wien zu arbeiten. Einzi Stolz begann mit der Organisation einer Campagne für Lebensmittelsendungen. Auch in Wien halfen die sogenannten Care-Pakete, die von amerikanischen privaten Hilfsorganisationen verschickt wurden, manchen Hunger ein wenig zu lindern. Robert Stolz begann hier zu komponieren, und damit nicht genug: Er war kaum in Wien, da begann er auch schon wieder mit seiner Theaterarbeit.

Tatsächlich hat Robert Stolz einen so großen Teil seines Lebens dem Theater, der Theatermusik gewidmet, daß man das wirklich als eine Theaterbesessenheit bezeichnen muß. Voltaire hat ähnliches aufzuweisen. Auch er versuchte, wo immer er sich niederließ, Theater zu veranstalten. Die einzige Ausnahme davon war sein Aufenthalt in Preußen, aber als er sein Refugium in Ferney einrichtete, war sein Privattheater eher fertig als sein Wohnhaus. Und Robert Stolz war noch nicht einmal in Wien, da dachte er bereits wieder an das Theater in Wien und arbeitete schon an einem Stück für Wien. Karl Farkas hatte das Libretto geschrieben: »Schicksal mit Musik (Walzer im Dunkel)«, eine Musikalische Komödie in drei Akten, aber keine gewöhnliche, übliche – Robert Stolz sah alle Möglichkeiten, damit Theater jenes amerikanischen Zuschnitts nach Wien zu bringen, den er während seiner Arbeit dort als so deutliche Verbesserung und Weiterentwicklung des europäischen Operettentheaters schätzengelernt hatte. Im September 1946 fing er in New York mit der Komposition an, und noch vor seiner Abreise im Oktober war bereits alles fertig: Er kam nach Wien mit einem aufführungsbereiten Stück, um es in Wien in Szene zu setzen.

Aber das erwies sich als enorm schwierig. Die Wiener hatten ja gerade in dieser ihrer grauen, tristen, schweren Situation den heftigen Wunsch, ins Theater zu gehen, aus dem harten, kargen Alltag auszuspannen. Aber die Theater waren ebensowenig vom Krieg verschont geblieben wie alles andere. Die Staatsoper war ausgebrannt, das Ensemble – bereits wieder ein glänzendes, ein traumhaftes Ensemble – spielte im notdürftig wieder hergerichteten Theater an der Wien. Auch das Burgtheater war noch nicht wieder bespielbar, es gab kein unbeschädigtes Theater in ganz Wien. Ein Theater zu finden, war also die wichtigste Aufgabe. Im französischen Sektor bot das Apollo-Kino leidliche Möglichkeiten. Aber die Franzosen gestatteten Proben und Aufführungen nur zweimal in der Woche, und auch dies nur vormittags. Außerdem war das Kino nicht geheizt, und es war November. Aber es war ein neuer Start, und die Besetzung war glänzend – da spielten Leute wie Attila Hörbiger, Alfred Jerger, Herta Mayen, Senta Wengraf, Tony Birkmeyer und Karl Farkas selbst, der auch die Regie führte.

Schicksal mit Musik

Es war ein Experiment, und es war alles Verfügbare getan, dem Experiment zum Sieg zu verhelfen. Es wurde dennoch leider ein Mißerfolg, zu viele ungünstige Faktoren trafen zusammen. Es ist nicht jedermanns Möglichkeit und nicht jedermanns Geschmack, sich vormittags in ein ausgekühltes Theater zu setzen. Aber das war nur das eine, das andere war, daß das, was die Leute da zu sehen bekamen, nicht das Erträumte war: Das Stück war unter völlig anderen Bedingungen entstanden als denen, unter denen es aufgeführt wurde.

Der Grund war nicht allein, daß die Form des Stücks nicht der altgewohnten Form einer »musikalischen Komödie« entsprach, entscheidender war, daß das Lebensgefühl im damaligen Wien ein gänzlich anderes sein mußte, als es das von New York gewesen war. Schlechte und gute Zeiten, Überfluß und Not spiegeln sich im Theater, und sie spiegeln sich hauptsächlich wie im Spiegel: seitenverkehrt. Darum konnten in den Jahren der großen Wirtschaftskrise nach 1930 die harmlose Urlaubsseligkeit des »Weißen Rößls« ebenso wie die nostalgische Seligkeit von »Wenn die kleinen Veilchen blühen« derart triumphale Erfolge verzeichnen, und umgekehrt zeugte die amerikanische Prosperität der sechziger Jahre tragische Musicals wie »Cabaret«, »Mann von La Mancha« und »Alexis Sorbas«. Das Wien vom Winter 1946 war für »Schicksal mit Musik« der falsche Boden, jeder hatte an seinem eigenen Schicksal genug zu tragen. So wurde die Aufführung ein Mißerfolg, obwohl die Beteiligten der Ansicht waren, daß es das beste Stück war, das Karl Farkas bis dahin geschrieben hatte. Aber unter den Bühnenwerken, die Robert Stolz komponiert hat, befindet sich noch manches Goldstück, das lediglich darauf wartet, wiederentdeckt und neu aus dem Sand der Vergangenheit ausgebuddelt zu werden. Wie Einzi Stolz dazu schrieb: »Wer weiß; vielleicht wird eines Tages auch ›Schicksal mit Musik‹ wieder hervorgeholt und von einem aufnahmebereiteren, moderneren Publikum akzeptiert werden. Es wäre nicht das erste Mal, daß eines von Roberts Werken eine ›Wiederauferstehung‹ erführe, die kaum jemand für möglich gehalten hätte.«

Es wäre ein völlig neuer und übrigens unglaubwürdiger Charakterzug bei Robert Stolz gewesen, wenn er sich durch dieses Ereignis hätte entmutigen lassen, ebensowenig hätte es zu seiner Frau gepaßt. Übrigens wartete auch bereits ein neuer Auftrag auf ihn, ein neuer Film, und diesmal ein französischer: »Une nuit à Tabarin« kam 1947 heraus, es war ein musikalisches Lustspiel aus dem Pariser Nachtlokal-Milieu, und schließlich war Robert Stolz nicht nur in Wien und New York, sondern ebenso in Paris und Berlin zu Hause. Einer der vier Titel, die er dafür komponierte, wurde später eines der Erfolgslieder der großen italienischen Chansonsängerin Milva. »Comme les saisons« ging in ihr Repertoire ein als »Träum' mit mir vom Glück«.

Aber das war lange nachher, ein sehr viel wesentlicheres und Robert Stolz kennzeichnendes Ereignis fand im Dezember 1946 im Wiener Konzerthaus statt. Es war eine Veranstaltung, die von Mitgliedern der österreichischen Widerstandsbewegung organisiert worden war und zu der Robert Stolz und sein Rechtsanwalt Dr. Kurz als besondere Gäste geladen waren. In dieser Veranstaltung gedachten die Überlebenden der Widerstandsbewegung und der Konzentrationslager ihrer Toten. Fast 150 000 Österreicher waren während der Naziherrschaft verhaftet und zu Zuchthausstrafen verurteilt worden, 30 000 waren in Kerkern und Konzentrationslagern gewesen, 2 700 waren hingerichtet worden, und diejenigen, die in den Lagern umgekommen oder im Untergrund an Not und Entbehrungen gestorben waren, hatte noch keiner gezählt. In jener Versammlung konnte der Sprecher der jüdischen Gemeinde von Wien, von der nur ein armseliger Rest übriggeblieben war, in seiner Ansprache sagen: »Und nun möchte ich jemanden erwähnen, der, obwohl er nicht unseres Glaubens ist, allein viel mehr für unsere Brüder und Schwestern getan hat als eine Menge anderer zusammen ... Sein Name ist Robert Stolz!« Anschließend erhoben sich Zeugen aus der Versammlung, die darum gebeten hatten, für Robert Stolz zu sprechen. Er hatte, bevor er 1938 Wien verließ, seinem Rechtsanwalt Vollmacht über sein gesamtes Vermögen erteilt, und Dr. Kurz hatte es verstanden, das Geld an jene zu verteilen, die von da an im Untergrund leben mußten. Einer der durch ihn Geretteten war Rudolf Oesterreicher, der Librettist seiner Operetten »Mitternachtswalzer«, »Eine einzige Nacht« und »Peppina«. Stolz hatte ihm und seiner Familie ebenso wie anderen das Überleben ermöglicht.

Drei von der Donau

Dafür arbeiteten die beiden gleich anschließend wieder zusammen an einem Bühnenstück, das sie zwar »Singspiel« nannten, aber das in Wirklichkeit noch weniger eins war als vormals das »Weiße Röss'l«. Robert Stolz hatte es zusammen mit Robert Gilbert genau wie das »Schicksal mit Musik« schon in New York angefangen, es war aber nicht so sehr der Versuch, seinen Landsleuten etwas ganz Neues mitzubringen als vielmehr das Bestreben, endlich wieder einen heimatlichen Gegenstand zu gestalten. Die Vorlage lieferte Johann Nepomuk Nestroys alte Wiener Posse »Lumpazivagabundus«.

Da Robert Gilbert am Buch den Hauptanteil hatte, verzichtete Oesterreicher auf Namensnennung. Die Geschichte wurde eine außerordentlich gelungene Sache. In gewissem Sinne ging es ihr allerdings umgekehrt wie dem »Schicksal mit Musik«: Während dies den Leuten gewissermaßen »zu neu« war, merkten die Zuschauer bei der Uraufführung im Wiener Stadttheater im September 1947 noch gar nicht, wie neu es war. Denn es war keineswegs einfach die soundsovielte Neufassung einer »Posse mit Musik«, sondern Gilbert und Stolz hatten über das Ganze geschickt und durchdacht jene »Musical-Technik« ausgebreitet, der sich schon Rodgers und Hart bei den »Boys from Syracus«, Rodgers und Hammerstein II bei »Carousel« bedient hatten und die später auch Lerner und Loewe bei »My Fair Lady« anwandten und wodurch sich die »Komödie der Irrungen«, Molnars »Liliom« und Shaws »Pygmalion« in waschechte Musicals verwandelten. Stolz und Gilbert erreichten mit »Drei von der Donau« das Gleiche, und es ist besonders bemerkenswert, daß ihre Synthese von Broadway und Wien weder amerikanisch noch »weanerisch« geriet – »Drei von der Donau« ist beglückenderweise kein Wiener Heimatspiel geworden, sondern ein handfestes deutsches Musical. Als 1985 die Staatsoperette Dresden das Werk neu aufführte, lief die Wirkung geradezu mit den Darstellern davon, und es gab einen Erfolg zu feiern, der drei Spielzeiten danach immer noch nicht nachgelassen hatte.

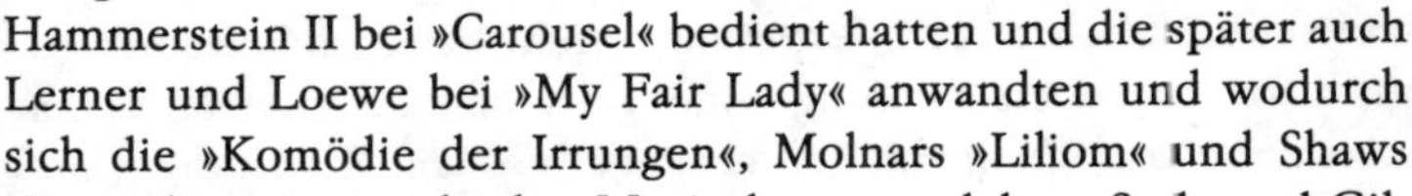

Auch hier zeigte sich wieder einmal die Vertraktheit Stolzscher Theatermusik, die manchmal auf den ersten Blick recht unkompliziert aussieht, aber mit einem unerhört geschärften Sinn für Publikumswirkung gemacht ist. Auch bei diesem Werk zeigte sich, daß Stolz damit 1947 eigentlich zu weit voraus war: Vierzig Jahre später war der Erfolg von »Drei von der Donau« weitaus größer als bei der Uraufführung.

Die Reiselust von einst hatte Robert Stolz übrigens immer noch nicht verlassen (nur reiste er jetzt nie mehr allein) – »Drei von der Donau«, in New York begonnen, komponierte er im Spätsommer 1947 in Badgastein, und im Juni war er schon wieder einmal in New York gewesen. Aber eigentlich hat er Österreich dabei gar nicht verlassen, denn dort komponierte er zwischen seinen Verpflichtungen bereits die Musik zu einem österreichischen Film mit dem Titel »Rendezvous im Salzkammergut«. Und kaum war er wieder zu Hause, packte ihn schon die nächste Filmverpflichtung – »Anni, eine Wiener Ballade«. Das nächste Jahr sah die musikalische Filmkomödie »Kleine Melodie aus Wien«, in der sein Freund aus vergangenen Tagen, E. W. Emo, Regie führte. Im Jahr darauf folgte das musikalische Filmlustspiel »Ein bezaubernder Schwindler« – die Zeiten waren schwer, da war leichte Kost gefragt.

Gleich der Anfang des Jahres 1947 brachte eine sehr bittere Feststellung und andererseits eine sehr erfreuliche Verwandlung seines Lebens. Die schlechte Nachricht überbrachte ihm sein Anwalt Dr. Kurz: Während des Krieges hatte die Gestapo die unschätzbaren Sammlungen aus der Wohnung von Robert Stolz beschlagnahmt und weggebracht – nicht nur unveröffentlichte Notenhandschriften, Lieder, Kompositionsskizzen, Partituren, auch all die wertvollen historischen Dokumente und Korrespondenzen, die zum Teil schon von seinem Vater gesammelt worden waren, einschließlich vieler Autographen von Beethoven, Wagner, Bruckner und Brahms. Insgesamt waren sechzehn Säcke unersetzlicher Dokumente von der Gestapo in zwei versiegelten Güterwagen verschleppt worden. Im Durcheinander des Kriegsendes waren alle diese Materialien vernichtet und untergegangen. Es war insgesamt ein Verlust, der den persönlichen Verlust weit überstieg.

Die andere Nachricht war besser: Seine Wohnung hatte alle Fährnisse des Krieges so gut wie möglich überstanden und eigentlich nur die Fensterscheiben eingebüßt. Zwei sowjetische Offiziere mit ihren Familien waren darin einquartiert, aber Dr. Kurz hatte eine österreichische Haushälterin mit untergebracht. Die Wohnung selbst war unversehrt und gepflegt, und durch persönlichen Einsatz des sowjetischen Stadtkommandanten, des Generals Lebendenko, Oberbefehlshaber der sowjetischen Truppen in Österreich, erhielt Robert Stolz nicht nur seine Wohnung zurück, sondern auch neue Fensterscheiben ... und Kohlen. Nun war er wirklich wieder zu Hause, wenn er zu Hause war. Denn neben seiner reichen kompositorischen Arbeit bereiste er ganz Europa und fuhr mindestens einmal jährlich nach Amerika, um seine »Night in Vienna« zu dirigieren. Man konnte den Eindruck haben, daß er seine Laufbahn da fortsetzte, wo er sie 1938 unterbrochen hatte: Liederkomposition, Theater und Film gaben sich in seinem Schaffen die Hand wie einst. Es war nur mit den zunehmenden Jahren noch ein wenig mehr Belastung hinzugekommen. Das waren einmal seine Dirigierverpflichtungen in den USA, zu denen nun auch noch die in Europa kamen, und seine Schallplattenaufnahmen, die in seiner künstlerischen Arbeit ein immer größeres Gewicht erhielten – zum Glück, wie wir heute sagen dürfen, da uns so wesentliche Teile seiner Meisterschaft am Dirigentenpult erhalten geblieben sind.

Nein, ruhiger war sein Leben nicht geworden, aber das tat nichts, die Hauptsache war, seine Energie blieb ihm treu. Und das war der Fall. Die ersten großen Ehrungen seiner späten Schaffensperiode waren auch schon erfolgt: Die Stadt Wien hatte ihn förmlich und ehrend 1947 zu ihrem Bürger ernannt, der österreichische Staat zum Professor, seine Geburtsstadt Graz benannte eine Straße nach ihm. Allmählich fing er an, zu werden, was Hans Weigel ihn dann später einmal halb im Scherz und voll Bewunderung genannt hat, »sein eigenes Evergreen«. Aber es fiel ihm schwer, in die Rolle des »Grand Old Man« hineinzuwachsen, er war einfach zu lebendig und viel zu beschäftigt dazu. Seine wichtigste Auszeichnung war wohl die, daß er mit seiner Musik überhaupt nicht veraltete, daß er überall gebraucht wurde.

Im Jahre 1949 gab es wieder zwei Operetten von ihm: »Fest in Casablanca« und »Frühling im Prater«. Mit der ersten gewann er ein neues Uraufführungstheater, das in den folgenden Jahren fast zu einem Robert-Stolz-Theater wurde, nämlich die Städtischen Bühnen in Nürnberg. Ihr rühriger, unermüdlicher Intendant Karl Pschigode machte in den fünfziger Jahren die Pflege der Operette zu seinem ganz besonderen Anliegen – kein Wunder, daß die Pflege von Robert-Stolz-Werken dabei ein besonderes Gewicht erhielt. Für das Buch von »Fest in Casablanca« hatte er mit Günther Schwenn den erfolgreichsten Operetten-Dichter der letzten fünfzehn Jahre als Mitarbeiter, Waldemar Frank war als Librettist ein renommierter Vertreter der sogenannten »Schlageroperette«, die seit längstem das Feld beherrschte. »Maske in Blau«, »Saison in

Salzburg«, »Hochzeitsnacht im Paradies« und nach dem Krieg »Nächte in Schanghai« waren ihre meistgespielten Werke. Aber ihre Zeit war vorüber. Das ist natürlich aus dem Abstand einiger Jahrzehnte viel leichter zu erkennen als mitten in der abklingenden Epoche. Aber die Bücher von Waldemar Frank sind – ganz im Gegensatz zu den Büchern der Stolz-Operetten aus den zwanziger Jahren – tatsächlich entleertes Traumklischee einer Welt, die es nie gegeben hat, Haute Volée in exotischer Umgebung eines Irgendwo-Nirgendwo. Das wirkte bei flüchtigem Hinsehen todchic, und es war durch die zahllosen Amüsierfilme während der Nazizeit, die unter keinen Umständen irgendetwas mit der Realität zu tun haben durften, als Schablone geradezu zementiert. Nur durchschlagen konnte das nicht mehr.

Frühling im Prater

Besser sah es mit der anderen Operette aus, die als Weihnachtspremiere 1949 am Wiener Stadttheater aufgeführt wurde: »Frühling im Prater« war nur scheinbar nicht mehr als ein Rückgriff in die »gute alte Zeit«, in Wahrheit griff die Geschichte ein Thema aus der Blütezeit der klassischen Operette wieder auf, nämlich Lecocqs »Tochter der Madame Angot«.

Robert Stolz hat mit seinen Choroperetten immer nur Glück gehabt, soweit es Volksoperetten waren, und dies hier ist eine, noch dazu eine ebenso handfeste wie attraktive. Bei der »Tochter der Madame Angot« handelte es sich darum, daß diese in den Markthallen von Paris von drei Pflegevätern aufgezogen worden ist, die sie nun mit einem von den Ihren, einem jungen Friseur verheiraten wollen, der sie ehrlich liebt. Das Mädchen aber träumt von »etwas Besserem« und gerät an einen Windhund, aber die Leute aus den Hallen sorgen dafür, daß sie bei ihnen bleibt. Hier sind es die Leute vom Prater, die mit Hilfe der »Turfkarolin'«, einer aus dem Volk aufgestiegenen Lebedame, dafür sorgen, daß ihre gemeinsame Pflegetochter Rosl zu ihrem Gustl vom Prater kommt und nicht durch einen adligen Lebemann auf die schiefe Bahn gebracht wird.

Eine »Nostalgie-Operette« ist das bei Stolz so wenig geworden wie bei Lecocq, nur ließ sich das herzhafte Urwienertum an den Praterleuten von 1910 besser darstellen als in einer späteren Zeit, in der sich der Prater immer weiter kommerzialisiert hatte. Ernst

Marischka hatte das Buch geschrieben, sein Bruder Hubert Marischka, der alterfahrene große Kavalier des Genres, hatte die Inszenierung besorgt, und diese Operette kam ohne die scheinbar so unentbehrlich gewordenen Klischees aus. Hier gibt es statt des üblichen Buffopaars zwei junge Charaktertypen, statt Sängerin und Tenor ein singendes jugendliches Liebespaar, und auch die große Salondame, die Turfkarolin', ist keine Mondäne, sondern eine Gescheite, die ihre vornehmen Herren zu dirigieren weiß. Und die Marischkas – das Buch liest sich, als wäre es gleich vom oder für den Regisseur geschrieben – kümmerten sich auch nicht groß um das Schema der drei Akte, ordentliche Nummernverteilung und den ganzen Aufbau, der sich geradezu mit Gesetzeskraft in die Schlageroperette eingefressen hatte. Bemerkenswerterweise ist das Stück vielmehr von ihnen von vornherein zweiaktig konzipiert und in vierzehn Bilder aufgeteilt. Zwei Akte mit vierzehn Bildern hat sieben Jahre später am Broadway auch »My Fair Lady«. Damit soll selbstverständlich nicht behauptet werden, man hätte dort den Aufbau vom »Frühling im Prater« entlehnt, nur deutet die Parallele doch darauf hin, wie klug »Frühling im Prater« für die Bühne erdacht ist. Und Robert Stolz hat für das Werk eine seiner stärksten großen Theatermusiken geschrieben. »Du bist auf dieser Welt die, die mir gefällt«, »Gibt's in Wien a Hetz, a Draherei, da sind wir dabei« und der große Walzer »Wiener Musi, Wiener Walzer« sind nur drei Nummern daraus, die nie ohne Dacapo abgingen.

Aber mochte das Buch vom Aufbau her auch viele Möglichkeiten enthalten, mit denen es von der konventionellen Drei-Akte-Operette abrückte, so war die Inszenierung eben doch nur so hervorragend, wie Marischka schon fünfzehn Jahre vorher Lehárs »Giuditta« inszeniert hatte. Das Buch war neu, aber woher sollte der Regisseur in den letzten fünfzehn Jahren neue Impulse erhalten haben? So gut er sich in die Sache auch vertiefte, er konnte sie nicht besser machen als er sie wußte, das heißt im bisherigen Stil. Auf diese Weise kam, was nicht als Klischee gemeint war, denn doch als Klischee wieder hinein. Und zweitens war diese Operette als Wiener Ereignis natürlich vor allem nur ein Wiener Lokalereignis, wie die »Drei von der Donau« es auch schon geworden waren. Was daran Besonderheit war, wurde außerhalb zunächst einmal als Wiener Besonderheit verstanden, und auch für die Wiener Operette gab es schließlich das bereitgehaltene Klischee. Den Operettenspielleitern ging es außerdem überall nicht anders als Marischka. Von wo sollten sie erfahren haben, daß es auch eine andere Möglichkeit der Theaterproduktion gibt als die des deutschen Stadttheaters und eine andere Art der Operettendarstellung als die nach routinemäßiger Fachbesetzung?

Kálmán, Lehár, Abraham hatten es nach dem Kriege wesentlich leichter, wieder in die herkömmlichen Operettenspielpläne hineinzutauchen – da gab es immer und überall den Tenor und die Sängerin, den Komiker und das Buffopaar. Wer »Maske in Blau« gespielt hatte, konnte auch die »Gräfin Mariza« besetzen – aber die Fürstin Anna Elisa aus dem »Paganini« war eben eine ganz andere Rolle als die Rosl im »Frühling im Prater« oder die Lizzi aus dem »Tanz ins Glück«. Zudem dachte in jenen Jahren noch niemand an die Notwendigkeit einer Erneuerung des heiteren Musiktheaters – es war die sonderbare Zeit, in der es noch immer fast gar nichts gab, das Theaterleben einerseits mit den größten Schwierigkeiten zu kämpfen hatte und andererseits überhaupt keine Schwierigkeiten kannte.

Denn die Schwierigkeiten lagen bei Technik und Ausstattung, wo immerzu »gezaubert« werden mußte, aber keinerlei Schwierigkeiten gab es mit dem Besuch! Wie nach dem Ersten Weltkrieg gab es einen riesigen Nachholebedarf an Entspannung, aber außerdem gab es auch einen riesigen Nachholebedarf an Stücken, an Literatur, an Kultur überhaupt. Während der Nazijahre war man ja weitgehend von all dem abgeschnitten. Für die braunen Machthaber war »Kultur« nur das gewesen, was ihnen in den Kram paßte. Nach dem Überfall auf die Sowjetunion war selbst die Musik von Tschaikowski verboten worden, sie paßte nicht zum Feindbild des »russischen Untermenschen«. Es ist umfangreich beschrieben worden, was der bestialische Judenhaß der Nazis dem jüdischen Volk angetan hat, viel zu wenig beschrieben ist, was er der deutschen, der europäischen Kultur an Schaden zugefügt hat, um welche Fülle an Begabung und Talent sie damit gebracht wurde.

Für Deutschland war die Welt seit 1933 stehengeblieben, aber für Österreich nicht viel später. Es ist außerdem durch die deutsche Sprache mit dem deutschen Kulturkreis verbunden. Nach dem Kriege war das Wegräumen der Trümmer auch mit der Überwindung der ungeheuren Verdummung verbunden, die durch die bornierte Kulturpolitik der braunen Vergangenheit herbeigeführt worden war. Auch das Vergnügen wurde ja zwangsverwaltet, das Verbot des Jazz war gleich eine der ersten braunen Kulturtaten, und so war das Rock 'n' Roll-Fieber der ersten Jahre auch Zeichen der Befreiung von der alten Maulkorb-Kulturpolitik. Aber während Musik, Malerei und Theater ihren Sprung nach vorn taten, das Theater vor allem im Schauspiel, eroberte sich die Operette ihre Vergangenheit zurück. So betrachtet, war »Fest in Casablanca« eben »modern« und der »Frühling im Prater« »nicht so richtig das Alte«. Das hielt noch eine gewisse Zeit an. Wer es in den fünfziger Jahren mit Musical probierte – natürlich im Rahmen seiner althergebrachten Möglichkeiten – errang höchstens ausnahmsweise einen Erfolg (wie Leonhard Steckels Inszenierung von »Kiss Me Kate« 1956 am Kurfürstendamm) – woraus sich die allgemeine Ansicht ergab: »Das ist nichts für uns«.

Eine der wunderbaren Fähigkeiten von Robert Stolz war es indessen, daß er Tradition und Neuerungen, Modernes und Überkommenes nahtlos, geradezu unmerklich, miteinander zu verbinden verstand. Nahezu unmerklich? Als die Leute mitbekommen hatten, daß die »Salome« *das* moderne Tanzlied war, hatten sie die Melodie schon längst in den Ohren. Als sie am Broadway »You are just a melody that haunts my heart« beklatschten, ahnten sie nicht, daß das Lied schon mehr als dreißig Jahre alt war. Damit die Wiener die moderne Musical-Technik von »Drei von der Donau« und »Frühling im Prater« begreifen konnten, hätten sie ja vorher schon einmal ein Musical sehen müssen. Und sie hätten das inszenatorische und darstellerische Instrumentarium beherrschen müssen, um die darin enthaltenen Möglichkeiten auszuschöpfen.

Wäre es also nicht vernünftiger gewesen, auf all diese Experimente – von »Schicksal mit Musik« angefangen – zu verzichten, und den Versuch, unkonventionelles Operettentheater zu machen, aufzugeben?

Schlimmerweise gab dieser Robert Stolz nur höchst selten etwas auf, und dann nur schwerwiegende Dinge. Seine österreichische Heimat, sein Vermögen 1938 zum Beispiel. Seine Karriere, seinen Wohlstand in den USA 1946. Aber die anderen Sachen, die nicht so zähl- und meßbaren, gab er eben nicht auf. Seine Verbundenheit mit seiner Heimat zum Beispiel. Seine Verbundenheit mit der Wiener Musik. Seine neu hinzugewonnene Verbundenheit mit Amerika. Seine Verbundenheit mit seinen Freunden. Seine Verbundenheit mit dem Theater. Seine Verbundenheit mit allem, was er ständig hinzulernen konnte. Und seine Unfähigkeit, irgendetwas mit Rücksicht auf sein Alter sein zu lassen, wenn es nützlich zu sein versprach. Dies alles gab er nie auf.

XIV

Revue der Jahre 1950–1970

Am 25. August 1950 feierte Robert Stolz seinen siebzigsten Geburtstag. Man ist fast versucht, hinzuzufügen »falls er dazu Zeit hatte« – aber da Frau Einzi bei ihm war, ist es schon sicher, daß der Geburtstag gefeiert wurde, nur daß es in keiner Weise der Geburtstag eines Ruheständlers war. Im vergangenen Jahr hatte er außer den zwei Operettenpremieren noch drei Filmpremieren gehabt, 1950 war wieder seine USA-Tournee mit »A Night In Vienna« fällig, und außerdem mit dem gleichen Programm eine Europa-Tournee. Und es waren die Spitzenorchester, die ihn erwarteten! Unter seiner Leitung waren Konzerte mit Werken von Strauß, Lehár, Kálmán und Stolz in Anspruch und Leistung den Sinfoniekonzerten gleichzusetzen. »Was er mit der ‚Fledermaus'-Ouverture zustandebringt, darum dürften ihn die bedeutendsten Dirigenten der Welt beneiden«, schrieb der wegen seiner strengen Urteile respektierte Musikkritiker Otto Schumann in seinem »Operettenführer«. Es waren aber nicht bloß die Werke, es waren natürlich vorzugsweise die Menschen, mit denen er umzugehen wußte. Er sagte:

»Aufgrund meiner langen Lehrzeit kann ich aufrichtig sagen, daß mich immer eine besonders enge Beziehung mit den Orchestermusikern verband. Ich versuche, jeden von ihnen sowohl als individuellen Künstler wie auch als ein dem Team in seiner Gesamtheit eingeordnetes Mitglied des Ensembles zu behandeln. An die Demokratie in diesem Falle glaube ich nicht – irgendeiner muß das Sagen haben, und wenn der Dirigent diese Aufgabe nicht übernimmt, dann bedeutet das soviel wie musikalische Anarchie. Aber ich glaube an Takt, Fairness und gegenseitigen Respekt. Ich habe gefunden, daß man mit dem Gehorsam der Musiker am ehesten rechnen kann, wenn man zuvor ihren Respekt und die Anerkennung als Dirigent gewinnt. In gewisser Hinsicht ist es wie das Werben um eine Frau. Man versucht, mit Können zum Ziel zu gelangen. Und das reicht unter normalen Umständen völlig aus, wenn man sich nur die Mühe macht, seine Musiker auch zu verstehen.«

Arthuro Toscanini warf seinem Freund Robert Stolz vor, mit diesen Prinzipien die Musiker eher zu verderben – aber Robert Stolz hielt daran fest, und heute dürfen wir beim Anhören seiner Schallplattenaufnahmen bewundernd feststellen, was alles er nicht nur mit der »Fledermaus«-Ouverture »zustandegebracht hat«. Man bewundert es um so mehr, wenn man weiß, wie oft »ernste Musiker« der »leichten Musik« reserviert gegenüberstehen. Stolz ließ sie als Dirigent ihre Reserve sehr schnell vergessen, weil sein Können sehr bald ihr ganzes Können beanspruchte. Das Jahr 1950 war ein reiches Dirigierjahr für ihn. Es war auch ein ergiebiges Liederjahr, wobei er einen neuen Textdichter fand, mit dem er im folgenden oft und gut zusammenarbeitete. Ludwig H. Ulrich war sein Name, besser gesagt sein angenommener Name, denn es war ein Pseudonym, und dahinter steckte seine liebe Frau Einzi. Ein Lied allerdings mußte sie umdichten, es hieß »Marie Luise«. Ursprünglich hatte Robert Stolz selbst einen Text darauf gemacht, und da hieß das Lied »Yvonne Luise«. Ein anderes Lied, »Give me tonight«, hatte er seinerseits umgedichtet und ließ es Yvonne Luise nicht umdichten. Sein Robert-Stolz-Text hieß (und so kennt man das Lied noch heute) »Ich bin verliebt in meine eigne Frau!« – woraus man erkennt, daß Schlagertexte imstande sind, auch die Wahrheit zu sagen. Man würde indessen die wichtigste Leistung von Robert Stolz im Jahre 1950 unterschlagen, wenn man nur vom Dirigenten und Komponisten und nicht auch vom Anwalt seiner Kollegen spräche.

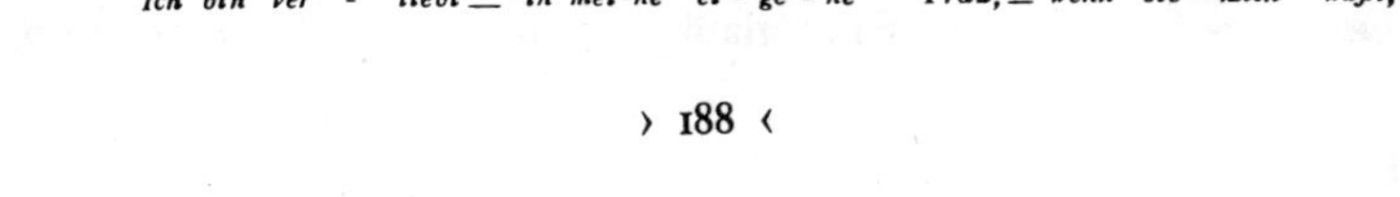

Wir entsinnen uns der so bedeutenden Verwertungsgesellschaften, der österreichischen AKM, der englischen PRC, der amerikanischen ASCAP, der deutschen STAGMA. Robert Stolz wurde seit Paris durch die englische PRC vertreten, die energisch und umsichtig darüber wachte, daß aus den Aufführungen seiner Lieder auch Einnahmen für ihn entstanden. Mit Kriegsende war natürlich auch die deutsche STAGMA aufgelöst worden, statt ihrer hatten die deutschen Komponisten eine neue Gesellschaft, die GEMA begründet. Ein tüchtiger und engagierter Jurist, Dr. Erich Schulze, nahm ihre Interessen wahr. Als Robert Stolz mit Frau Einzi am Ende des Jahres 1949 ihm in Berlin einen Besuch machte, erfuhr er indessen, daß der neue Schutzverband wieder aufgelöst werden sollte – aufgrund des neuen Anti-Trust-Gesetzes, dessen Zweck es war, die alten Nazi-Konzerne zu zerschlagen. Die Zerschlagung der Nazi-Konzerne führte schließlich nur zu neuen, größeren Konzernen, aber die Zerschlagung der GEMA hätte alle deutschen Komponisten ihres Schutzes ebenso wie ihres Einkommens beraubt und von der Welt abgeschnitten, ihre Textdichter ebenso. Dr. Erich Schulze verfügte über fundierte juristische Gegenargumentation, nur: Wem sollte er sie vortragen? Als Deutscher erhielt er zu jener Zeit keine Reiseerlaubnis, die Sache drängte, und Post wurde durch Zensur oft monatelang aufgehalten. Robert Stolz wußte, was auf dem Spiel stand – nicht für ihn, wohl aber für seine deutschen Kollegen. Er flog mit Einzi nach London und mobilisierte mit Hilfe der Unterlagen seine Freunde bei der englischen PRC. Die ihrerseits wandten sich an das Britische Außenministerium, das sich seinerseits wieder mit dem alliierten Kontrollrat in Verbindung setzte. Von London aus flogen Robert Stolz und Frau weiter nach Paris, um die französische Schwestergesellschaft SACEM zu mobilisieren, die sich tatsächlich ebenfalls einschaltete. Und in New York schließlich schafften es beide, ebenso der ASCAP die Notwendigkeit einer Intervention klarzumachen. Sie erfolgte auch prompt, und den vereinten Bemühungen der englischen, französischen und amerikanischen Urheberrechtsgesellschaften gelang es, den Hochkommissaren das zu erklären, wofür Dr. Schulze die juristischen Unterlagen geliefert hatte: daß die neue deutsche GEMA nicht unter das Anti-Trust-Gesetz fallen und ihr weiterer Aufbau nicht gefährdet werden dürfte. So wurde die GEMA durch Robert Stolz (und durch Einzi, seine glänzende Dolmetscherin und juristische

Assistentin) erhalten, und ihre Existenz lieferte wichtige Argumentationen für die Gründung der Urheberschutzgesellschaft der DDR, der AWA, im Jahre 1951. Ohne jenen persönlichen Einsatz von Robert Stolz hätte die Zerschlagung der GEMA ein Präzedenzfall werden können, der auch der AWA der DDR auf Jahre die internationale Anerkennung ebenso wie die Einkünfte entzogen hätte.

Das Glücksrezept

Aber das Jahr 1950 wäre nicht vollständig gewesen, wenn Robert Stolz nicht auch in diesem Jahr ein musikalisches Bühnenwerk wenigstens angefangen hätte. »Das Glücksrezept« hieß es und war eine Operette von Raoul Martiné und von Hugo Wiener, einem der Protagonisten geschliffenen Wiener Humors. Und es war ein richtiges Volksstück, das da am 1. Mai 1951 im Wiener Bürgertheater über die Bühne ging. Es war die Geschichte von einem Bäckermeister, der eines seiner Rezepte für einen fabelhaften Preis nach Amerika verkaufen kann und durch den unerwarteten Geldsegen in allerlei groteske Verwicklungen gerät. Mit einem so großartigen Volksschauspieler wie Fritz Imhoff in der Hauptrolle war das Glück des »Glücksrezepts« schon zur Hälfte perfekt, mindestens ebensoviel aber ging auf das Konto von Robert Stolz. »Das musikalische Kleid blitzt von echten melodischen Perlen und Einfällen«, stand im »Neuen Oesterreich« zu lesen. Der Erfolg war um so schöner, als »Das Glücksrezept« keine Operette aus der »guten alten Zeit« war, sondern ein echtes musikalisches Volksstück aus der Wiener Gegenwart der fünfziger Jahre.

Noch während es gespielt wurde, ging bereits ein Robert-Stolz-Dreiviertel-Volksstück in die Filmproduktion – der »Tanz ins Glück«, der 1920 vom Raimundtheater aus seine glorreiche Laufbahn angetreten hatte. Zusammen mit seiner neuen Textdichterin Einzi hatte Stolz dem Film noch einen Csárdás und eine Beguine angefügt, und dazu hatte er eine vorzügliche Besetzung: Johannes Heesters spielte den Fritz Wendelin, Beppo Brehm den Logenschließer Platzer, Grete Weiser war dabei, Lucie Englisch, Ursula Lingen, Ewald Wenck, Walter Gross und Hans Richter – was irgend an guten Namen zu haben war. Und übrigens handelte es sich um einen Farbfilm! Das war 1951 keineswegs so selbstverständlich wie heutzutage, da mußte man sich nicht nur auf die Besetzung, sondern auch auf Stoff und Musik verlassen können.

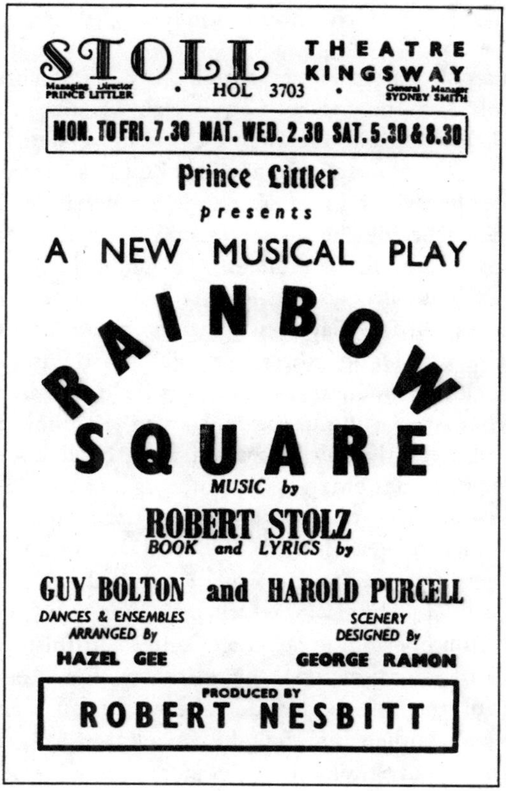

Zum Glück war das Tonaufnahmeverfahren seit den dreißiger Jahren doch sehr viel weiterentwickelt worden, andernfalls hätte Robert Stolz kaum seine nächste Verpflichtung wahrnehmen können. Sie entführte ihn im August und September 1951 nach London.

Er hatte schon vor dem Krieg in dieser Stadt schönste Erfolge gehabt, »Tanz ins Glück« war hier als »Whirled Into Happiness« aufgeführt worden, »Venus in Seide« als »Venus In Silk«, beim »Weißen Röss'l« alias »The White Horse Inn« war er als Komponist neben Ralph Benatzky aufgeführt worden, und in seinem »Rise And Shine« hatte Fred Astaire die Hauptrolle gespielt. Jetzt hatte der bekannte Produzent Prince Littler das Stoll-Theatre am Kingsway gemietet, um das neue Musical Play »Rainbow Square« darin aufzuführen.

Guy Bolton und Harold Purcell hatten das Buch geschrieben, und Robert Stolz komponierte es. Guy Bolton war ein großer Mann des amerikanischen Showgeschäfts, der seine ersten Erfolge zusammen mit Jerome Kern schon in der Zeit des Ersten Weltkrieges geerntet hatte. Die Premiere wurde ein gefeierter Erfolg, obwohl die britische Musiker-Gewerkschaft leider nicht zuließ, daß Robert Stolz seine eigene Premiere dirigieren durfte. Dieses Ereignis eines Musical Plays von Robert Stolz in der europäischen Heimstatt des Musical Plays erscheint uns heute insgesamt interessanter als vor vierzig Jahren, wo sich im deutschsprachigen Theater noch kein Mensch für das Musical interessierte. Um so bedauerlicher ist es, daß nur die Musik von »Rainbow Square« erhalten ist, während das Buch inzwischen verschollen scheint. Und es ist leider nicht das einzige, das untergegangen ist. Eine Eigenart des Musicals ist es eben auch, daß es gewöhnlich nur für eine einzige Produktion verfaßt wird. Eventuell wird es noch von einer zweiten übernommen, die damit auf Tournee durch all die Städte geht, die zwar ein Theater – natürlich! – aber kein festes Ensemble haben. Somit besteht in der Regel kein Bedürfnis, mehr als ein einziges Aufführungsmaterial herzustellen. Ein Remake, eine Wiederaufführung aber ist nur den allerwenigsten Werken, quasi den Klassikern vorbehalten. So gibt es viele Musicals, von denen außer ein paar Einzeltiteln nicht viel mehr als die Namen übriggeblieben sind.

Robert Stolz war 67, als eine neue große Aufgabe auf ihn zukam, die ihn nachfolgend mehr als zwei Jahrzehnte beanspruchen sollte. Wien hatte einen fabelhaften künstlerischen Exportartikel: seine Eisrevue. Sie war schon lange vor dem Krieg, 1936, gegründet worden, hatte bisher aber immer nur als reines Nummernprogramm unter freiem Himmel gespielt. Inzwischen gab es in Europa genügend Gastspielorte, wo die benötigte Eislaufbahn in einer Halle zu errichten war, und der Leiter der Eisrevue, Will Petter, wandte sich zusammen mit seiner Frau, der Choreographin der Show, an Robert Stolz, um mit ihm gemeinsam eine neue Form der Eisrevue zu begründen, eine Show, die durch einen durchgehenden Handlungsfaden verbunden war. So sollte gleich die erste der gemeinsam beabsichtigten Shows »Die ewige Eva« die Geschichte eines Ballettmädchens von der Schule bis

Hans Moser, Vivi Bach und Robert Stolz
in Wien bei einer Retrospektive von Hans-Moser-Filmen,
zu denen Robert Stolz die Musik schrieb.

1962 war die Seebühne Bregenz
Schauplatz der Uraufführung der Operette »Trauminsel«.

1979 gab es eine begeistert aufgenommene Wiederaufführung der »Frühjahrsparade« mit Paul Hörbiger in der Wiener Stadthalle.

1980 feierte Willy Millowitsch seinen Erfolg in der Operette »Eine einzige Nacht« in Graz.

Im Stadttheater St. Pölten stand 1989 die »Frühjahrsparade« in der vierten Spielzeit auf dem Programm.

»Komm in den Park von Sanssouci« – mit Dagmar Koller – wurde als eine der erfolgreichsten Unterhaltungssendungen des DDR-Fernsehens in über 50 Ländern ausgestrahlt.

28 Theater der DDR brachten zwischen 1980 und 1987 Robert-Stolz-Konzerte. Hier das Konzert der Staatsoperette Dresden im Dresdener Zwinger.

»Der Tanz ins Glück« von 1920 erwies sich 1984 auch an der Musikalischen Komödie Leipzig als Erfolg und blieb jahrelang im Spielplan.

1987 wurde die Operette »Trauminsel« an der Musikalischen Komödie Leipzig neu inszeniert.

»Kleiner Schwindel in Paris« zeigt sich auf den Bühnen der DDR als ein publikumssicheres Werk. Hier die DDR-Erstaufführung in Rostock 1985.

Die Bühnen der Stadt Gera brachten 1984 »Zwei Herzen im Dreivierteltakt« heraus.

Die Operette
»Zwei Herzen im Dreivierteltakt«
am Berliner Metropoltheater 1988.

DDR-Erstaufführung des Singspiels
»Drei von der Donau« in der Staatsoperette Dresden.

Das Robert-Stolz-Denkmal im Stadtpark von Wien.

Das Ehrengrab von Robert Stolz
in der Musiker-Rotunde auf dem Wiener Zentralfriedhof.

zum Ballett-Star erzählen. Was da vom Komponisten zu liefern war, war nicht weniger als die Musik für eine abendfüllende Show, denn wenn das Vorhaben etwas werden sollte, mußte es musikalisch aus einem Guß sein.

Es war eine umfangreiche Aufgabe für Robert Stolz, aber die Wiener Eisrevue hätte für sich keinen besseren Komponisten gewinnen können als Robert Stolz, der ohnehin als »Botschafter der Wiener Musik« international bekannt und berühmt war. So wurde die Wiener Eisrevue mit Robert Stolz zusammen zu einem neuen Begriff. Denn Robert Stolz übernahm nicht nur die Revue von 1952, sondern auch die von 1953, 1954, 1955 und allen folgenden Jahren – neunzehn Jahre hintereinander! Seine letzte Eisrevue-Musik lieferte er noch nach seinem 90. Geburtstag, und daß er danach keine mehr schrieb, lag nicht an Robert Stolz. Leider mußte die Wiener Eisrevue aufgeben, denn das amerikanische Unternehmen »Holiday On Ice« hatte ihr das Eis unter den Schlittschuhen wegkonkurriert.

Die Wiener Eisrevue feierte mit jeweils zwei reisenden Ensembles von 1952 bis 1971 auf ihren Tourneen Triumphe in ganz Westeuropa ebenso wie in der Sowjetunion, Amerika, Israel und Afrika. Wenn man die Zahl der Zuschauer abschätzt, kommt man zu dem Eindruck, daß mindestens ebenso viele Menschen die Musik der Eisrevuen hörten wie seine Tonfilme sahen, und einmal mehr wurde Robert Stolz auch auf diesem Gebiet der musikalische Botschafter seines Landes. Als es 1967 darum ging, einen repräsentativen Fremdenverkehrs-Werbefilm für Österreich herzustellen, war es ebenso selbstverständlich, daß die Musik von Robert Stolz sein mußte: Er gehörte einfach zu den Wahrzeichen des wiedererstandenen Österreichs. Schließlich gab es schon länger ein Wienerlied, das Peter Igelhoff auf ihn komponiert hatte:

»Wenn der Robert Stolz mit sein'm Wag'n
über d' Ringstraßen fahrt,
dann bleibt ihm an jeder Kreuzung das Warten erspart,
denn der Wachmann, der schalt't gleich von Rot auf Grün –
Ja, wo gibt's denn das noch? Das gibt's nur in Wien!

Und regiert auch lang schon kein Kaiser und König in Wien,
regiert doch ein Fürst dort der schönsten Melodien,
ja, der ist noch geschnitzt aus 'nem ganz alten Holz:
Ja, die Wiener san schon stolz auf ihr'n Stolz!«

1955 schrieb Robert Stolz eine Funkoperette mit dem Titel »Behalt mich lieb, Chérie« – ein Lied, das dann in das Erfolgsrepertoire von Udo Jürgens einging. Zwei Jahre davor hatte er sich an eine Neufassung seiner Lustspieloperette von 1923 gemacht: Zusammen mit Robert Gilbert wurde »Mädi« gründlich aufpoliert und erlebte einen glanzvollen neuen Start an der Stätte seiner alten Operettentriumphe, in Zürich. Demgegenüber spielte es keine Rolle, daß »Das Spiel vom lieben Augustin«, das im gleichen Jahr im Arkadenhof des Wiener Rathauses stattgefunden hatte, nicht erfolgreich gewesen war – Ulrich Becher und Robert Stolz paßten so gut zusammen wie Grillparzer zu Johann Strauß. Dagegen brachte 1955 noch einmal einen ganz großen Kinoerfolg mit dem Farbfilm »Die Deutschmeister«. Es war nunmehr die dritte Verfilmung der »Frühjahrsparade«. Ernst Marischka, der Buchautor, hatte längst gemerkt, welches Filmjuwel er da vor mehr als zwanzig Jahren in die Welt gesetzt hatte und welches absolute Juwel die Musik von Robert Stolz dabei war. Schließlich hatte Joe Pasternak 1940 sehr genau gewußt, warum bei seiner Neuverfilmung keiner der großen Filmkomponisten aus Hollywood, sondern einzig wiederum Robert Stolz in Frage kam. Und die »Oscar«-Nominierung hatte sich ebenso prompt eingestellt wie vorher der Preis für die beste Filmmusik in Venedig.

Diesmal gab Marischka keinen seiner Trümpfe aus der Hand, er produzierte »Die Deutschmeister« in seiner eigenen Filmgesellschaft, der »Ema-Film«, schrieb selbst am Drehbuch mit und führte auch selbst Regie. Die Besetzung war erstklassig – unter den fünfzehn Hauptdarstellern befanden sich solche Namen wie Adrienne Gessner, Paul Hörbiger, Fritz Imhoff, Wolfgang Lukschy, Josef Meinrad, Hans Moser, Susi Nicoletti und Magda und Romy Schneider. Und Robert Stolz hatte außerdem noch drei neue Lieder geliefert, die alle drei regelrechte Schlager wurden: das Weinlied »Mir ist's gleich, ob mein Wein an der Donau wächst oder am Rhein«, das Wienerlied »Im Frühling, im Mondschein, im Prater in Wien« und den handfesten Marsch »Wenn die Vöglein musizieren«. Mitten im Schmalztopf des damals üppig gedeihenden deutschen Heimatfilms erwiesen sich »Die Deutschmeister« als ein schmissiger, amüsanter und beschwingter Film ohne Sentimentalitäten – auch die dritte Verfilmung bewies die ungebrochene Jugendfrische der Musik. »Wenn die Vöglein musizieren« wurde anschließend noch ein Sondererfolg in den USA als »Happy Birthday Polka«, wurde ins Spanische übersetzt, und schlug in den Niederlanden ein. Wie schon 1951 bei der Verfilmung von »Tanz ins Glück«, und 1953 bei der Wiederaufführung von »Mädi« zeigte sich auch diesmal: Die Robert-Stolz-Musik alterte nicht. Eigentlich wurde sie eher jünger.

Kleiner Schwindel in Paris

Das war wenigstens der Eindruck, den man 1956 nach einer weiteren Neuaufführung im Theater in der Josefstadt haben konnte. 1937 war das Werk als »Der süßeste Schwindel der Welt« und als Operette herausgekommen. Jetzt war Robert Stolz zusammen mit Robert Gilbert darangegangen, auch diese Geschichte gründlich zu überarbeiten. Sie machten aus der Handlung, was sie eigentlich von Anfang an gewesen war: ein musikalisches Lustspiel. Und dabei zeigte sich, wie sehr sich die Gattung und die Stolz-Musik entgegenkamen, die Stolz-Melodien erblühten auf zwei Klavieren nebst einer Ziehharmonika gerade so schön wie mit großem Orchester, und sie kam Schauspielern ebenso entgegen wie vordem Sängern. Zugegeben, das Theater in der Josefstadt hatte für die

neue Premiere phantastische Schauspieler anzubieten, darunter ein junges großes Talent, das sich in den folgenden Jahren zum »konkurrenzlosen Entertainer der deutschen Show-Szene« entwikkeln sollte: Peter Alexander. Bei der Uraufführung von »Frühling im Prater« hatte er eine winzige Rolle als Anfänger gespielt. Den »Kleinen Schwindel in Paris« führte er in der Rolle des Charlie schon zum Siege, zusammen mit einer jungen Dame, die dann sehr lange die junge Dame des deutschen Boulevardtheaters blieb und heute noch immer alles andere als eine alte Dame ist: Chariklia Baxevanos. Sie war die Kunstmalerin Henriette Frappier, und ihr gefahrdrohend-freundlicher Beschützer Aristide Leonidas Marekatzi war einer der ganz Großen unter den österreichischen Charakterdarstellern: Helmut Qualtinger. Die amerikanische

Fachzeitschrift des Showbusiness »Variety« begann ihre Besprechung mit den schlichten Worten »Robert Stolz has hit again« – Robert Stolz hat wieder eingeschlagen. Und fuhr fort: »Seine neue musical comedy beweist einmal mehr, daß er an der Spitze der Welt mit den fünf Linien steht«; weiter hieß es »übersetzt hätte diese musical comedy in jedem Lande lebhafte Aussichten, da die attraktive Pariser Geschichte und die einnehmende Musik voller Melodie und Rhythmus geeignet sind, Zuschauer anzuziehen«. Die Besprechung nennt Peter Alexander »eine Art österreichischen Danny Kaye« und spricht von einem »Bouquet von Stolz-Musik, jede Nummer ein Treffer«. Der wichtigste Satz, den eine Zeitschrift wie »Variety« zur Empfehlung eines Stücks sagen kann, steht am Schluß: »Der Vorverkauf ist enorm.«

(Wenn dabei »Variety« den »Kleinen Schwindel« als »musical comedy« bezeichnete, obwohl er in Wahrheit und ganz zweifellos ein musikalisches Lustspiel ist, so muß man das entschuldigen: Auch musikalisches Lustspiel läßt sich nicht anders ins Amerikanische übersetzen als mit den Worten »musical comedy«. Man erkennt daraus, welche Schwierigkeiten deutsche Definitionsfanatiker hätten, wenn sie sich englisch ausdrücken wollten.) Der Überschwang, mit dem der »Kleine Schwindel« besprochen wurde, beschränkte sich übrigens nicht nur auf das New Yorker Fachorgan. »Ein Theaterabend des reinen Vergnügens ... dieser ›Kleine Schwindel‹ ist goldrichtig gemacht ... der Kritiker findet keinen Minuspunkt«. Und einen knappen Monat später konnte »Variety« schon als neueste Nachrichten berichten: »Prince Littler (der Produzent von ›Rainbow Square‹) hat ein neues Stolz-Musical für Britannien. ›A Little Hoax in Paris‹ ist für nächsten Oktober angesetzt, eine Broadway-Produktion wird wahrscheinlich im Frühjahr 1958 folgen. Nebenbei: außer seinen Bühnenaktivitäten dirigiert Stolz drei Langspielplattenaufnahmen für Philips-Columbia und wird anschließend zu Besprechungen wegen ›Schwindel‹ nach London fliegen.« etc. etc.

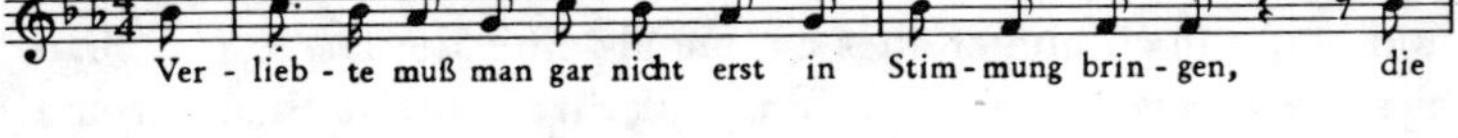

– Robert Stolz war High Society in »Variety«. Und der »Kleine Schwindel« erwies sich als ein wirklicher Treffer und bis heute als ein lebendiges, amüsantes und erfolgreiches Stück. In der DDR begann es 1985 seine dritte Laufbahn, nachdem die vorherige schon durch viele Theater Europas geführt hatte. Die Geschichte von der kleinen Kunstmalerin, die ihr Glück macht, als ein junger Mann aus Zorn über die Kunstgeschäfte seines Vaters ihre Gemäldekopie mit dem Original vertauscht, ist einfach rundum gelungenes Boulevardtheater und an Modernität weitaus eher mit »Irma la Douce« als mit »Meine Schwester und ich« verwandt. Und solche Robert-Stolz-Lieder wie »Mein Schatz hat mich im Mai geküßt«, »Ich habe das Gefühl, ich könnte bei dir bleiben« oder »Verliebte muß man gar nicht erst in Stimmung bringen« erweisen sich als kultiviert und unverwüstlich zugleich.

Während der »Kleine Schwindel in Paris« durch die Neufassung ebenso wie »Mädi« zu einer Art klassischem Boulevardstück aufrückte, war eine Revuefassung vom »Tanz ins Glück« in 33 Bildern unter dem Titel »Hallo, das ist die Liebe« ein Erfolg, der auf das Wiener Raimundtheater beschränkt blieb. Es war die Zeit, in der eigentlich allerorten nach neuen Möglichkeiten auf dem Gebiet »Operette« gesucht wurde – aber es ging den Fachleuten, die sich lang genug in ihrem Fach bewegt hatten, vorzugsweise um »neue Möglichkeiten mit den alten Methoden«, und die Operette, außerstande über ihren eigenen Schatten zu springen, stampfte sich allmählich immer mehr fest. Während sich der originale »Tanz ins Glück« von 1920 als lebendiges Abbild seiner Zeit bis heute als lebensfähig, interessant und theaterwirksam erweisen konnte, blieb die Revue in 33 Bildern ein Lokalereignis. Das war nur für ein Robert-Stolz-Werk eine Ausnahme, bei den meisten Uraufführungen im heiteren Musiktheater ist es längst die Regel geworden. Nicht zuletzt sind die Stellung der Operette (und des Musicals) und der allgemeine Funktionswandel im Repertoire des Stadttheaters Ursachen dafür. Das Kino hat ja um das Jahr 1966 herum gleichfalls eine sprunghafte Veränderung unter dem Schlachtruf »Opas Kino ist tot!« erlebt. Seitdem gibt es nicht nur viel weniger Kinos, sondern auch viel kleinere Kinos für viel weniger Zuschauer.

Auch bei den Filmkompositionen von Robert Stolz zeigt sich diese Tendenz. »Der Kongreß amüsiert sich«, eine österreichisch-französische Koproduktion, wurde 1966 sein letzter Unterhaltungsfilm – was nicht an ihm lag, sondern die Zeit des Unterhaltungsfilms war vorüber. Auf dem Wege der »Neuen Welle« entwickelte sich schließlich der »neue Film« zwischen »Kultfilm« einerseits und purem Remmidemmi auf der anderen Seite: Die Unterhaltung jenes gepflegten Amüsements, das die Stolz-Filme ausgezeichnet hatte, war aus der Mode gekommen, ebenso wie die künstlerischen Groß-Erfolge des Kinos seitdem aus der Mode gekommen und zu den Seltenheiten geworden sind. »Der Kongreß amüsiert sich«, mit Darstellern wie Curd Jürgens, Françoise Arnoul, Lilli Palmer, blieb ohne den Versuch einer Wiederholung. 1958 hatte der Erfolg der »Deutschmeister« durchaus seine Nachahmer gefunden. Nachdem offensichtlich war, welche Zugkraft die Filmmusik von Robert Stolz unverändert besaß, brachte die »Paula-Wessely-Filmproduktion« den musikalischen Lustspielfilm »Im Prater blühn wieder die Bäume« heraus – die Musik von Robert Stolz, die Filmidee nach einem Stück von Oesterreicher und die neuen Liedertexte natürlich von Robert Gilbert.

Kitty und die Weltkonferenz

Es war ebensolch eine erfolgssichere Arbeit wie das musikalische Lustspiel »Kitty und die Weltkonferenz«, welches das Theater in der Josefstadt im Februar 1959 in Erinnerung an den großen Erfolg des »Kleinen Schwindels in Paris« herausbrachte. Die musikalische Bearbeitung der alten Erfolgskomödie »Weltkonferenz« hatten zwei erfahrene Regisseure gemeinsam vorgenommen, Kurt Nachmann und Peter Preses. 1963 kam es dann in der »Komödie am Kurfürstendamm« in einer Neufassung von Günter Neumann und musikalischen Einrichtung von Olaf Bienert heraus. Die Geschichte von der kleinen Sekretärin, die in die höhere Diplomatie hineingerät, hatte sich als Boulevardstück schon lange bewährt, auch wenn der Originalautor André Toussain auf die satirischen Möglichkeiten des Stoffes weitestgehend verzichtet hatte. Der »Kleine Schwindel in Paris« erwies sich als das entschieden wirksamere Stück. Zwischen 1956 und 1965 eroberte es eine Bühne nach der anderen und wurde nicht nur ins Englische, sondern sogar ins Spanische übersetzt.

Das Jahr 1960 sah nochmals einen Filmerfolg ganz besonderer Art von Robert Stolz, nachdem schon 1959 ihm ein denkwürdiges Ereignis beschert hatte. In dem Film »Gestern, heute, morgen« von Vittorio de Sica war während einer Striptease-Szene von Sophia Loren seine alte »Salome« wieder lebendig und neu zum großen Erfolg geworden. Sie hieß jetzt »Romeo« und wurde unter diesem Titel erneut zum internationalen Hit. Als anschließend der berühmte Hollywood-Regisseur Michael Curtis (in Ungarn hatte er Mihály Kertész geheißen) den italienisch-amerikanischen Gemeinschaftsfilm »A Breath of Scandal« drehte, stand für ihn fest, daß mindestens ein Teil der Filmmusik von Robert Stolz sein müsse, und so hatte Stolz das Vergnügen, den Titelschlager des Films zu liefern, der von keinem Geringeren als Maurice Chevalier gesungen wurde und auf deutsch später den Text erhielt »So

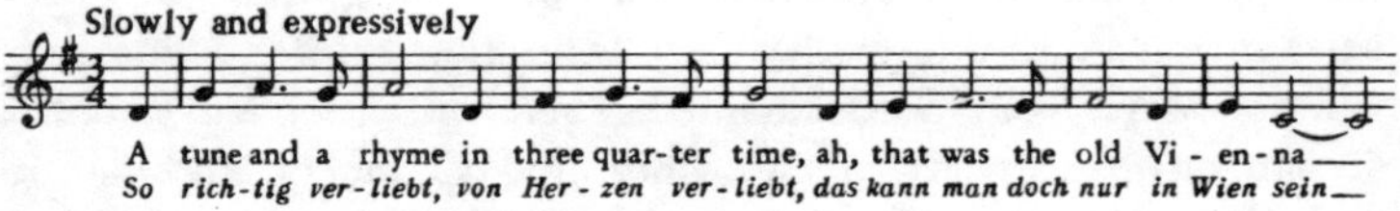

richtig verliebt, von Herzen verliebt, das kann man doch nur in Wien sein« – womit ihn Peter Alexander dann auf der Schallplatte bekannt machte. Außer »A Breath Of Scandal« gab es aber auch wieder eine Robert-Stolz-Premiere in England.

Joie de vivre

»French Without Tears« war ein bezauberndes Konversationsstück des ebenso feinnervigen, leichtfüßigen wie gescheiten englischen Dramatikers Terence Rattigan, es war von Paul Dehn mit Liedertexten versehen worden und kam im Mai 1960 zunächst in Oxford heraus, um nach einer kurzen Tryout-Tournee am 14. Juli im Queens Theatre in London zu erscheinen. Bei alledem war es etwas zu zart für einen lauten Erfolg, und so war auch seine Londoner Laufzeit nur kurz. Wie bei »Rainbow Square« ist auch hier leider das Buch der musical comedy untergegangen, aber es steht mit ziemlicher Sicherheit fest, daß dessen Ausgrabung die Arbeit wert sein dürfte. »Joie de vivre« war der französische Titel der englischen Produktion, zu einer deutschen ist es bedauerlicherweise nicht gekommen.

Frühjahrsparade

Die Operette, die nach dem dreimaligen Filmerfolg längst fällig war, hieß »Frühjahrsparade«. Ernst Marischka hatte das Buch schon angefangen, starb aber vor seiner Fertigstellung, und Hugo Wiener, dessen Routine sich schon oft bewährte, schloß die Arbeit ab. Die Aufführung in der Wiener Volksoper (am 25. März

1964) wurde ein größerer Triumph als alles andere. Als Film wie als Operette bewies die »Frühjahrsparade« ihren wirklich »durchschlagenden« Erfolg, der auch insofern »durchschlagend« war, als das Werk mit seinen Ansprüchen die Grenzen des konventionell auf dem Theater Möglichen ohne Rücksichten sprengte: Wer nachfolgend die »Frühjahrsparade« aufführte (und das waren viele!), der mußte außergewöhnlich viel einsetzen und erntete dafür auch prompt einen außergewöhnlichen Erfolg. Die Volksoper hatte im Finale ultimo vierhundert Menschen auf der Bühne, davon 250 Mann vom Gardebataillon Wien einschließlich Kapelle, die Mozart-Sängerknaben und Chor und Extrachor und Ballett und ein Orchester von 65 Musikern. Robert Stolz hatte das alles souverän in der Hand – »... und sein Publikum schon nach den ersten paar Takten ›in der Tasche‹. Soviel Schwung und Schmiß, soviel jugendliches Temperament – das muß ihm erst einmal ein Junger nachmachen!« schrieb die »Kronen-Zeitung«. Robert Stolz stand kurz vor seinem 79. Geburtstag. Und es war, wie der Bericht zeigt, nicht erst die Ausstattung, die den Sieg der »Frühjahrsparade« brachte, es war Robert Stolz – seine Musik und wie er sie dirigierte. Wie die »Wiener Presse« schrieb:

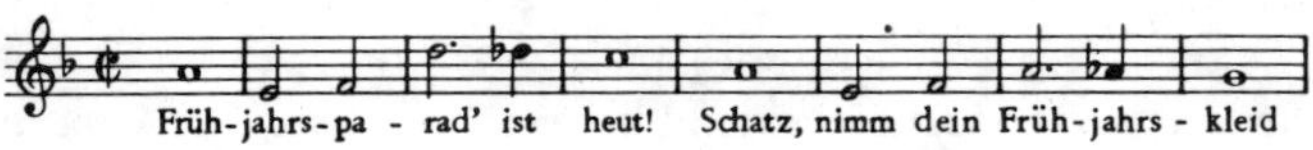

»Die ›Frühjahrsparade‹, die mit großem Jubel und zum Entzücken aller in altösterreichischen Rhythmen schlagenden Herzen über die Bretter der Volksoper defilierte, ist in Wirklichkeit eine Robert-Stolz-Parade. Denn nicht die vorbeimarschierenden Deutschmeister-, Dragoner-, Husaren-, oder Jägereinheiten bilden das Wesentliche, sondern was paradiert, sind die Regimenter reizender musikalischer Einfälle, galanter, zärtlich werbender oder keck zugreifender Melodien, pikanter, lustiger, witziger Tonfolgen oder solcher, die in festem Marschtempo auftreten und im Sturmschritt ihr Ziel erreichen. Und wenn so manches bekannt und vertraut das Ohr berührt, muß man nicht erst überlegen, von wem es stammen mag, denn es ist alles echter, unverfälschter Robert Stolz und trägt die Marke seiner Persönlichkeit an der Stirn. Und wie schön werden die Musikstücke präsentiert, die großen Musiknummern ebenso wie die kurzen, flüchtigen, miniaturartigen. Wie fein in der Harmonie oder in der satz- und orchestertechnischen Zurichtung! Der Künstler mit der weitgespannten Erfindung ist zugleich ein großer versierter Könner.«

So viel Lob – war es zu viel Lob? Wo lag da das Besondere?

XV

Wo ist das Besondere? 1905–1975

Frühjahrsparade

Die Handlung der »Frühjahrsparade« ist eine einzige Huldigung an das Operettenwien der »guten alten Zeit«, in der der Kaiser ein gütiger alter Herr war und das fesche Militär zu nichts anderem als zur Dekoration des Friedens diente. Der Korporal Willi Sedlmayer aus der Kapelle der »Deutschmeister« hat einen Walzer mit dem Titel »Frühjahrsparade« komponiert. Marika aus Ungarn, die bei ihrer Wiener Tante, der Bäckermeisterin Therese Hübner, zu Besuch ist, begegnet Willy im Prater und überredet ihn, aus dem Walzer einen Marsch zu machen, weil doch bei einer Parade marschiert wird. Willy tut es, der Marsch wird auf einer Wohltätigkeitsveranstaltung in der Offiziersmesse aufgeführt und löst eine derartige allgemeine Begeisterung beim Tanzen aus, daß die anwesende Erzherzogin namens des Hofes sämtliche weitere Aufführungen dieses sittenlosen Musikstücks verbietet. Höchstens der Kaiser kann dieses Edikt aufheben. Da Marikas Tante Therese für das Kaiserliche Frühstück immer die Kipferln liefert, sorgt Marika dafür, daß die Melodie ihres geliebten Willy in ein Kipferl eingebacken auf den kaiserlichen Frühstückstisch und sie selbst mit List zu einer Audienz beim Kaiser kommt. Der revidiert natürlich die Anordnung: Von nun an wird Willys Marsch zur »Frühjahrsparade« gespielt! Daß Willy und Marika ein Paar werden, versteht sich von selbst, auch die fesche Bäckerin Therese verheiratet sich mit dem Herrn Hofrat Neuwirth, sehr zum Schmerz ihres langjährigen Verehrers, des Friseurs Swoboda. Auch der Leutnant Gustl bekommt durch die Fürsprache seiner altadeligen Tante die Erlaubnis, die Sängerin Hansi Gruber zu

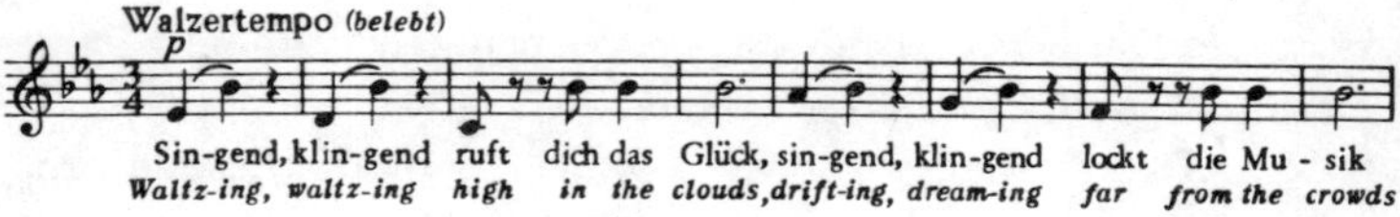

heiraten. Selbstverständlich erscheint der Kaiser persönlich mit Adjutanten und seinem berühmten Kammerdiener Ketterl, und die Schauplätze sind im Prater, in Grinzing, in einer Wiener Bäkkerei, Schloß Schönbrunn, die Deutschmeister-Offiziersmesse und der Paradeplatz auf der Schmelz. »Durch die Regie von Géza von Bolvary und die Darstellungskunst der prominenten Schauspieler wurde aus dem eher dürftigen Sujet trotzdem ein guter Film« hieß es anläßlich des Films von 1934. Es war ein Berliner Film, der vom Wiener Flair profitierte. Sieben Jahre später hatte ein amerikanischer Film mit der gleichen Handlung den gleichen Erfolg. 1955 wiederholte sich das mit einem Wiener Film. Und neun Jahre später begann die Geschichte ihren vierten Triumphzug durch die Theaterwelt. Der Erfolg bewies, daß das Sujet alles andere als dürftig war. Es lieferte nämlich Robert Stolz eine ausgezeichnete Grundlage für seine alles bezwingende Theatermusik.

Denn Theatermusik ist es. Mit bloßen Einlagen kann man keinen Theaterabend am Leben erhalten, auch keinen Filmtheaterabend. Und für die drei Verfilmungen war es ja kennzeichnend, daß es jedesmal ein anderer Regisseur und andere Schauspieler waren, aber immer derselbe Komponist, derselbe, der dann auch im Theater schon nach den ersten Takten sein Publikum ›in der Tasche‹ hatte. Möglicherweise wäre die Handlung für einen Roman zu süß gewesen und in einem Schauspiel ein Schmarren, aber hier war sie etwas ganz anderes, nämlich ähnlich wie das Buch vom »Zigeunerbaron« oder der »Traviata« ein Anlaß für Theatermusik. Wenn Vater Germont singt »Hat dein heimatliches Land keinen Reiz für deinen Sinn«, ist das als Lyrik Kitsch, aber mit der Musik eine wunderschöne Arie. Wenn Graf Homonay singt »Brüderl, komm zum Militär« und Zsupan »Reich mit Ruhm beschwert sind wir heimgekehrt, nahmen mit, was des Mitnehmens wert«, läßt uns die Musik keinerlei Möglichkeit, an einen Raubkrieg mit Plünderung zu denken. Die Welt des Johann Strauß spiegelt sich nicht in der Zeitung, er hat seine eigene. Ebensowenig ist die Handlung der »Frühjahrsparade« eine Bestandsaufnahme der Donaumonarchie, sie ist etwas viel Schöneres: der Traum vom alten

Österreich. Ein begreiflicher, ein verständlicher und realer Traum, wenn man unter realen Träumen die verstehen darf, die in der Wirklichkeit vorhanden sind. Und nebenbei gesagt, die Deutschmeister Kaiser Franz Josefs waren ja wirklich nicht zum Kriegführen da, so wenig wie die Langen Kerls Friedrich Wilhelms I., sie waren außerdem aber auch sehr viel menschlicher, nicht nur Kasernenhof-Realität. Mit Preußengeist wäre solch ein hinreißendes Marschlied wie »Heut ist uns alles wurscht ... jung san ma, fesch san ma ...« nicht zu erfüllen gewesen. Kaiser Wilhelm II. konnte in einer Operette nicht vorgezeigt werden, dafür war in seiner Würde zu wenig Menschlichkeit und zu viel Gips. Was in der »Frühjahrsparade« als altes Österreich vorgestellt wird, ist bei aller Fülle der Uniformen schlechterdings nicht militaristisch und auch keineswegs bloß Phantasiewelt. Außerdem aber ist es der Boden für eine Fülle wirkungsvollster Theatermusiknummern, von denen mindestens zehn sicher sein konnten, Abend für Abend Begeisterung auszulösen, allen voran außer »Jung san ma, fesch san ma« der Walzer »Singend, klingend ruft dich das Glück«, der Marschfox »Wenn die Vöglein musizieren«, »Im Frühling, im Mondschein, im Prater in Wien«, »Oft genügt ein Gläschen Sekt« und »Wien wird schön erst bei Nacht«. Die Hauptnummer des Abends, der Marsch »Frühjahrsparade«, elektrisierte ja gleich in der Ouvertüre.

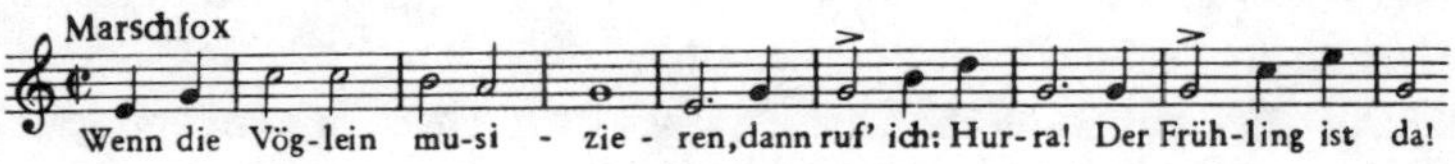

Also ein Erfolgswerk? Absolut ein Erfolgswerk, es blieb den Theatern nichts weiter übrig. Nach der glänzenden Uraufführung in der Volksoper in der Inszenierung von Otto Fritz und mit vielen Stars, Leuten wie Guggi Löwinger, Erich Kuchar, Mimi Coertse, Peter Minich, Gretl Schörg, Rudolf Carl, Hans Unterkirchner und Fred Liwehr war erstens erwiesen, daß die »Frühjahrsparade« ein hinreißendes Bühnenwerk war, und zweitens konnten sich die, die es nachspielten, ja nicht lumpen lassen. In Graz holten sie die Landesgendarmerie-Musik, in Klagenfurt die Blasmusik der Postler, eine Zigeunerkapelle und ein Schrammelquartett. »Kassen werden klingeln in Graz« stand über der Premierenkritik. In Klagenfurt las man »Die ›Frühjahrsparade‹ als Revueoperette ein Renner und Brenner« und »man geht kaum fehl in der Annahme, daß das Stadttheater hier wieder ein Zugstück gefunden hat«.

Aber wer glaubt, daß demnach hier nur ein nationales Ereignis stattgefunden hatte, irrt. Die »Frühjahrsparade« überschritt auch die Landesgrenzen; wie vorher die drei Filme bewies auch die Bühnenfassung, daß hier alles in allem etwas Bedeutenderes vorhanden war als ein nostalgisches Heimatstück.

In ihrer Besprechung hatte »Variety« bereits geschrieben: »Für die vielen Interessierten, die aus allen Teilen von Europa und weiter hergekommen waren, um die Möglichkeiten der Produktion zu erwägen, war es ganz offensichtlich, daß diese »Frühjahrsparade« auch mit weniger kostbarer Ausstattung ihre Wirkung haben wird. Dafür sind die charmante Story und die exzellente Partitur die Garantie.«

Daß man sich auch diesmal nicht geirrt hatte, bewiesen allein schon die Aufführungen, die das Werk nachfolgend in 17 Theatern in Frankreich und Belgien bekam – ein Siegeszug, der in Bordeaux begann und sich über Jahre fortsetzte. Die Wiener Volksoper behielt das Werk elf Jahre lang in ihrem Repertoire, und als es da nicht mehr zu sehen war, kam 1979 eine Neuinszenierung in der Wiener Stadthalle heraus, und neunzehn Jahre nach der Uraufführung konnte die »Antwerpe Post« vom 23. 3. 83 unter der Schlagzeile »›Triomf voor Robert Stolz‹ – ›Fruhjahrsparade‹« »en fenomenal sukses« melden und vom »unvergleichlichen Großmeister des musikalischen Wien« sprechen.

Das alles passierte aber nicht in gewöhnlichen Zeiten, sondern justament in der Epoche, deren Schlachtruf war: »Die Operette ist tot, es lebe das Musical!« In den fünfziger Jahren war Musical ja nur auf einzelne Experimente beschränkt geblieben, aber seit 1961 Hans Wölffer im »Theater des Westens« seinen phänomenalen Erfolg mit »My Fair Lady« verbuchen konnte, schien das Universalheilmittel des heiteren Musiktheaters gefunden und die Operette ohne jede neue Chance geblieben zu sein. Doch gerade unter diesen Bedingungen zeigte sich, daß es die Musik von Robert Stolz ohne weiteres mit der von Frederic Loewe, Cole Porter oder Irving Berlin aufnehmen konnte und daß die Leute den Teufel nach irgendwelchen Feinheiten der Gattung fragten, solange sie einen guten Theaterabend erlebten.

Das Bemerkenswerte daran war nur, daß dieser Stolz sich auch weiterhin der Mode nicht anpaßte. Er hatte doch wahrhaftig lange genug in Amerika gelebt, um amerikanisch zu schreiben. Er hatte nachgewiesen, daß er mit den amerikanischen Formen des heiteren Musiktheaters exzellent umgehen konnte, aber er dachte nicht einmal im Traum daran, seine Bühnenfassung seiner »Frühjahrsparade« nun etwa »Musical Play« zu nennen, obwohl doch beispielsweise seine »Kleinen Veilchen« im Bühnenkatalog von Chappell New York/London längst als »Wild Violets – Musical Play« aufgeführt waren. Hätte »Frühjahrsparade – ein Musical Play« nicht mindestens moderner ausgesehen? Im Detail hätte man ja dann über die Gattung streiten können, so wie ja bis auf den heutigen Tag immer noch über die Gattung gestritten wird, amüsanterweise. Inzwischen bestehen zwar zwischen Andrew Lloyd Webbers »Phantom Of The Opera«, das als Musical ausgezeichnet worden ist, und einer Oper weniger Unterschiede als zwischen Alban Bergs »Lulu« und Donizettis »Lucia di Lammermoor«, aber richtige Fachleute kennen in diesem Punkt keine Gnade und wären nur höchlichst erstaunt, wenn man ihnen sagte, daß sie ihrerseits in ihrer Aufführungspraxis doch ohnehin keinen Unterschied machen. (Alle spielen nun einmal alles nur so gut, wie sie es können.)

Das Phänomen der »Frühjahrsparade« ist natürlich das Phänomen der Stolz-Musik: Selbst jene »Fachleute«, die behaupten, es wäre keine Theatermusik, können nicht bestreiten, daß sie äußerst theaterwirksam ist, die ihr gemäße Interpretation vorausgesetzt. Letzteres zwingt zu genauerer Beschäftigung mit ihr, und das ist gewöhnlich der Punkt, wo sie ihren Wert beweist und Robert Stolz seine Raffinesse. Was da einfach so hingesetzt, so geradeaus empfunden scheint, erweist sich auf den zweiten Blick außerdem als höchst sorgfältig gearbeitet. Die Form, in der die meisten der Robert-Stolz-Kompositionen sich bewegen, ist die kleine, nämlich die Liedform. Um es drastisch sichtbar zu machen: Das erste Thema einer Haydn-Sinfonie umfaßt normalerweise schon mehr Takte als der schönste Stolz-Refrain. Das besagt natürlich nichts über künstlerischen Wert oder Unwert: Länge ist kein Beweis für Kunst, oder die größten Künstler säßen unter den Referenten. Die Schwierigkeit musikalischer Kürze liegt vielmehr in der Gefahr der Einförmigkeit, zumal in der Melodiemusik, die ohne klare Gliederung nicht herstellbar ist. (Die moderne seriöse Musik hat es da ungleich leichter, originell zu sein, weil sie ohnehin längst nicht mehr auf eine rezipierbare Melodik ausgeht.) Jede erste Periode einer Melodie erfordert ihre Fortsetzung, ihre Unterbrechung, ihre Wiederkehr – die Anforderungen erscheinen geradezu schematisch, und schematisch scheinen in der Tat die meisten Lieder in der populären Musik rund um die Welt auch gearbeitet – notwendigerweise, ist man versucht, zu ihrer Entschuldigung zu sagen. Eines der Stolzschen Geheimnisse ist es, daß er in die Melodieführung immer eine kleine Überraschung einzubauen weiß, eine unerwartete Wendung, eine unerwartete rhythmische Variante, eine andere Harmonisierung, als das Ohr sie erwartet hatte, und daß diese Abweichung vom Erwarteten durchweg auch eine neue Nuancierung der Interpretation ermöglicht oder geradezu herausfordert.

Letzteres ist das theatralische Geheimnis seiner Lieder: Es sind Vortragslieder und schon deswegen szenische Lieder, weil sie grundsätzlich aus einer konkreten Stimmung erwachsen und diese Stimmung des Liedes eigentlich noch wichtiger ist als die Schönheit des Gesangs; die Entfaltung der Stimme erfolgt mit der Entfaltung der Atmosphäre. Robert Stolz hatte sich selbst weder oft noch ausführlich über seine Musik geäußert, er hat in diesem Zusammenhang einmal auf Puccini verwiesen, der zu ihm gesagt hatte: »Eine Musik, die keine Heimat hat, mein lieber Stolz, das ist keine Musik!« und »Es gibt keine Musik ohne Melodie!«

Seine eigene Definition war: »Komponieren ist: Aus dem Nichts etwas zu schaffen, etwas, das man sich in seiner Phantasie vorstellt. In diesem Zustand der höchsten Konzentration fliegen einem dann die Melodien zu.« Das ist natürlich verharmlost, denn den wenigsten unter den Musikern fliegen auf diese Weise Melodien zu, die im Meer der Töne nicht untergehen, sondern aufschwimmen. Johannes Brahms hatte zu seinem Vater gesagt, als dieser bedauert hatte, daß Johann Strauß sich niemals mit »seriöser« Musik beschäftigt habe: »Ich glaube, der einzige Beweis dafür, daß etwas seriös ist, ist, daß es weiterbesteht, die Zeit überdauert.« Und zu dem kleinen Robert hatte Brahms gesagt: »Wenn du selber einmal versuchst zu komponieren, wirst du sehr bald merken, daß gerade die Melodie, die am einfachsten und natürlichsten zu sein scheint, manchmal am allerschwierigsten zu komponieren ist.« Robert Stolz hat zwar manche glückliche Einfälle fast mit jener Geschwindigkeit und Leichtigkeit hingeschrieben, mit der andere ein Formular ausfüllen, aber er bekannte auch, was den Sachverhalt in der Mehrzahl der Fälle richtiger treffen dürfte,

Komponieren sei »zehn Prozent Inspiration und neunzig Prozent Transpiration«.

Und eigentlich trifft auch die Behauptung »aus dem Nichts etwas zu schaffen« nicht zu. Denn das Reich der Töne ist eine sehr exakte Welt und eine äußerst widersprüchliche. Einerseits besteht alles, was sich in Noten aufschreiben läßt, ja nur aus immer denselben zwölf Halbtönen. Andererseits lassen diese zwölf aber schon einstimmig eine astronomische Zahl von Kombinationen zu. Ebenso astronomisch ist die Zahl ihrer möglichen harmonischen Kombinationen. Aber auch die haben in der tonalen Musik strenger Gesetzlichkeit zu folgen. So erstreckt sich das geheimnisvolle Reich der Musik zwischen Gesetz und Unendlichkeit. Fast alles ist möglich, gerade so gut wie das Gegenteil, aber kein noch so gründliches Studium, keine noch so reiche Anhäufung technischer Kenntnisse kann jene Kombination von Schallschwingungen zusammenstellen, die als Melodien die Welt zu umwandern vermögen.

Wozu Robert Stolz anmerkte: »Um Melodien zu schaffen, muß man ein volles Herz haben, voll von Glück, Freude, Sehnsucht und Liebe. Voll muß es sein, denn ein leeres Herz kann nichts geben, und meine Melodien kommen vom Herzen. Vielleicht ist das das Geheimnis, warum sie die Herzen der Menschen erreichen.«

Jedenfalls veröffentlichte »Variety« im Januar 1967 eine Liste mit den 200 »Top Pop Songs« der Welt, und darunter befanden sich nicht weniger als zehn Titel von Robert Stolz. Manche davon waren mehr als dreißig, andere schon mehr als fünfzig Jahre alt, sieben von den zehn stammten aus seinen erfolgreichen Bühnenwerken. Aber diese erfolgreichen zehn, die 1967 in den USA als die »Top Pop Songs« registriert wurden, sind eine fast willkürliche Auswahl. Das Erstaunliche am Robert-Stolz-Oeuvre ist, daß man nicht nur immer wieder ganz unvermutet mit ihm Bekanntschaft macht, sondern daß es da sichtlich auch an allen Enden noch Neues zu entdecken gibt und selbst Unbekanntes, neu Hervorgeholtes keinen geringeren Erfolg haben muß als Altbewährtes. Die von den »erfahrenen Hasen« bei Programmzusammenstellungen so gern aufgestellte Behauptung »Was die Leute nicht kennen, kommt auch nicht an« erweist sich bei ihm als verblüffend falsch, ebenso wie der Versuch, ihn in diesen oder jenen Kasten von »Stilen« einzusortieren.

Das Besondere seiner Musik ist ganz zweifellos, daß sie die Moden nie nötig hatte, obwohl da, wo sie sich bewegt, auf dem Markt der Unterhaltungsmusik, die Moden doch unaufhörlich wechseln. Und bei näherem Hinsehen ist es auch kein Wunder, daß so viel von seiner Theatermusik lebendig geblieben ist. Die schönen musikwissenschaftlichen Definitionen, wonach dramatische Musik die Szene zu bedienen habe, sind ja ganz oberflächlich: Für die »Champagnerarie« hält Mozart im »Don Giovanni« die Szene an, und bei »Too Darn Hot« fragt Cole Porter in »Kiss Me Kate« ebensowenig nach dem Fortgang der Handlung. Braucht es das »Donna é mobile« im »Rigoletto« denn wirklich, oder hat sich der Herzog nicht längst genug charakterisiert? Auch die »Klänge der Heimat« in der »Fledermaus« sind dramaturgisch betrachtet nichts als eine Einlage ... und doch ist all das allerschönste, unentbehrliche Theatermusik, weil Theater eine Menschenkunst ist und all diese Musik erfüllt ist von unwiderstehlichen menschlichen Emotionen. Robert Stolz: »Meine Melodien kommen von Herzen, vielleicht ist das das Geheimnis, warum sie die Herzen der Menschen erreichen.«

XVI

Immer weiter leben

Von wenigen Menschen kann man sagen, daß die Jahre fast spurlos an ihnen vorübergegangen sind, von den allerwenigsten aber, daß sie nicht spurlos durch die Jahre gegangen sind. An der Musik von Robert Stolz haben die Jahre kaum Spuren hinterlassen, und da er keiner Mode verpflichtet war, konnte er auch nicht aus der Mode kommen. Wenn er sich nach seiner Heimkehr aus den USA mit 66 Jahren in Wien zur Ruhe gesetzt hätte, wäre das ein normaler Lebensverlauf gewesen. Aber dafür war er einfach nicht gemacht, und so begann er 1946 nicht seinen Ruhestand, sondern abermals eine neue Karriere. In dreierlei unterschied sie sich von allen seinen bisherigen: Erstens war sie eine Doppelkarriere, als Dirigent ebenso wie als Komponist, zweitens war sie eine internationale, und drittens war er endlich glücklich verheiratet – in des Begriffs umfassendster Bedeutung.

Seine vier vorhergehenden Ehen hatten sich jedesmal früher oder später als Irrtümer herausgestellt, die beiden letzten als folgenschwere, als verhängnisvolle Irrtümer. Seine »Dritte«, Fini, benutzte die ihm abgeluchste Unterschrift, ihn 32 Jahre lang, bis zu ihrem Tod im Jahre 1956, immer neu zu schröpfen, und für einen Mann mit Welterfolgen muß es mehr als entnervend gewesen sein, ungeachtet aller Anerkennung in seiner Wohnung ständig mit den Pfändungsmarken des Gerichtsvollziehers auf allen Gegenständen leben zu müssen. Im Jahre 1952 wurde ein nicht eingehaltener Zahlungstermin von ihr sogar ohne Zögern mit dem Antrag auf einen Haftbefehl beantwortet, und Robert Stolz konnte sich mit seiner Frau nur deswegen über die Grenze retten, weil ein anonymer österreichischer Grenzbeamter mehr Achtung vor dem Namen Robert Stolz und mehr menschliche Anteilnahme bewies als seine einstige Ehefrau. Auch seine Vierte hatte sich ja in der Emigration als lebensgefährlich erwiesen. Daß ein Mann, der so viel Begabung besaß, sich falsch zu verheiraten, dann doch die längste Zeit seines Lebens mit seinem Glück zusammenleben konnte, ist eines der großen Wunder in diesem an Erleben so reichen Leben. Einmal wurde Robert Stolz gefragt: »Herr Professor, wie machen Sie das, daß sie noch so jung sind und sich noch so jung fühlen?« Er antwortete mit dem Blick auf seine Einzi: »Sehen Sie sich dieses Mädchen an. Ja, aber gut. Da haben Sie schon die Antwort. Die fünfte Sinfonie von Beethoven ist wunderbar, auch die fünfte von Tschaikowski. Aber die Fünfte von Stolz ist die Beste!«

Und Einzi Stolz erzählte 1974 anläßlich der Premiere der »Frühjahrsparade« in Liége: »Robert ist in seinem Privatleben angenehm, charmant, aufmerksam, zugänglich und sehr höflich gegen alle Welt. Das ist seine Natur. Dagegen ist er in seinem Beruf ein ganz anderer. Dort begegnet man einem Besessenen, der sein ganzes Leben, seine Empfindungen, seine Art zu denken, seine Energie, seine Kraft der Musik widmet, und das bis zur Erschöpfung. Diese absolute Hingabe fordert natürlich eine vollständige Konzentration seiner ganzen Persönlichkeit. Er ist auch ein außergewöhnlich guter Pianist, aber er weiß nicht einmal ein Päckchen Zigaretten mit seinen Händen zu öffnen, denn sie sind sehr schwach. Seine Musik bedeutet für ihn alles; er lebt ständig mit seinen Melodien. – Das Leben mit einem Menschen, dessen Empfindungen und Gedanken sich nur in einer Richtung bewegen, ist natürlich nicht leicht. Um einen Vertrag zu erfüllen, ist er jederzeit bereit, sich der größten persönlichen Opfer zu unterziehen, sogar seine Gesundheit in Gefahr zu bringen, um seine Verpflichtungen zu erfüllen. Es wäre nicht das erste Mal, daß er ein Orchester mit 40 Grad Fieber dirigierte, ohne daß seine Zuhörerschaft merkte, wie er sich fühlt … Und es ereignet sich immer das große Wunder, nach einer großen physischen und psychischen Anstrengung erholt er sich. Er hat das Gefühl, seine Pflicht getan zu haben, und das beherrscht alles. Ich habe das große Glück, daß mein Mann und ich über viele Dinge gleicher Meinung sind. Auch legen wir keinen Wert auf Äußerlichkeiten. Die einfachen Dinge des Lebens bedeuten uns sehr viel: unser tägliches Leben miteinander, ein gutes Glas Wein, ein schönes Theaterstück, ein gutes Konzert oder ein Museumsbesuch. Viele Leute fragen mich bisweilen nach dem, was eigentlich das Phänomen Robert Stolz ausmacht. Ich denke, daß es mit folgendem zusammenhängt: mit der guten Gesundheit, die er von seinen Eltern ererbt hat, seinem Idealismus, der manchmal schon zum Fanatismus wird, wenn es sich um Musik handelt, seiner Diskretion in allen seinen Aktivitäten und seiner Dankbarkeit für alle schönen Dinge, die er bekommt oder die ihm widerfahren, seiner Liebe zur Natur und den menschlichen Freuden«.

Es gehört ganz sicher aber noch eine andere wichtige Eigenschaft zu diesem allen: seine unbeugsame menschliche Geradheit auch da, wo andere eher ihrer Klugheit nachgegeben hätten, sich »den Umständen« gebeugt oder angepaßt hätten, »diplomatisch« gewesen wären. Und wenn Frau Einzi Stolz in dem Interview gesagt hatte: »Ich habe das große Glück, daß mein Mann und ich über viele Dinge gleicher Meinung sind«, so hatte er das Glück, daß seine Frau, die so meisterhaft und umsichtig zu verhandeln weiß, auch und gerade in dieser Hinsicht mit ihm gleicher Meinung war. Ein grandioses Beispiel dafür ist beider Auftreten in Israel. Er wurde 1963 dorthin eingeladen, um seine »Nacht in Wien«-Konzerte mit den Israelischen Philharmonikern zu dirigieren. Es war eine Selbstverständlichkeit, daß in den geplanten vier Konzerten in englischer Sprache gesungen werden sollte. Deutsch war in diesem Staat absolut verpönt, es war bereits eine besondere Auszeichnung für Robert Stolz, daß er als deutsch sprechender Dirigent eingeladen worden war – eine Auszeichnung, die er sich mit seiner Haltung während der Nazizeit auch unbestreitbar verdient hatte. Die Konzerte in englisch zu bringen, bedeutete für ihn keine Schwierigkeit, er hatte sie ja oft genug in Amerika dirigiert. Aber dort war das die Landessprache. Hier ging es um die Aufführung in einer Fremdsprache, und das ging ihm gegen den Strich. Seine Frau Einzi verstand den israelischen Standpunkt durchaus – ihre eigene Mutter war in einem KZ umgekommen. Aber noch besser verstand sie den Standpunkt ihres Mannes. Es ging hier darum, daß für die Greueltaten der Nazis im jüdischen Staat die deutsche Sprache ausgelöscht sein sollte.

Es hatte offensichtlich nicht viel Sinn, daß ein einzelner österreichischer Dirigent versuchte, dagegen anzugehen, es schien auch viel richtiger, sich unter solchen Umständen den besonderen Ansprüchen des Gastlandes zu fügen, das bis dahin den Empfang im übrigen höchst ehrenvoll gestaltet hatte. Aber Einzi und Robert Stolz erwiesen auch in Israel der handelsüblichen Klugheit keine Reverenz. Frau Einzi Stolz legte die Einwände gegen die offizielle Meinung in Israel offen auf den Tisch, um den Preis, daß dies von den Gastgebern durchaus als Affront verstanden werden konnte. Sie erhielt eine Ausnahmegenehmigung »in Anbetracht der weithin bekannten Verdienste des Maestro Stolz um das jüdische Volk«, wurde aber hinsichtlich möglicher Folgen gewarnt. Es bedurfte nicht nur aufrechter Haltung am Verhandlungstisch, sondern ebenso persönlichen Muts und Nerven im Konzertsaal. Robert Stolz zeigte beides, er war damals übrigens 83. Man hatte ihm gesagt: »Wundern Sie sich nicht, wenn man Sie mit faulen Eiern und Tomaten statt mit Blumen feiert!«

Das Gegenteil trat ein. Das Publikum war erschüttert, die Menschen faßten sich an den Händen und weinten. Robert Stolz hatte mit seiner Musik auch die Poesie Wiens nach Israel gebracht, und einer der führenden Politiker dieses Landes konnte anschließend zu ihm sagen: »Sie haben uns eine Katharsis geschenkt, Ihre Konzerte haben unserem Volk seine Kindheit wiedergegeben, seine Jugend, seine Vergangenheit, seine Wurzeln. Sie haben es von einem Trauma befreit.«

Die Haltung von Robert und Einzi Stolz veränderte die Kultursituation des Landes: Nachfolgend konnten »Fidelio« ebenso wie »Die Zauberflöte« wieder in deutsch aufgeführt werden, ebenso Lessings »Nathan der Weise« und die Dramen der deutschen Klassik. Robert Stolz hatte das Eis gebrochen. Aus den ursprünglich angesetzten vier Konzerten wurden acht, Israel verlieh ihm die Jerusalem-Medaille und pflanzte einen tausend Bäume umfassenden Robert-Stolz-Wald. Das Israel Philharmonic Orchestra ernannte ihn zu seinem Ehrenmitglied. Einmal mehr hatte Robert Stolz mit seinem Verhalten in seiner Zeit Spuren hinterlassen.

Im übrigen gab es in den sechziger Jahren, die für Robert Stolz nun die Achtziger waren, keineswegs einen Abbruch seiner Aktivitäten. Einen der ganz großen Höhepunkte seiner Dirigentenlaufbahn erlebte er als 87jähriger. Im Februar 1967 wurde er anläßlich eines Staatsbesuches des jugoslawischen Staatspräsidenten Tito eingeladen, in der Wiener Staatsoper »Die Fledermaus« zu dirigieren. »Statt Karajan stand Robert Stolz am Dirigentenpult – und machte sich, Johann Strauß und der Staatsoper Ehre« schrieb die »Österreichische Neue Tageszeitung«, die »Wiener Zeitung« führte dazu aus: »Der berühmte Komponist bewährte sich an diesem seinem Ehrentag als ein Dirigent von Rang.« Die schönste Formulierung aber fand der Kritiker Franz Hrastnik: »Johann Strauß wurde wieder Wiener!«

Von da an dirigierte er das Werk in der Staatsoper noch öfter. Im Januar 1968 berichtete »United Press International«: »Die Karriere des letzten überlebenden Meisters der Wiener Operette, Robert Stolz, wurde am Silvesterabend in der berühmten Wiener Staatsoper gekrönt. Er wurde vom mitgerissenen Publikum enthusiastisch gefeiert, und die Wiener Zeitungen priesen seine Darbietung.«

Gleichzeitig wurde dieses Jahrzehnt das der vielen großen Ehrungen für den Meister. Im Jahr seiner denkwürdigen Israel-Konzerte erhielt er das Große Verdienstkreuz des Verdienstordens der BRD. Im selben Jahr überreichten die Wiener Symphoniker ihm den Ehrenring ihres Orchesters, den Bruckner-Ring. Tito verlieh ihm nach der Aufführung der »Fledermaus« den höchsten Orden seines Landes, die »Jugoslawische Fahne am Goldenen Band«. Er kannte übrigens Robert Stolz noch aus seiner Kapellmeisterzeit aus Marburg an der Drau, wo Stolz seine Laufbahn begonnen hatte.

Bereits in seinem ersten Engagement hatte er den Spitznamen »der Walzerkönig von Marburg« als besondere Auszeichnung von seinem Publikum erhalten. Nun zeichneten auch das Bundesland Steiermark und seine Geburtsstadt Graz ihn mit Orden aus. 1969 erhielt er von Königin Juliane der Niederlande den Orden »Commandent des Ordens von Oranje-Nassau« und vom König Baudouin von Belgien den Orden »Commandeur im Kronenorden«. Und für seine Verdienste um den deutschsprachigen Film wurde ihm der Bundesfilmpreis in Gold verliehen.

Robert Stolz bedankte sich auf seine besondere Weise bei der Welt, indem er sie mit mancher Komposition aus besonderem Anlaß beschenkte. So hatte er für seine Freunde in Israel den Marsch »Follow The Sun« geschrieben, viel früher schon einmal, 1949, hatte er ein Lied zum Wiederaufbau des Stephansdoms beigesteuert, jetzt machte es ihm Vergnügen, auch den Trabfahrern, auch den Autofahrern ihre spezielle Melodie zu schaffen, einen »Wachauer Winzermarsch« zu schreiben, für den Werbefilm »Verliebt in Österreich« ein Wienerlied »Kommt mit nach Grinzing« und der Wiener Polizei einen Jubiläumsmarsch, ebenso wie ein Widmungslied für das Josefstädter Theater, wo sein Freund, der Professor Franz Stoß, schon so viel für ihn getan hatte. Er komponierte seinen Dank und seine Huldigung an die Steiermark ebenso wie an Holland und Belgien, wo er so viele Freunde wußte; man bestellte bei ihm einen Presseball-Walzer ebenso wie einen Marsch für die Olympiade von 1972. Als begeisterter Briefmarkensammler von Kindheit an widmete er »allen Philatelisten der ganzen Welt« seinen Philatelisten-Walzer, und als die Organisation der Vereinten Nationen es für gut befand, eine Melodie zu besitzen, die besonders ihr gehören sollte, da wandte man sich an Robert Stolz, und der schrieb dann den »UNO-Marsch« op. 1275.

Es versteht sich, daß unter solchen Umständen sein 90. Geburtstag weitaus mehr wurde als nur die Feier eines langen Lebens, war es doch außerdem die Feier eines unentwegt tätigen Lebens. Es waren die Persönlichkeit und seine Werke, die man feierte. Robert Stolz erhielt die Ehrenbürgerschaft seiner Vaterstadt Graz ebenso wie seiner Wahlheimat Wien und das »Ehrenzeichen für Kunst und Wissenschaft«. Aus den USA gratulierte ihm nicht nur der Präsident, sondern auch die »American Society of Composers Authors and Publishers«, die ASCAP, »in Anerkennung seiner wunderbaren Musik, die in der ganzen Welt geliebt wird«.

Und der amerikanische Präsident schrieb: »Ich bin stolz, die wärmsten Gefühle meiner Landsleute auszudrücken, die sich noch immer bewegt an Ihre Jahre in den Vereinigten Staaten erinnern und die immer reicher sein werden durch die Musik – und die Erinnerungen – die Sie zurückgelassen haben.« Im Fernsehen gab es zu seinem 90. Geburtstag eine Riesen-Show, bei der er selbst den »Gold und Silber«-Walzer seines alten Freundes Lehár dirigierte.

Wiener Café

Die Bühnenwerke waren in den sechziger Jahren etwas spärlicher, indessen hatte kurz nach seinem 80. Geburtstag eine Neufassung seines »Goldenen Halbmonds« in Dortmund Premiere. Sie hatte nun den Titel »Wiener Café«, was den Inhalt genau traf, denn das liebenswürdige Stück behandelt vier amüsante Episoden aus der Geschichte eines Wiener Caféhauses: die Gründung nach dem Abzug der Türken, das Emporblühen unter Maria Theresia, das friedliche Fortwurschteln im Wiener Biedermeier, das Aufleben in der Johann-Strauß-Zeit mit Musikprogramm und als Clou ein Nobel-Café 1960 mit Show und waschechtem Rock'n Roll. Die zeitgenössischen Melodien und Rhythmen waren für Robert Stolz eine Herausforderung, die er gerne annahm. Noch nach seinem Neunzigsten sagte er: »Die jungen Leute haben ein Recht darauf, die Musik zu hören, die ihnen entspricht, und es fällt mir ganz und gar nicht schwer, ihnen das zu geben. Ich bin ja selber ein echter Beatles-Fan, ›Yesterday‹ ist einer meiner Lieblingssongs.« – Wer es nicht glaubt, sollte sich die Aufnahme anhören, die er mit Lou van Burg von dem Titel-Song seiner »Mädi« gemacht hat!

Die »Frühjahrsparade« war jedenfalls nicht sein einziger Bühnenerfolg in den Achtzigern, außer dem »Wiener Café« gab es da noch vier andere. Die Bregenzer See-Festspiele, die bis dahin immer nur klassische Operetten gezeigt hatten, brachten 1962 die Uraufführung der Robert-Stolz-Operette »Trauminsel« und sieben Jahre später eine Neufassung seiner alten Revueoperette aus dem Jahre 1934, »Grüezi«. 1966 hatte es schon im Raimundtheater eine Neufassung von Karl Farkas gegeben. Die Neufassung für den Bodensee hatte Hugo Wiener gemacht. Sie enthielt eine ganze Anzahl von bekannten Stolz-Liedern als Einlagen und hatte den neuen Titel »Hochzeit am Bodensee«. Einmal mehr riß das jugendliche Feuer des inzwischen 89jährigen Dirigenten die Zuschauer hin, aber die Wienersche Neufassung brachte leider nur eine höchst oberflächliche Veränderung des Werkes, der Filmregisseur von ehedem wurde durch einen Fernsehstar von heute ersetzt, aber damit erwies sich Wiener als Dramatiker denn auch nicht stärker als Burkhard, dessen Buch bei der ersten Premiere wenigstens 35 Jahre jünger war. Um die Fabel auf die Höhe der Musik zu bringen, wären gründlichere Eingriffe nötig gewesen, und was die Einlagen anbetrifft, so verfügen Stolz-Operetten immer über genügend musikalische Substanz. Das zeigte sich auch, als anläßlich seines 90. Geburtstages seine »Venus in Seide« neu aufgeführt wurde. »Solang's den Stolz noch gibt«, schrieb der »Wiener Kurier«, »kann freilich nur ganz schwer was passieren. Dafür geschieht einiges an melodischer Verschwendung ...« Und die »Kronen-Zeitung«: »Robert Stolz mag in hundert Jahren ... als eines jener musikalischen Phänomene des vergangenen Jahrtausends betrachtet werden, denen tatsächlich noch Melodien eingefallen sind und die dazu nicht erst Elektronen in Schwingung zu setzen brauchten. Ihrer, der Melodien und Lieder, gibt es nun tatsächlich in der ›Venus in Seide‹ genug. Sie sind geradezu aneinander aufgefädelt ...« Und die AZ Luzern: »Wirklich phänomenal, dieser Melodienreichtum! Schlager auf Schlager, Schlag auf Schlag ...« – eine Beobachtung, die anderswo ebenso andere auch bei anderen Stolz-Werken machen konnten.

Was der »Hochzeit am Bodensee« für eine Weiterreise fehlte, war jedenfalls nicht die Musik, sondern ein zuverlässiges Buch. Diesbezüglich hatte Stolz schon im Vorjahre kein besonderes Glück mit Hans Weigels Komödie »Wohl dem, der lügt« gehabt, die auf die Kammerspiele des Josefstädter Theaters beschränkt blieb. Dabei hatte fünf Jahre zuvor seine Zusammenarbeit mit Weigel während der Wiener Festwochen 1963 zu einer absoluten Köstlichkeit von Musikalischer Komödie geführt:

Ein goldener Herbst

hieß diese Theaterperle, die beide nach dem Lustspiel »Junger Herr von vierzig Jahren« von Bruno Schuppler geschaffen hatten. Es war Boulevard vom elegantesten, weisesten Wienerisch: die Geschichte von einem gereiften Lebemann, der als spätes Geburtstagsgeschenk den Besuch von dreien seiner einstigen Geliebten bekommt und dem dazu eine lebenshungrige junge Dame samt ihrem Verehrer ins Haus schneit. Alte Gefühle wachen wieder auf, aber nichts kommt, wie es kommen soll – die eine seiner Geliebten wird von ihrem Ehemann überrascht und führt diesen vor aller Augen an der Nase herum, die zweite schnappt sich den Verlobten der jungen Dame; deren Mutter, die dazwischenkommt, versucht vergeblich, die Tochter zurückzuholen, sie bleibt bei dem Lebemann, dem Herrn mit den grauen Schläfen, und die dritte der Ehemaligen, die ihn noch immer liebt, muß enttäuscht zusehen. Aber der weise Diener tröstet sie: Was wie ein Schluß ausschaut, ist nur ein anderer Anfang, das Karussell der Liebe wird sich weiterdrehen, und am Ende werden die, die füreinander bestimmt sind, doch noch zueinander finden.

Robert Stolz hat zu diesem zarten, späten »Reigen« eine ebenso feine, inspirierte Musik geschaffen, nachdenklich, amüsant, wehmütig oder auch einmal geradeheraus frech, und das Ergebnis ist wunderbares Theater für große Schauspieler. Mit Darstellern wie Leopold Rudolf, Elfriede Ott, Annie Rosar und Senta Berger müssen die Vorstellungen ein Traum gewesen sein, mit Edwin Zbonek als Regisseur und unter der musikalischen Leitung von Gustav Zelibor – man wünschte sich, das nochmals heraufbeschwören zu können, aber es ist jene Art Theater, die mit Intellekt nicht herzustellen ist, wo die Ironie liebevoll ist, weil sie aus dem lächelnden Abstand der Überlegenheit kommt und die Komik aus dem Allzumenschlichen. Zum Glück ist von der Musik eine bezaubernde Schallplattenaufnahme unter dem Dirigat von Robert Stolz ebenso wie das Aufführungsmaterial erhalten.

Und das lenkt uns auf ein Hauptgebiet von Robert Stolz in jener Zeit: seine Schallplattenaufnahmen. Er betrachtete sie selbst als einen wichtigen Teil seines Lebenswerkes, seit er im Jahre 1904 seine erste Aufnahme machte. Er schrieb darüber:

»Die neue Kunstform mit ihrem weitgehend noch unausgeschöpften Potential faszinierte mich von Anfang an. Hier war endlich eine Gelegenheit für den aktiven Musiker, sei er nun Dirigent, Instrumentalist oder Sänger, wenn schon nicht Unsterblichkeit, so doch eine über sein Lebensende hinausreichende Wirkung zu erzielen. Eine phantastische Aussicht, die allen großen Meistern der Vergangenheit versagt geblieben war. Zeitlebens blieb ich ein begeisterter Freund des Aufnahmestudios mit all seinen Geheimnissen und Wonnen, seinen besonders kniffligen Problemen und bisweilen auch enttäuschenden Erfahrungen. Aus der

Isolation des Studios heraus erreicht man das denkbar größte Publikum: Millionen Zeitgenossen und Millionen, die noch nicht geboren sind! Welche Chance – und welche Verantwortung!«

Wesentlich für die Robert-Stolz-Einspielungen war, daß er von Anfang an sich nicht damit begnügte, zu dirigieren, sondern mit der gleichen Genauigkeit und stillen Hartnäckigkeit auch die weitere technische Behandlung der Aufnahme verfolgte und den Toningenieur gerade in dieser entscheidenden Phase nicht allein ließ: »Wie man das Potential und die Grenzen der Sänger und Instrumentalisten exakt kennen muß, um eine Aufführung erfolgreich zu dirigieren, muß man auch über die Möglichkeiten und Grenzen der Aufnahmetechnik Bescheid wissen. Viele Stunden habe ich in den Aufnahmestudios von Wien, Berlin, Hollywood und New York damit verbracht, mit den Tontechnikern die gelungensten Elemente aus zahllosen Proben und Wiederholungen herauszufiltern, noch lange nachdem für meine Musiker der Arbeitstag zu Ende gegangen war. Die Perfektion der modernen Aufnahmetechnik, ihre hochgradige Sensibilität ermöglicht es, auch die feinsten Nuancen herauszuholen. Ich bin sogar der Ansicht, daß es sich gar nicht mehr um einen reinen Aufnahmevorgang handelt, sondern um, wie ich es nenne, ›künstlerische Destillation‹: Im Studio kann die Arbeit eines Künstlers bis zu dem Grade verfeinert werden, daß die fertige Aufnahme gleichsam ein Destillat aller seiner stilistischen Spitzenleistungen darstellt; etwas, was selbst in der besten Aufführung vor Publikum niemals erreicht werden kann.«

Welch großen Anteil die Schallplattenaufnahme am Gesamtwerk von Robert Stolz hat, ergibt sich allein schon daraus, daß er mit mehr als sechzig Schallplattenfirmen zusammengearbeitet hat und es von dem Dirigenten Stolz über dreihundert Schallplattenaufnahmen gibt. Dabei hat Robert Stolz keineswegs nur seine eigenen Werke dirigiert, eines seiner besonderen Verdienste liegt gerade in den Einspielungen von Gesamtaufnahmen der Wiener Operette und Wiener Musik. Er betrachtete diesen Teil seiner Arbeit als einen wichtigen Auftrag, den kein anderer übernehmen konnte. Schließlich hatte er Johann Strauß noch selbst am Dirigentenpult erlebt, hatte sich bei der »Lustigen Witwe« mit Franz Lehár am Dirigentenpult abgewechselt, war unter Watzek Dirigent der Deutschmeister gewesen, hatte Oscar Straus, Emmerich Kálmán, Paul Abraham und andere persönlich gekannt und war mit ihrem Stil vertraut wie kein anderer – sein Leben reichte von Johann Strauß bis in die Höchstentwicklung der Stereophonie. Er konnte in technischer Vollendung den Stil der Großmeister der Jahrhundertwende aufbewahren – dank der Plattenstudios: »Deshalb verrichte ich meine Arbeit fast wie ein religiöses Ritual. Als der letzte Wiener Walzer- und Operettendirigent der ersten Stunde fühle ich mich besonders in die Pflicht genommen. Denn wenn nicht ich Stil, Geist und Rhythmus der Musik von Strauß, Lehár und all den anderen authentisch vermitteln kann – nach meinem Tode wird keiner mehr da sein, der noch von diesen Meistern selbst erfahren hat, wie sie ihre Musik interpretiert wünschten.«

So gibt es heute von Robert Stolz neben den Aufnahmen seiner eigenen Kompositionen auch seine authentischen Einspielungen von Strauß-Walzern, k. u. k. Märschen und anderer Wiener Musik, aber auch die Gesamtaufnahmen von »Fledermaus«, »Zigeunerbaron«, »Wiener Blut«, »Bettelstudent«, »Lustiger Witwe« und »Land des Lächelns«, Querschnitte von »Graf von Luxemburg«, »Paganini«, »Zigeunerliebe«, »Csárdásfürstin«, »Gräfin Mariza«, »Zirkusprinzessin« und »Walzertraum« neben vielen Potpourris. Robert-Stolz-Einspielungen haben ihre eigene Charakteristik. Wenn man sich z. B. die verschiedensten Aufnahmen von Strauß-Walzern anhört, wird man die von Robert Stolz leicht herausfinden, weil sie prägnanter, präziser, ausdrucksvoller, nuancenreicher sind. Die stille Freundlichkeit, mit der er all seinen großen Kollegen mit seinen Plattenaufnahmen pari bietet, fernab jeder Effekthascherei, allein durch eine gestochen saubere, durchdachte und durchfühlte Werktreue, verblüfft in dem Maße, in dem man sich darin vertieft. Da erscheinen Nebenstimmen, die man noch nie gehört hat, Abstufungen, die absolut natürlich erscheinen, aber einem noch nie auffielen, und Passagen, die woanders verwischt sind, kommen plötzlich mit absoluter Klarheit zum Ausdruck.

Vergeblich fragt man, warum diese Art der Interpretation, die bei Stolz so selbstverständlich klingt, nicht selbstverständlich ist, und erkennt einmal mehr, daß die leichte Musik eben doch eine sehr schwer zu interpretierende Musik ist. Aber man versteht gleichzeitig, daß es für berühmte Orchester ebenso wie für berühmte Interpreten eine besondere Freude gewesen sein muß, mit Robert Stolz zu arbeiten, und so verwundert es nicht, daß so

viele Weltstars auf seinen Platten zu finden sind und viele Weltstars seine Lieder singen. Das Interpretenverzeichnis seiner Diskographie nennt Hunderte von Namen, Peter Anders ist ebenso dabei wie Peter Alexander und Wolfgang Anheißer, Maurice Chevalier, Marlene Dietrich, Alexander Girardi, Gundula Janowitz, René Kollo, Peter Kreuder, Milva, Anna Moffo, Helge Rosvaenge, Peter Schreier, Leo Slezak, Richard Tauber und Vico Torriani, Udo Jürgens geradeso wie Marcel Wittrisch, Nana Mouskouri ebenso wie Anneliese Rothenberger und Hilde Güden, es gibt da keinen Unterschied zwischen Opern-, Operetten- und Schlagerstars. Als ein Plattenverlag die Lieblingslieder von 48 berühmten Sängern zusammenstellte, wählten von 32, die keine Opernarien sangen, nicht weniger als zehn Lieder von Robert Stolz.

Allerdings ist man in der größten Verlegenheit, wenn man die vielen bedeutenden Leute aufzählen will, mit denen Robert Stolz in Verbindung stand, die er, die ihn zu seinen Freunden zählten. Einmal hatte er zu seiner Frau gesagt: »Es gibt nur eine Methode, nach der ein Mann seine Reichtümer zählen kann: Er muß seine Freunde zählen. Und aus diesem Grund, liebes Einzerle, halte ich mich für einen der reichsten Männer der Erde.«

Es ist schwierig, diesen großen Kreis auch nur annähernd zu umreißen, denn Karl Kraus gehörte ebenso dazu wie Swjatoslaw Richter, Richard Tauber ebenso wie Marlene Dietrich, Max Reinhardt wie Orson Welles, Puccini ebenso wie Tucholsky. Von Franz Lehár empfing er jenen Dirigentenstab aus Ebenholz, das »Szepter der Walzerkönige«, den Josef Helmesberger Franz von Suppé geschenkt hatte, der ihn an Johann Strauß weiterreichte und von dessen Witwe ihn Lehár erhielt. Sein Freund Arturo Toscanini war es, der ihn eines Tages aufforderte, ein »Ave Maria« zu schreiben, das dann im Vatikan aufgeführt wurde. Albert Einstein lud ihn zu sich und reichte ihm seine Geige zum Spielen. Von dem amerikanischen Diplomaten und Friedens-Nobelpreisträger Dr. Ralph Bunche empfing er die Anregung zum UNO-Marsch, Karl Böhm schätzte ihn ebenso wie Leonard Bernstein, die Liste seiner Freunde ist so endlos wie die Liste seiner Auszeichnungen und all der Ehren, die ihm zuteil wurden. Noch nach seinem 90. Geburtstag konnte Hans Weigel mit Recht von ihm sagen:

»Er ist in seiner Generation der anerkannte Botschafter des Dreivierteltaktes, obgleich das Jahrhundert des Walzers so weit zurückzuliegen scheint wie des Kaisers Bart. Er hat den letzten Walzer und den ersten kontinentalen Foxtrott geschrieben, ebenso wie den ersten europäischen Film-Hit. Er besitzt die doppelte Staatsbürgerschaft in der Alten wie in der Neuen Welt der leichten Muse. Immer war er der Erste, und schon seit langem ist er eine lebende Legende, lebhaft und produktiv wie eh und je. Als authentischer Dirigent trägt er Wiener Musik in ferne Kontinente und bannt sie in dem ihr angemessenen Stil auf Schallplatten. Was normalerweise nur mit Musikstücken geschieht, ist ihm als Mensch zuteil geworden: Er lebt unter uns als ein personifizierter Evergreen.«

Aber dieser »Mr. Evergreen« Robert Stolz war auch nach seinem 90. Geburtstag noch immer kein wandelndes Denkmal, sondern ein höchst lebendiger und tätiger Mensch. Einzi Stolz sagt: »Roberts besondere Ausstrahlung brachte es mit sich, daß sich ein Gefühl von Frische und Jugend all jener bemächtigte, mit denen er in Berührung kam.« Es gibt ein Fernseh-Interview, das Marcel Prawy mit dem 93jährigen machte, und noch bewundernswerter als die Exaktheit seiner Antworten ist die lebendige Weise seines Klavierspiels, seine packende Art, etwas musikalisch zu erläutern. Was ihn in den letzten Jahren seines Lebens besonders beschäftigte, waren seine Memoiren. Er erzählte sie seiner geliebten Einzi, während das Tonband lief, und so sind sie auch, nachdem sie von Aram Bakshian in Buchform gebracht worden sind, mehr als nur ein Zeitdokument, nämlich lebendiges Abbild seiner faszinierenden Persönlichkeit und Kunstwerk geworden, das er zu Recht »mein letztes Musenkind« nennen konnte. Noch wenige Wochen vor seinem 95. Geburtstag riefen ihn Verpflichtungen zu

Schallplattenaufnahmen nach Berlin. Er hatte eine schwere Erkältung kaum überwunden, aber war entschlossen, nicht abzusagen. Er hatte die Anstrengungen der Studioarbeit unter- und seinen Gesundheitszustand überschätzt: Bereits nach dem ersten Tag mußte er die Arbeit abbrechen, aus einem schweren Erschöpfungszustand entwickelte sich eine doppelseitige Lungenentzündung: Am 27. Juni 1975 verließ er diese Welt.

Die Nachricht von seinem Tod ging rund um den Erdball. Kondolenzbotschaften kamen nicht nur von unzähligen Freunden und ungezählten Unbekannten, sondern ebenso von vielen, vielen Persönlichkeiten aus Politik, Wirtschaft und Kultur, von Staats- und Regierungschefs aus allen Teilen der Welt: Sein Hinscheiden war ein weltbewegendes Ereignis. Seine Beerdigung in Wien wurde zu einem Staatsakt. Er wurde im Foyer der Wiener Staatsoper aufgebahrt, auf allen österreichischen Amtsgebäuden wehten die Flaggen auf Halbmast, und Tausende kamen, um an seinem Sarg von ihm Abschied zu nehmen. Auf dem Wiener Zentralfriedhof erhielt er ein Ehrengrab in jener ersten Reihe jenes Abschnitts, in dem die großen Musiker Österreichs ihre letzte Ruhestatt gefunden haben, Johannes Brahms und Johann Strauß sind ganz in seiner Nähe.

Aber damit, daß er am 4. Juli 1975 zu Grabe getragen worden war, war sein Leben nicht vorbei. »Der Vorhang über einem großen Leben ist gefallen. Der Vorhang geht auf über einer großen Unsterblichkeit«, waren die letzten Worte der Grabrede von Dr. Marcel Prawy gewesen. Und es stimmte. Denn es war ja nicht irgendeine vergangene Epoche, die mit Robert Stolz zu Ende gegangen wäre. Gewiß war er als Dirigent ein großer Bewahrer der Tradition, aber er war in seinem langen Leben nie altmodisch geworden. Er hatte auch zu keinem einzigen Zeitpunkt Sorge darum, »mithalten zu müssen«, oder »nicht mehr mithalten zu können«. Er sah keine Ursache, irgendwann das Wienerlied mit dem Beat zu vertauschen, er meinte gelassen: »Das Wienerlied hat auch der heutigen Jugend mehr zu sagen, als sie im Augenblick wahrhaben will. Lassen Sie sie nur ein bißchen älter werden, dann finden sie alle den Weg zur Harmonie und zur Menschlichkeit.«

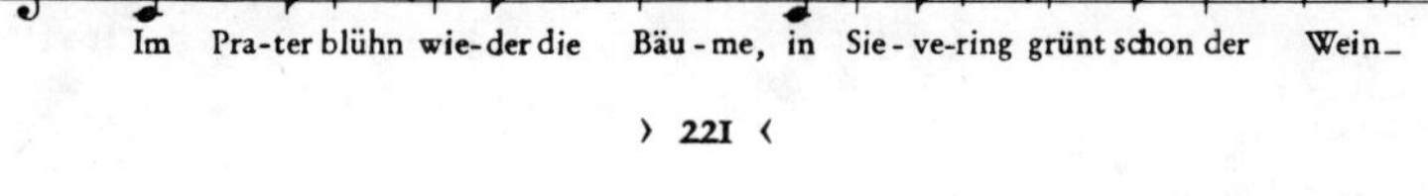

Wie recht er hatte, zeigte sich elf Jahre später bei einem Fernseh-Quiz um Robert Stolz: Es waren in der Mehrzahl jüngere Kandidaten, die sich mit ihren Kenntnissen um die Teilnahme bewarben, und Einzi Stolz konnte nur feststellen: »Ich bin glücklich, daß Robert Stolz bei den jungen Leuten so aktuell ist.« Sie war fünfunddreißig Jahre lang an seiner Seite die Behüterin seines Lebens und seines Lebenswerkes gewesen, und diese Arbeit setzte sie fort – mit einer Hingabe, einer Besessenheit und einem persönlichen Einsatz, der seinesgleichen so schnell nicht finden wird.

Viel war schon getan, als 1970 aus Anlaß des 90. Geburtstages die Schallplattenfirmen Ariola/Eurodisc in Verbindung mit den Bertelsmann-Clubs eine Robert-Stolz-Stiftung ins Leben riefen, die die Pflege seines Werkes fördert. Schon vorher hatten sich diese drei dadurch verdient gemacht, daß sie die Stolz-Einspielungen Wiener Musik organisiert hatten – eine Leistung, die Robert Stolz nachfolgend internationale Preise, Goldmedaillen und Goldene Schallplatten einbrachte. Eine weitere wichtige Aufgabe, die »Einzi« schon vorher in Angriff genommen hatte, war eine bessere Konzentration des Lebenswerkes von Robert Stolz, das über weit mehr als hundert Verlage verstreut war. Aber wichtiger als alles andere ist es ihr bis auf den heutigen Tag, immer neue Freunde für Robert Stolz zu gewinnen. Wenn es heute Stolz-Langspielplatten von Milva, Nana Mouskouri, James Last, Richard Clyderman gibt, so war sie es, die diese Künstler für Robert Stolz gewonnen hat. Und wunderbarerweise haben sie dann alle irgendeine Musik von Robert Stolz für sich neu hinzuentdeckt: Nana Mouskouri etwa das »Die Bühne frei für den großen Clown« (nach dem Israel-Marsch »Follow The Sun«), Milva das »Wenn wir uns wiedersehen«, Clyderman das »Tatoo for Lovers«, Roy Etzel mit

seiner Trompete den »Sommertraum«: Unter den rund 2000 Liedern, die Robert Stolz hinterlassen hat, sind immer neue Kostbarkeiten zu entdecken, und Einzi Stolz wirbt unermüdlich dafür, daß sie nicht vom Sand der Zeit verschüttet werden. Als sie feststellte, daß Robert Stolz für Australien ein noch neuer Komponist war, fuhr sie einige Zeit in jedem Jahr ein paar Monate nach Australien, sprach über Robert Stolz und redete mit den Leuten in Rundfunkstationen, Plattenfirmen und Agenturen, die die Programme machen, mit Sängern und Orchesterleitern – und heute ist Robert Stolz auch in Australien einheimisch, ebenso wie in Japan und ungezählten anderen Ländern auf der Welt. Sie kann stolz von sich behaupten: »Ich bin in Verbindung mit der ganzen Welt. Egal, wo Sie hinfahren, nach Tibet oder auf die Seychellen – überall werden Sie die Musik von Robert Stolz hören.« Die Verbreitung des Werkes Ihres Mannes ist für sie Mission: »Ich habe das Vermächtnis meines Mannes zu erfüllen. Ich will den Menschen auf der ganzen Welt mit seiner Musik Freude machen. Das ist die Kontinuität in meinem Leben und zugleich die Rettung. Sonst hätte ich mich nach seinem Tod sofort umgebracht.«

Sie könnte, wie andere Witwen erfolgreicher Leute, das Leben einer ausgeglichenen Pensionärin führen – andere ihres Jahrgangs tun es längst. Statt dessen steht sie morgens um halb sechs auf und geht meist noch vor acht Uhr früh mit ihren Mitarbeitern an die Arbeit – draußen in Grinzing, in der Himmelstraße, wo Robert Stolz in den fünfziger Jahren ganz oben ein Grundstück für ein kleines Landhaus erworben hat. Zwischen den Luxusvillen, die in der Nähe stehen, wirkt es eher bescheiden, es ist aber viel mehr: gediegen. Und heute der Ausdruck einer großen, rastlosen Persönlichkeit. Zeit, sagte Einzi Stolz, ist das Kostbarste, das sie hat. »Wenn das Leben ein Tag ist, dann ist es für mich fünf Uhr nachmittags.« Manche sind von ihrer Energie schlechthin überfordert. Manche nennen sie »geschäftstüchtig«. Ihre Fähigkeiten, den Kampf mit allen möglichen Widrigkeiten aufzunehmen, sind bewundernswert, aber wenn sie »geschäftstüchtig« wäre, versuchte sie, aus dem Werk ihres Mannes ein Vermögen zu machen. Statt dessen gibt sie für das Werk ihres Mannes das Geld aus. Statt Geld sammelt sie Freunde – und sie versteht, Freunde zu sammeln! Die vielen Theaterleute der DDR, die sie inzwischen kennenlernen durften, seit sie 1982 das erste Mal nach Rostock kam, wissen es. Nicht nur in Wien ist sie eine populäre Persönlichkeit. Dort wird sie um Autogramme gebeten wie ein Filmstar, obwohl sie doch nichts anderes sein möchte als die Botschafterin ihres Mannes. Anläßlich seines zehnten Todestages schrieb Marcel Prawy in zwei Wiener Feuilletons: »Wie hätte sich mein liebenswerter, bescheidener, unvergeßlicher Freund gefreut. Das Robert-Stolz-Lied wurde ein Begriff wie der Cole-Porter-Song. Carreras singt es, aber auch die Milva. Die Wiener Symphoniker spielen es, aber auch James Last. Der Robert-Stolz-Triebwagen fährt nach Graz, ein gleichnamiger Dampfer auf dem Rhein. Im Robert-Stolz-Park von Berlin (West) steht sein Denkmal. In München, Hamburg, Köln und Düsseldorf gibt es Robert-Stolz-Straßen. Das Senatssitzungsprotokoll des 96. Kongresses der Vereinigten Staaten in Washington vom 16. April 1980 enthält zwei ehrende Seiten über die Weltgeltung dieses großen Österreichers. Robert-Stolz-Briefmarken gibt es in der Volksrepublik Nordkorea und in Paraguay... Wenn Sie heute in der ganzen Welt spazierengehen und Sie sehen: Robert-Stolz-Denkmal, Robert-Stolz-Tafel, Robert-Stolz-Straße, Robert-Stolz-Platz, Robert-Stolz-Schiff, Robert-Stolz-Zug, wenn es in Nordkorea und in Südkorea Robert-Stolz-Briefmarken gibt – dann muß man sagen: Einzi hat gewußt, wo Liebe ist und wie man diese Liebe zu Taten umsetzt.«

Insgesamt ist indessen der wunderbare Erfolg von Einzi Stolz über allem der unverändert anhaltende Erfolg der Robert-Stolz-Musik. Denn man kann einen Schallplattenstar überreden, aber nicht hunderttausend Käufer, einen Theaterdirektor, aber nicht Zehntausende von Zuschauern. Das Großartige ist eben: Man muß sie auch gar nicht überreden. »Wenn meine Melodien in den Herzen der Menschen einen Platz gefunden haben, dann weiß ich, daß ich meine Aufgabe erfüllt und nicht umsonst gelebt habe« – diese Worte von Robert Stolz sind auf seinem Grabstein eingemeißelt, und daß seine Melodien längst in den Herzen der Menschen einen Platz gefunden haben, bestätigt sich immer wieder, täglich aufs Neue und oft in der überraschendsten Weise:

Als 1979 das DDR-Fernsehen seine Robert-Stolz-Show »Komm in den Park von Sanssouci« (mit Dagmar Koller) ausstrahlte, ahnte niemand, daß es eine der erfolgreichsten Fernsehshows in deutscher Sprache werden sollte. Sie wurde anschließend von 53 Fernsehstationen in aller Welt übernommen. Als 1981 das Volkstheater Rostock das erste Robert-Stolz-Konzert brachte, rechnete ebenso keiner damit, daß es anschließend noch fast siebzigmal wiederholt werden mußte und daß es nur der Anfang einer großen Serie werden würde: Im Anschluß daran nahmen rund dreißig DDR-Theater Robert-Stolz-Konzerte in ihre Spielpläne auf, sie gingen in das Repertoire ein und überdauerten eine, zwei, ja, sogar drei Spielzeiten. Leipzig behielt den »Tanz ins Glück« über vier Jahre im Spielplan. Inzwischen begann von Rostock aus der »Kleine

Schwindel in Paris« seine neue Karriere, die Staatsoperette Dresden erntete mit »Drei von der Donau« einen Erfolg, der sie selbst überraschte und gleichfalls weitere Theater nachzog.

Trauminsel

Als 1987 die Musikalische Komödie in Leipzig mit der »Trauminsel« herauskam, 25 Jahre nach der Uraufführung auf der Seebühne Bregenz, da sprach die »Leipziger Volkszeitung« ebenfalls von einem »unerwarteten sensationellen Erfolg« und bestätigte den »dramatischen Reichtum von Robert Stolz' Musik«. Und wieder einmal mehr stand in den Zeitungen zu lesen, was seit Jahrzehnten so und ähnlich zu lesen war, wie etwa: »Der Altmeister hat in diesem Spätwerk nochmals sein vitales Gespür für die Feinheiten populärer Musik nachgewiesen. Der Rausch betörender Melodien, der Charme mitreißender Tanzlieder, der Esprit witziger Chansons und Balladen korrespondieren in spannungsvollem Kontrast mit urwüchsiger, schlagwerkbetonter folkloristischer Musik« (Leipziger Volkszeitung) oder »Wer Melodien von Robert Stolz kennt – und wer kennt sie nicht – wird sich nicht wundern, daß Musik aus seiner einfallsreichen, beschwingt zeichnenden Feder durchaus in der Lage ist, jede Geschichte über jegliche Klippen und Täler zu tragen – Musik Stolz'scher Prägung in all ihrer Vitalität, ihrem großen Melodienreichtum, ihrer rhythmischen Brisanz und allen, vom Komponisten klug und einfühlsam gesetzten folkloristischen Elementen mit hohem Stilempfinden und hinreißendem Temperament ...« (Sächsisches Tageblatt). Man mag sich daran erinnern, daß ähnliches in diesem Buch schon öfter zitiert worden ist, aber man darf lange in den Sammlungen der Leipziger – und nicht nur der Leipziger – Operettenkritiken blättern, um auf nur annähernd ähnliche Lobeshymnen zu stoßen. Kálmán und Lehár, Cole Porter und Frederic Loewe hätten Schwierigkeiten mitzuhalten.

Und das war ja nicht der einzige Triumph, den Robert-Stolz-Musik Jahrzehnte nach ihrer Entstehung bei Neuaufführungen zu verzeichnen hatte: »Robert Stolz' Musik hat Schwung, Witz, bekennt sich zu Melodie und Sentiment, ist spritziger Partner und gefühlvoller Begleiter, kurz, hat all das, was ein musikalisches Lustspiel, das in Paris spielt, sein sollte: prickelnd, aber mit Fallstricken und doppeltem Boden« stand im Organ des Verbandes der Theaterschaffenden der DDR »Theater der Zeit« zu »Kleiner Schwindel in Paris«. Und der Kritiker, der meinte, die Musik sei aus dem Jahre 1956, irrte: Sie war noch zwanzig Jahre älter!

Und bei »Drei von der Donau« in Dresden hatte es geheißen: »... eine Musik, die unter die Haut geht, die über fesselnde Marschrhythmen in animierende Walzerseligkeit mündet ... so daß man freudig ein schmissiges Marschterzett »Jede Tür lockt uns hinaus« im Takt mitklatschte – auch den flotten Walzer »Musi muß i ham« und den Cancan »Lumpacivagabundus«. Manche summten Zwirns »Schlafen Sie gut« noch auf dem Nachhauseweg ...« – man überlege sich: Bei einer Musik, die alle gerade das allererste Mal gehört hatten!

Aber woanders ist das ähnlich – als die »Venus in Seide« 1985 ihre polnische Erstaufführung in Gliwice hatte, brachte sie dem Theater gleichfalls einen Sensationserfolg mit zweihundert Wiederholungen und Einladungen nach Lódź und in die ČSSR. Und in Prag war es die »Peppina«, die sich in der Gunst des Publikums so festsetzte, daß sie nach einer Spielzeit Pause wieder aufgenommen werden mußte. Die »Trauminsel« erlebte ihren neuen »sensationellen Erfolg« nach einem Vierteljahrhundert, »Venus in Seide« und »Peppina« waren schon mehr als ein halbes Jahrhundert alt – wie viele der Robert-Stolz-Lieder haben nicht schon ein ganzes Menschenleben überdauert? Längst fragt niemand mehr nach ihrem Entstehungsjahr, sie sind eben einfach auf der Welt.

Wie hatte Johannes Brahms einst in Graz zu Jakob Stolz gesagt? »Ich glaube, der einzige Beweis dafür, daß etwas seriös ist, ist, daß es die Zeit überdauert.« Und dann hatte er sich ans Klavier gesetzt und Musik von Strauß gespielt.

Lebte er heute, er hätte ebensogut Robert Stolz spielen können. Denn offensichtlich verfügt auch Robert Stolz über die wunderbare, über die einzigartige Kraft, in seiner Musik weiter zu leben, immer weiter zu leben –

weil er die Zeit überdauert.

Personenregister

Bühnenwerke

Auf die nachfolgenden Bühnenwerke wurde in dieser Biographie ausführlicher eingegangen:

Literaturverzeichnis (Auswahl)

Robert und Einzi Stolz, Servus Du, München 1980
Robert und Einzi Stolz, Die ganze Welt ist himmelblau, München 1986
Stephan Pflicht, Robert Stolz Werkverzeichnis, München 1981
Attila E. Láng, Melodie aus Wien, Wien/München 1980
Bernard Grun, Gold und Silber, Wien 1970
Bernard Grun, Kulturgeschichte der Operette, München 1961
Ann Tizia Leitich, Verklungenes Wien, Wien 1938
Peter Kunze, Täglich fängt das Leben an, Irdning/Steiermark 1983
Veit Valentin , Geschichte der Deutschen, Köln 1979
Ernst Joseph Görlich/Felix Romanik, Geschichte Österreichs, Innsbruck/Wien 1966
Leonard Bernstein, Von der unendlichen Vielfalt der Musik, Tübingen 1975
Werner Stein, Der große Kulturfahrplan, München 1981
Otto F. Beer, Wien, München 1981
Horst Seeger, Musiklexikon, Leipzig 1966

Bildnachweis:
ADN-Zentralbild (3);
Berliner Verlag, Bildarchiv (1);
Bildarchiv Film und Fernsehen(2);
Helga Bemmann – »Berliner Musenkinder-Memoiren«,
VEB Lied der Zeit, Musikverlag, Berlin (1);
Staatliches Filmarchiv (1);
Fernsehen der DDR, Bildstelle (1);
Märkisches Museum, Berlin (1);
Theater an der Wien (1);
Staatsbibliothek Wien (2);
Stadttheater St. Pölten, Foto Waldherr (1);
Österreichische Bundesbahn, Bildstelle (1);
Andreas Birkigt (1);
Erwin Döring (1); Barbara Hergert (1); Tiber Hoffmann (1); Uwe Klemens (1); Dorit Lucyga (1); Ina Schilling-Nickel (1); Helga Wallmüller (1); Archiv Schneidereit (5);
alle weiteren Bildvorlagen stammen aus dem Archiv des Autors.

Quellenvermerk:
Der Abdruck der Liedtexte erfolgte mit freundlicher Genehmigung der Edition Rex und der Wiener Boheme Verlag GmbH, München.

ISBN 3-7332-0051-9

Printed in the German Democratic Republic
Lizenz-Nr. 419-440/A7/89
Bestell-Nr. 521 265 6 · LSV 8384
Schutzumschlag, Einband und Typographie: Frank Schneider
Lektor: Marion Zeisig
Satz: Druckerei Neues Deutschland, Berlin
Druck und buchbinderische Weiterverarbeitung: Druckhaus Aufwärts, Leipzig III/18/20-0140
01800